AF546209

Zeitbombe Jonastal

Hinweis: Für dieses Buch wurden unter anderem Quellen ausgewertet beziehungsweise verwendet, die dem Internet entstammen. Da das World Wide Web (WWW) teilweise ein »flüchtiges Medium« ist, kann es vorkommen, dass Internetverweise Änderungen unterliegen oder gar gelöscht werden. Die Autoren bitten daher um Verständnis, wenn sich engagierte Leser, die nach den hier angegebenen Quellen suchen, nicht immer fündig werden sollten. In jedem Falle wurde durch die Autoren eine Sicherungskopie der betreffenden Internetverweise erstellt, sodass diese im Zweifelsfalle nachweisbar sind.

1. Auflage Juli 2019
2. Auflage November 2020

Umschlaggestaltung: Gabriele Karas (kh Grafik Design)
Satz und Layout: Agentur Pegasus, Zella-Mehlis

ISBN 978-3-86445-678-7

Gerne senden wir Ihnen unser Verlagsverzeichnis
Kopp Verlag
Bertha-Benz-Straße 10
D-72108 Rottenburg
E-Mail: info@kopp-verlag.de
Tel.: (0 74 72) 98 06-10
Fax: (0 74 72) 98 06-11

Unser Buchprogramm finden Sie auch im Internet unter:
www.kopp-verlag.de

Edgar Mayer
Thomas Mehner

Zeitbombe Jonastal

Das Dritte Reich und die Nuklearwaffe.
Gefahren im Boden.
Das gelöste Energieproblem.

KOPP VERLAG

»Manche Menschen spalten das Atom. Andere Menschen spalten die Wahrheit. Welche Halbwertszeit des giftigen Abbauprozesses wirkt sich letztlich verheerender aus?«

CHRISTA SCHYBOLL

Inhalt

Vorwort | Seite 9

Einleitung | Seite 25

Merkwürdiges um die A-Bombe | Seite 35

Update 1:
Der Kleinstatomtest bei Ohrdruf und
Geheimdienstgeneral Reinhard Gehlen | Seite 63

Update 2:
Das Auschwitz-Experiment –
hat es doch stattgefunden? | Seite 79

Update 3:
Die deutsche Angst vor dem
Giftgaseinsatz durch die Alliierten | Seite 123

Resistent gegen neue Fakten:
Establishment-Medien
machen weiter wie bisher | Seite 143

Das Knarren im Gebälk des
kapitalistischen Systems und
die Lösung des Energieproblems | Seite 191

Nachwort | Seite 241

Anhang | Seite 245

»Zyniker ist einer, der den Glauben an das Böse im Menschen noch nicht verloren hat.«

Ron Kritzfeld

Vorwort

Seit dem Erscheinen unseres bislang letzten Buches – *Und sie hatten sie doch!* – ist, was ein Nachfolgeprojekt angeht, leider sehr viel mehr Zeit vergangen, als eigentlich vorgesehen war. Arbeitsüberlastung, persönliche Turbulenzen und andere widrige Umstände trugen dazu bei, dass wir das Projekt eines rasch folgenden neuen Buches auf Eis legen mussten, wofür wir unsere interessierte Leserschaft im Nachhinein um Nachsicht und Verständnis bitten möchten.

Bei der Durchsicht der Unterlagen und verschriftlichten Informationen, von denen wir einige für das nun vor Ihnen liegende Werk auszuwählen hatten, mussten wir zudem konsterniert feststellen, dass mittlerweile so viel Material vorliegt, dass eine sinnvolle Zusammenstellung kaum mehr möglich erscheint. Was also tun? Nun, wir entschlossen uns, für das aktuelle Projekt zunächst einmal einige uns wichtig erscheinende Aspekte herauszugreifen – sozusagen eine Sammlung von Informationen vorzulegen, die ergänzend/aktualisierend zu unseren bisherigen Büchern verstanden werden sollen. Updates sozusagen, wenn man einmal der Kürze wegen einen Begriff aus dem angloamerikanischen Sprachraum wählen will. Manche dieser Darstellungen sind kurz, andere etwas ausführlicherer Natur.

Eine Gesamtpräsentation des Themas »deutsche Hochtechnologie« oder des uns besonders am Herzen liegenden Einzelaspektes »Atombombe«/»Sonderwaffen mit hoher Energiefreisetzung« in einem einzigen Werk ist nach unserer Meinung nicht (mehr) möglich, zumal eine Betrachtung allein dieser beiden Aspekte zu kurz greifen würde, stehen diese doch mit den (teils geheimen, also unbekannt gebliebenen) Aktivitäten von zahlreichen Personen sowie der Existenz zahlreicher Untergrundanlagen, die über das gesamte Reichsgebiet verstreut waren, in Zusammenhang. Das Ganze ist mittlerweile zu einem sehr komplexen Thema avanciert, sodass man wohl nur noch Einzelaspekte herausgreifen kann.

Im Laufe der Jahre haben wir von unserer Leserschaft viel Post bekommen, in der unter anderem darum gebeten wurde, auch die Dinge, die wir mitunter nur andeutungsweise erwähnten, ausführlicher darzustellen. Bis dato konnten wir diesem Wunsch nicht nachkommen, haben uns dazu aber Gedanken gemacht und werden versuchen (versprechen wollen wir nichts), dieses Projekt anzugehen. Dazu müssen wir allerdings unsere Vorgehensweise ändern. Wir werden, so uns die dazu notwendige Zeit zur Verfügung stehen sollte, in den kommenden Jahren Stück für Stück unsere Archive aufarbeiten, das heißt: eine mehrbändige Sammlung all dessen zu präsentieren versuchen, was über nunmehr 20 Jahre zusammengetragen werden konnte, zumal wir meinen, dass für alle interessierten Leser, zu denen ja auch einige Rechercheure gehören, manche Information von Nutzen sein könnte, die bisher in unseren Akten einen Dornröschenschlaf gehalten hat. Und davon gibt es einige. Wir wollen das Ganze – und das sei an dieser Stelle ausdrücklich betont – inklusive des vor Ihnen liegenden Werkes als **eine Kombination aus Sachbuch und persönlichem Erlebnisbericht** verstanden wissen, die es uns erlaubt, auch Dinge zu publizieren, die in einem gewöhnlichen Sachbuch oder in einer quellenbezogenen Aufarbeitung meist nicht passend untergebracht werden können, wozu beispielsweise Erlebnisse bei Treffen, Informationen zu Geländebegehungen und die Aufarbeitung eines außerordentlich umfangreichen Schriftverkehrs (mit zahlreichen wichtigen und die Augen öffnenden Informationen) gehören.

Dort, wo es der Quellenschutz und unser Ehrenwort von uns verlangen, werden wir Anonymisierungen durchführen; wo das Ganze aus unserer Sicht nunmehr unterbleiben kann, werden wir die Quellen offenlegen. Zudem haben wir noch einige Berichte vorliegen, in denen uns Zeitzeugen und/ oder andere Rechercheure Informationen zu dem von ihnen Erlebten oder Bekanntgewordenen offenbarten. Mitunter wurden wir autorisiert, diese mehr oder weniger komplett zu publizieren, in manchen Fällen wurden wir aber auch darauf hingewiesen, dass zum Beispiel die Namen Beteiligter nicht oder nur durch Angabe der Anfangsbuchstaben der Vor- und Zunamen zu nennen seien. Wir werden uns, wie seit Jahren praktiziert, an diese Vorgaben halten, auch wenn das unsere Kritiker mitunter zur Weißglut treibt.

Nochmals zur Erinnerung: Wie schon in unserem Vorgängerbuch festgestellt, sehen wir unsere Aufgabe vor allem darin, »Widersprüche und ›Kuriositäten‹ aufzuzeigen, die es bei einer stimmigen Geschichtsschreibung niemals geben dürfte – schon gar nicht in Bezug auf die Atom(waffen)forschung während des Zweiten Weltkrieges, von der es heißt, die Amerikaner hätten alles, die Deutschen jedoch nichts gekonnt«. Wir stehen zudem nach wie vor zu unserer Aussage, die da lautet: »Andere Rechercheure und Wahrheitssucher werden dann über kurz oder lang bestimmten von uns gelegten Spuren folgen (oder eigene Suchstrategien entwickeln), was logischerweise auch implizieren kann, dass sie irgendwann erkenntnismäßig an uns vorbeiziehen. Wir sehen das gelassen: Es geht um die Sache, und wir freuen uns über jeden, der in dieser vorwärts kommt. Schließlich geht es um die Wahrheit, und dafür sollte jeder Einsatz gerechtfertigt sein.«

Das heißt nun allerdings nicht, dass wir bereitwillig jedem, der meint, er müsse uns aushorchen, bestimmte sensitive Informationen überlassen. Die Devise lautet, dass man nur durch eigene Arbeit und Anstrengung zum Ziel kommt. Wir geben gern Hinweise, manchmal auch in ausführlicher Form, werden aber strikt darauf achten, dass nicht die falsche Sorte Leute – von denen es mehr gibt, als man im ersten Moment glauben möchte – beliefert wird.

Nachdem wir das klargestellt haben, wollen wir noch darauf hinweisen, dass bei eventuellen künftigen Darstellungen das einzige Kriterium, nach dem wir die Informationen aufbereiten werden, das der zeitlichen Abfolge ist, ergänzt um einige Übersichten zu uns speziell interessierenden Themen. Alles andere hat wenig Sinn, müsste man dann doch mindestens zwei Jahre Vorlaufzeit einplanen, um ein nach anderen Kriterien aufbereitetes Projekt anzugehen. Das kann man aber allenfalls als ein von einem Mäzen unterstützter Autor oder als Privatier leisten, wenn überhaupt. Das heißt: Wir werden mit unserer Darstellung irgendwo um das Jahr 2000 beginnen in der Hoffnung, dass wir es bis zum Schluss schaffen, was keineswegs sicher ist. Wo es sich anbietet, werden Querverweise aufgezeigt werden, und selbstverständlich werden wir dort, wo es notwendig erscheint, Quellen benennen. Freilich werden sich bei diesem Vorhaben Wiederholungen nicht vermeiden lassen, denn aus Gründen der Vollständigkeit wird manches nochmals eingehend besprochen werden müssen. Wir halten das für unproblematisch, zumal alle unsere früheren Bücher vergriffen sind und wir seit Jahren immer wieder Anfragen zahlreicher Interessenten erhalten haben, wie und wo man diese noch bekommen könnte (nicht jeder unserer Leser ist internertaffin veranlagt und bei eBay oder Online-Antiquariaten unterwegs beziehungsweise in der Lage, mittlerweile teils hohe zweistellige Preise für bestimmte Titel zu zahlen).

Wir gehen diesen Weg aber nicht nur, um den Wunsch zahlreicher Leser zu erfüllen und um der Informationsmenge Herr zu werden, sondern auch aus anderen Gründen.

In den vergangenen fünf Jahren sind bis auf wenige Ausnahmen all jene verstorben, die innerhalb Deutschlands und Österreichs von Beginn an enger mit uns zusammenarbeiteten – und davon waren einige noch lange nicht in einem Alter, in dem man solche Ereignisse erwartet. Derartige Zäsuren sind, wenn sie sich ein oder zwei Mal im genannten Zeitraum ereignen, zu bewältigen. Wenn aber der Verlust von wichtigen Menschen nach dem Motto »Sie sterben wie die Fliegen« erfolgt, dann wird man nachdenklich und ändert seine Meinung zu zahlreichen Aspekten, unter anderem zu der Frage, ob das von uns Veröffentlichte – lassen Sie uns das einmal so allgemein formulieren – zunächst zu gewissen Irritationen und irgendwann vielleicht zur Unterminierung der Glaubwürdigkeit der Darstellungen der Establishment-Historie und damit des herrschenden politischen Systems führen könnte. (Ein Grund, weshalb manche unserer ganz frühen Mitstreiter, quasi in vorauseilendem Gehorsam, nachdem sie erkannten, worum es ging, ihre Arbeit einstellten oder ihre Informationen in einen Tresor legten.) Wir übertreiben diesbezüglich nicht, haben wir doch immer noch die Aussage eines ehemaligen hochrangigen Offiziers des Ministeriums für Staatssicherheit (MfS) der längst verblichenen DDR im Ohr, der uns vor Jahren fragte, wie wir denn an die zahlreichen Einzelinformationen gekommen seien, und uns wissen ließ, dass bereits in den 1970er-Jahren denjenigen, die über die Geschehnisse im Bereich des thüringischen Jonastals und seines Umfeldes informiert waren, klar war, »dass das Thema ganze Regierungen stürzen könne«. Aus diesem Grund, so erfuhren wir von dem Herrn, aber nicht nur von ihm, wurden die MfS-Mitarbeiter, die bis zum Ende der DDR im Jahr 1989 an dem Thema arbeiteten, nach der sogenannten Wende an einen bestimmten Ort in den alten Bundesländern bestellt, wo sie ein Mitarbeiter des Auslandsgeheimdienstes BND, der auch im Innern tätig wird, sofern es um Probleme der nationalen Sicherheit geht, in die Mangel nahm und ihnen drohte, dass, wenn sie etwas zu dem, was sie beruflich getan hätten, öffentlich zu verbreiten versuchten, sie erhebliche Schwierigkeiten bekommen würden (um das einmal vorsichtig zu umschreiben). Der Name des Herrn vom BND und seine damalige Telefonnummer sind uns übermittelt worden. Wir haben beides sicherheitshalber anderen, vertrauenswürdigen Zeitgenossen weitergegeben.

Ein kurzer Exkurs: Der Leser muss nun noch wissen – wir hatten das an anderer Stelle schon einmal erwähnt –, dass einem ausgesuchten Kreis von Verantwortlichen der Staatssicherheit der DDR in den 1970ern durch die Russen mitgeteilt wurde, dass diese bei ihrer Aufklärung nach dem Krieg vier Anlagen im Bereich des Truppenübungsplatzes Ohrdruf beziehungsweise im Umfeld von Arnstadt gefunden hatten, in denen die deutsche Atombombe in Teilen gebaut wurde. Wo die Endmontage erfolgte, konnte man allerdings nicht eruieren. Die MfS-Leute wollten das Ganze anfänglich nicht glauben, zu abgehoben schien ihnen diese Information. Dennoch wurde sie von den Russen als korrekt bezeichnet. (Exkurs Ende)

Angesichts derartiger Machenschaften, wie wir sie gerade bezüglich des BND erwähnt haben, sollte nun eigentlich auch dem Naivsten unter der Sonne klarwerden, weshalb die Vertreter der Bundesrepublik Deutschland – im Gegensatz zu denen der DDR – nicht das geringste Interesse an einer Aufklärung dieser speziellen Thematik haben (schon gar nicht unter Einbeziehung der Öffentlichkeit), genauso wenig wie sie daran interessiert sind, zum Beispiel heute noch nach kriegsbedingten Verlagerungen zu suchen. Hat man je davon gehört, dass BRD-Behörden nach dem Bernsteinzimmer fahndeten? Haben Sie jemals mitbekommen, dass man nach Wertdepots, die bis zum Ende des Zweiten Weltkrieges angelegt wurden, gesucht hat? Beides haben die Behörden der DDR getan. Die bundesdeutschen allerdings nicht. (Freilich: Es hat in Thüringen beziehungsweise auf dem Gebiet des neuen Bundesländer ein paar zaghafte Bemühungen in der Nach-Wende-Zeit gegeben, doch diese sind recht schnell im Sande verlaufen.) Ist das nicht seltsam? Genau genommen schon, aber man muss dabei immer Folgendes bedenken: Die BRD-Verantwortlichen als stramme Vasallen der USA werden einen Teufel tun, sich um Dinge zu kümmern, die verborgen unter der Erde liegen und bei ihrer Hebung eventuell für Peinlichkeiten in Form von Dokumenten sorgen, in denen Informationen stehen, die das Geschichtsbild der Sieger torpedieren. Dabei spielt es keinerlei Rolle, ob ein Barack Obama oder ein Donald Trump in den USA an der Macht ist. Die Präsidenten sind ohnehin nur jederzeit austauschbare Galionsfiguren, die vom Tiefen Staat, von den eigentlichen Machtstrukturen also in Form des Militärisch-Industriellen Komplexes, den Geheimdiensten, den Finanzstrukturen (Bankstern), den ausländischen Einflussorganisationen sowie den von diesem Konglomerat gesteuerten (kriminellen) Strukturen, die man benötigt, um Quertreiber aus dem Weg zu schaffen, gelenkt werden.

Einige der von uns Gegangenen haben, oftmals im stillen Kämmerlein, ihrerseits viel Wichtiges zusammengetragen, das wir dank der teilweisen Übernahme ihrer Materialsammlungen künftig vorstellen können. Was weiß die Welt zum Beispiel von geheimen Untertageforschungen während des Zweiten Weltkrieges im Bereich von Geistingen (heute: Hennef [Sieg; »Stadt der 100 Dörfer«, NRW])? Die angeblich allwissende Internetenzyklopädie *Wikipedia* hat dazu jedenfalls keine Informationen vorliegen. Sie berichtet lediglich über den katastrophalen Bombenangriff der Alliierten auf die Ortschaft bei Kriegsende und seine Folgen:

> »Am 8. März 1945 wurde der Ortskern von Geistingen von 208 Viereinhalb-Zentner-Bomben zerstört. Der Angriff kostete 44 Menschenleben (Zivilisten und ausländische Zwangsarbeiter), die Kirche wurde zerstört. [...] Bereits einen Tag später erschienen die Amerikaner in Geistingen und lieferten sich einen mehrtägigen Kampf mit deutschen Einheiten am nördlichen Siegufer.«*

Niemand fragte bisher, zumindest öffentlich, nach den wahren Gründen für das schwere Bombardement und das Interesse der Amerikaner an einer doch eigentlich völlig bedeutungslosen Gemeinde. Seltsam. Oder auch nicht, wenn man weiß, worum es geht. War dieses Areal doch von enormer Bedeutung in Hinblick auf streng geheime Untersuchungen zunächst der Reichspost, später dann der SS in Sachen Hochtechnologie. Diese wurden seit der Mitte der 1920er-Jahre betrieben und betrafen damals noch die Grundlagenforschung, hatten aber spätestens seit Kriegsbeginn den Charakter eines kleineren SS-Denkzentrums, in dem an bestimmten waffentechnischen Zukunftsprojekten gearbeitet wurde, beispielsweise in Form von Strahlenwaffen für den infanteristischen Einsatz (es gibt sogar ein Foto eines entsprechenden Waffentestes) oder einer zweistrahligen V-1. Zudem wurde im Gebiet mindestens ein Reaktor installiert, dessen Standort uns genannt und der von Zeitzeugen, deren Berichte uns vorliegen, gesehen wurde. Das Schwierige daran ist nur, dass er in den Tiefkellern eines Objektes installiert wurde, das die SS beschlagnahmt hatte und das vorher einer bestimmten Struktur gehörte, wobei es der Schutzstaffel Himmlers nicht um das Gebäude an sich ging,

---

* Siehe dazu *https://de.wikipedia.org/wiki/Geistingen* (abgerufen am 26. April 2019). Außerdem: *http://www.general-anzeiger-bonn.de/incoming/Bomben-richten-in-Geistingen-ein-Inferno-an-article93069.html* (abgerufen am 27. April 2019).

sondern eben um jene Kellerbereiche, die, wie wir hörten, zusätzlich in der Tiefe ausgebaut wurden. Eine Offenlegung des Standortes könnte heute zu erheblichen Turbulenzen führen, und wir müssen nochmals darüber nachdenken, ob es Sinn hat, die Einzelheiten preiszugeben. Unklar ist nämlich, ob der Reaktor dort noch steht oder zum Kriegsende hin demontiert wurde (was aber angesichts des Umstandes, dass er gelaufen sein soll, unwahrscheinlich ist).

Die dort entwickelten Prototypen wurden später in Serie überall im Deutschen Reich produziert – auch in Thüringen. Merkwürdigerweise haben, zumindest unserer Kenntnis nach, bisher alle Darstellungen zur deutschen Atom- und Hochtechnologieforschung, selbst die eines Dr. Rainer Karlsch und Heiko Petermann, nichts davon berichtet, dass Geistingen ein wichtiger Bestandteil dieser Aktivitäten war. Das Bombardement bei Kriegsende diente allein dem Zweck, diese Untertage-Denkfabrik auszuschalten, wobei die Treffergenauigkeit der Alliierten eine absolute Katastrophe war: Statt die geheimen Anlagen im Geistinger Wald zu eliminieren (was aufgrund ihrer unterirdischen Anlage ohnehin kaum möglich gewesen wäre), wurde eine wehr- und schutzlose Ortschaft getroffen – typisch für diejenigen, die durch Masse fehlende Klasse wettzumachen versuchten.

Und so, wie kaum jemand etwas von Geistingen, seinem Umfeld und der damit verbundenen Bedeutung für die deutsche Geheimwaffenforschung und -entwicklung weiß, ist es in Bezug auf andere Standorte auch. (Oder hat einer der Establishment-Historiker schon einmal über die Produktion einer Langstreckenrakete bei der Firma Hanomag geschrieben, deren Segmente von den Briten erbeutet wurden?) Die diesbezüglich bisher ins Feld geführten Areale Thüringens, Sachsens, Sachsen-Anhalts oder Böhmen-Mährens sind nur ein Teil dessen, was es wirklich gab. Einige dürften niemals bekannt geworden sein, und da diejenigen, die darüber Bescheid wussten, längst in eine bessere Welt gegangen sind, dürfte die Zukunft noch so manch (strahlende) Überraschung mit sich bringen. Nicht nur in Deutschland und Österreich, sondern auch in Tschechien, der Slowakei, Polen, Norwegen, Russland und, und, und.

Mitunter aber muss man gar nicht in die Ferne schweifen, wenn das »Gute« liegt so nah: Wir hatten in unserem bislang letzten Buch die Bilder eines in den 1980er-Jahren registrierten Erdfalls und seiner Erkundung auf dem Truppenübungsplatz Ohrdruf (Thüringen) gezeigt, die das offizielle behördliche (Bundeswehr-)Gerede, wonach in dessen Untergrund »nichts sei«, ad absurdum führten. Wie es der Zufall wollte, erhielten wir kurz darauf eine Sammlung von Aufzeichnungen eines Herrn, der über bestimmte damals vor sich gehende Dinge bestens Bescheid wusste und eine Art Tagebuch dazu angelegt hatte. Dieses bildete sozusagen das Tüpfelchen auf dem i – und einige aus ihm stammende Informationen werden wir künftig noch ergänzend zu präsentieren haben. Von wegen also, da sei nichts! Manchmal können wir nur staunen, mit welcher Dreistigkeit die BRD-Offiziellen Unwahrheiten verbreiten. Aber diese haben ja bekanntlich kurze Beine, sodass sie irgendwann doch auffliegen, und uns wundert in diesem Zusammenhang nur, dass einigen ehemaligen Truppenübungsplatzkommandanten überhaupt noch die Hosen passen.

Freilich ist uns klar, dass wir aufgrund des von uns gepflegten Stils, der zugegebenermaßen ein mitunter respektlos-zynischer ist (Zyniker sehen die Dinge, wie sie sind, nicht wie sie sein sollen), wenig Freunde haben – jedenfalls unter den Offiziellen sowie den amtlich bestallten Historikern. (Wobei wir es als persönliche Schmach empfinden würden, wenn uns unsere Gegner und Kritiker ein Lob aussprechen würden.) Es hat auch einige durchaus auf unserer Seite stehende Personen gegeben, die meinten, wir sollten in sachlicherer, zurückhaltenderer Form berichten. Wir sagen allerdings: Auf einen groben Klotz gehört ein grober Keil. Die jahrzehntelangen Lügen, Verdrehungen, Manipulationen und Informationsunterdrückungen sind absolut unerträglich. Wem nützen sachliche (»seriöse«) Darstellungen, die vorn beziehungsweise hinten (oder vorn und hinten) nicht stimmen, die zahlreiche Aspekte ausblenden und lediglich dem Zweck dienen, das von den früheren Alliierten, insbesondere den Angloamerikanern, gepflegte manipulierte Geschichtsbild zu zementieren? Richtig: nur denjenigen, die seit alters her ihren Deutschen-Hass kultiviert haben. Mit solchen Leuten haben wir nicht das Geringste gemein. Im Gegenteil: Ihnen muss die Maske vom Gesicht gerissen werden, ihre Lügen müssen entlarvt und eben auch jener Teil der Geschichte berichtet werden, der bisher unter dem Deckel blieb beziehungsweise kaum Beachtung fand. Jeder halbwegs Informierte sollte zudem wissen, dass die bundesrepublikanische Führungs»elite« stramm transatlantisch ausgerichtet ist und alles tun wird, um die Sicht der Sieger in Bezug auf historische Ereignisse weiter aufrechtzuerhalten. Deutsche Atombombe? Unmöglich! Das konnten nur die grandiosen Amerikaner! Wir sagen: Von wegen, die konnten es eben nicht, denn sie hatten weder genug Bombenmaterial noch einen funktionierenden Zünder. Die Deutschen setzten Klasse gegen Masse – und gewannen daher das Rennen um die Nuklearwaffe.

Im Übrigen haben wir uns offensichtlich eines besonderen Verbrechens schuldig gemacht: Wir haben vor Jahren ein Thema an die Öffentlichkeit gezerrt, das bestimmte hierzulande tätige Kreise – wir umschreiben das einmal so – wegen seiner Sensivität »auf dem kleinen Dienstweg« untersuchen und einer Lösung zuführen wollten. Freilich unter Ausschluss der Öffentlichkeit, glaubt man doch offensichtlich immer noch in den Kreisen der »Elite«, dass alle Menschen, die nicht zu deren erlauchtem Kreis gehören, dumm und manipulierbar seien. Beispielsweise beklagte sich jemand darüber, dass das zu weckende Verständnis für eine sachliche historische Forschung (in Bezug auf die deutsche Atombombe und die damit verbundenen Aspekte) oberhalb der örtlichen militärischen Ebene, also der in Thüringen, außerordentlich abgenommen habe, was dem jahrelangen verhängnisvollen Wirken von Mehner und Co. zugeschrieben werden könne ...

Interessant. Verhängnisvoll? Für wen? Für die, die den kleinen Dienstweg beschreiten wollten? (Der aufgrund der Komplexität des Themas ohnehin niemals funktionieren würde.) Wir kennen, schauen wir auf die zurückliegenden 20 Jahre in diesem Land, nur eine verhängnisvolle Entwicklung: die der Kanzlerschaft einer Angela Merkel mit der von ihr vorangetriebenen Islamisierung Deutschlands und der Errichtung einer DDR 2.0.

Im Übrigen: Glauben Sie wirklich, dass irgendwelche höheren Ebenen in der Bundeswehr (besser: im Bundesverteidigungsministerium) oder in anderen Ministerien das Thema »deutsche Atombombe« angehen würden – und zwar im Sinne einer der Wahrheit (zumindest) nahekommenden Darstellung? Nun, ein solcher Glaube ist insofern ein Witz, als hierzulande die Vertreter der höheren militärischen Ebene nicht nur alle stramm in Richtung USA schauen (den Amerikanern also kaum unbequeme Fakten präsentieren werden), sondern es handelt sich bei ihnen auch um Opportunisten, die wohl selbst dann, wenn sie unbeobachtet sind, strammstehen und ihre Hände an die Hosennähte legen. Personen wie einen General Reinhard Günzel sucht man dort seit Jahren vergebens. Wobei eines interessant ist: Auch in den BRD-deutschen Militärkreisen hat man nichts aus dem

Zweiten Weltkrieg gelernt. Gab es damals noch einen – wie auch immer zu bewertenden – militärischen Widerstand, so ist dieser heute nirgends beobachtbar. Die Verantwortlichen haben die Transformation der Bundeswehr von einer (Verteidigungs-)Armee Deutschlands hin zu einer fremdgesteuerten NATO-Einsatzgruppe ohne irgendwelche Widerworte mitgetragen. Gäbe es auch nur einen Hauch von Gewissen, Anstand, Verantwortungsgefühl und Wahrheitsbewusstsein, wäre die Bundeswehr nicht in diesem Zustand, in dem sie heute ist. Statt dass die obersten Militärs ihrer Dienstherrin Ursula von der Leyen kräftig den Marsch blasen (was man als Militär eigentlich können müsste), machen sie jede Dummheit widerspruchslos mit – Hauptsache, der Sold stimmt und die spätere Pension wird nicht gefährdet. Die Bundeswehr (wobei von »-wehr« kaum mehr die Rede sein kann angesichts des Trümmerzustandes der Truppe) ist nur noch im Auftrag übernationaler Interessen unterwegs: in Afghanistan, Mali und wahrscheinlich auch bald Venezuela. Wir halten jede Wette, dass sie im Fall ihrer eigentlichen Aufgabe, nämlich der Landesverteidigung, innerhalb eines halben Tages erledigt wäre. Was die Bundesverteidigungsministerin allerdings nicht davon abhält, in den Chor derjenigen einzustimmen, die rund um die Uhr Russland provozieren. Früher hieß es: Große Klappe – nichts dahinter. Unabhängig davon darf daran erinnert werden, dass sich schon viele an Russland die Zähne ausgebissen haben: Napoleons Grande Armée scheiterte ebenso grandios wie Adolf Hitlers Wehrmacht. Offensichtlich hat der daraus resultierende deutsche 1945er-Knock-out noch nicht gereicht – und man versucht es erneut. Wir wünschen viel Erfolg dabei und eine Reihe augenöffnender Erkenntnisse!

Was die Herrschaften in den höheren militärischen Führungsrängen und auch andernorts noch immer nicht begriffen zu haben scheinen, ist, dass im Zeitalter des Internets Versuche, sensitive Probleme unter Ausschluss der Öffentlichkeit lösen zu wollen, in deutlich mehr Fällen zum Scheitern verurteilt sind als früher. Und das ist auch gut so, denn die Vertreter der sogenannten Elite sind alles andere als Menschenfreunde, sondern oft genug dünkelbehaftete, korrupte und nur auf ihren persönlichen Vorteil bedachte Individuen, die unsere volle Verachtung verdienen, weil auch sie uns verachten.

Übrigens hat es einen Grund, dass »Leute aus dem Volk« mit den sensitiven Informationen bezüglich eines reichsdeutschen Atom(waffen)programms versorgt worden sind und eben nicht das Bundesverteidigungsministerium oder die hiesige Historikerschaft. Schon einmal darüber nachgedacht?

Bekanntermaßen halten wir nicht viel von Geheimniskrämerei, obwohl wir durchaus der Auffassung sind, dass aus recherchetechnischen Gründen manche Informationen länger auf eine Veröffentlichung warten müssen. Wir meinen zudem, dass es jetzt erneut an der Zeit ist, einige von diesen »geparkten« Informationen zu präsentieren. Da es sich hierbei oftmals um solche handelt, die der sogenannten »Oral History«* zuzuordnen sind, haben wir einige Seiten vorher bewusst darauf hingewiesen, dass wir unsere Form der Darstellung als eine Kombination aus Sachbuch und persönlichen Erlebnisberichten (zu denen auch die der Zeitzeugen gehören) verstanden wissen wollen, da diese Form der Präsentation von Informationen unserem Anliegen besser gerecht wird. Wir lassen die Zeitzeugen sprechen (mit all den darin enthaltenen subjektiven Elementen) und sind uns dabei der Tatsache

* »Oral History (engl., wörtlich übersetzt: mündliche Geschichte) ist eine Methode der Geschichtswissenschaft, die auf dem Sprechenlassen von Zeitzeugen basiert. Dabei sollen die Zeitzeugen möglichst wenig vom Historiker beeinflusst werden. Insbesondere Personen aus diversen Milieus sollen auf diese Weise ihre Lebenswelt und Sichtweisen für die Nachwelt darstellen können.« (Definition nach *Wikipedia*, *https://de.wikipedia.org/wiki/Oral_History* [abgerufen am 2. Mai 2019].)

bewusst, dass zwischen dem, was diese berichten, und dem, was die etablierte Historikerschaft zum Besten gibt, mitunter Welten liegen getreu dem Motto, dass der Zeitzeuge oftmals der ärgste Feind des Historikers ist, der sich ja gern als Wissenschaftler sieht und glaubt, im Besitz der Wahrheit zu sein, die sich aber oft genug als Irrtum herauskristallisiert hat.

Zudem: Hätte es vor Jahren nicht eben diese Zeitzeugenberichte gegeben, wäre wohl niemals eine Diskussion um den tatsächlichen Stand der deutschen Atom(waffen)forschung in Gang gekommen. Stattdessen würde die Zeitgeschichtsschreibung so wie früher vom dem ausgehen, was die Alliierten zu dem Thema festgestellt hatten – und das ist, nach unserem Dafürhalten, eben nicht die Wahrheit.

Gewiss: Wir dürfen sicher sein, dass uns manche Zeitgenossen erneut niedrige Motive unterstellen und behaupten werden, dass das, was wir präsentieren, unmöglich wahr sein könne, weil ja nun einmal die *etablierte* Zeitgeschichtsschreibung eindeutig davon ausgehe, dass das Deutsche Reich nicht in der Lage war, eine Atomwaffe zu entwickeln. Sollen sie das tun, diese Herrschaften sind ohnehin nicht unsere Freunde (und wir schätzen uns glücklich, dass sie es auch nicht werden). Letztlich gilt auch hier das alte Prinzip: Viel Feind, viel Ehr – ein Prinzip, zu dem wir stehen, zumal wir das modernistische, schöpfungswidrige Geschwätz von der Gleichheit der Menschen für unerträglich, weil mit den Tatsachen nicht vereinbar und zudem typisches freimaurerisches Gedankengut halten. Das Gedankengut jener also, die wie der US-amerikanische Präsident und Hochgradfreimaurer Harry S. Truman durch besonderes moralisches Handel auffielen: den Einsatz von Atombomben gegen unschuldige japanische Zivilisten. Vor ihrem Einsatz erklärte er verlogen: »Aber wir werfen die Bombe nicht auf Frauen und Kinder. Wir sind eine zivilisierte Nation.«

»Der Deutsche gleicht dem Sklaven, der seinem Herrn gehorcht, ohne Fessel, ohne Peitsche, durch das bloße Wort, ja durch einen Blick. Die Knechtschaft ist in ihm selbst, in seiner Seele; schlimmer als die materielle Sklaverei ist die spiritualisierte. Man muss die Deutschen von innen befreien, von außen hilft nichts.«

Heinrich Heine*

* *Heines Werke in fünf Bänden,* Band 4: *Gedanken und Einfälle,* Kapitel 4, Aufbau-Verlag, 13. Auflage, Berlin 1974. Siehe auch *https://gutenberg.spiegel.de/buch/gedanken-und-einfalle-381/4*

Einleitung

Der Bundesrepublik Deutschland steht eine im wahrsten Sinne des Wortes strahlende Zukunft bevor. – Nein, nicht, was Sie denken: Diese unsere Aussage hat nicht das Geringste mit wirtschaftlichem und finanziellem Aufschwung, besserer Lebensqualität oder einer Wir-haben-uns-alle-lieb-Multikulti-Gesellschaft, wie sie von den »Eliten« naturgesetzwidrig als positiv gepredigt wird, zu tun. Das alles ist sowieso reine Ilusion angesichts einer in diesem Land agierenden unfähigen und korrupten Verwaltungs- und Politiker»elite«, die letztlich nichts anderes ist als ein Lakai der Hochfinanz.

Das »strahlend« meint vielmehr einen in Zukunft hierzulande zu erwartenden GAU (Größter Anzunehmender Unfall), also ein Ereignis nuklearer Art, das unkontrolliert die BRD von einem auf den anderen Tag treffen und radikal verändern wird. Und nein, es hat nichts mit den bekannten Atommeilern, wie sie hierzulande einst die Energieversorgung sicherten, zu tun.

Seit Jahren versuchen wir, wie letztmalig mit der DVD *Geheimsache Deutsche Atombombe** geschehen, darauf aufmerksam zu machen, dass unter der Erde Thüringens, aber auch anderer Bundesländer, Dinge liegen, die bereits vor Jahrzehnten hätten geborgen werden müssen, jedoch aufgrund der bis heute anhaltenden Geheimniskrämerei seitens der ehemaligen Alliierten sowie hierzulande zu beobachtender flächendeckender politischer Untätigkeit, Ignoranz und einer verlogenen Zeitgeschichtsschreibung dort blieben,

---

* Siehe: *https://www.kopp-verlag.de/Geheimsache-Deutsche-Atombombe.htm?websale8=kopp-verlag&pi=959200*

wo man sie bei Ende des Zweiten Weltkrieges einlagerte: deutsche Atom- und andere Vergeltungswaffen der zweiten Generation sowie die dazu notwendigen Anreicherungs- und Produktionsanlagen.

Die offizielle Stellungnahme zu diesen unseren seit Jahren vorgetragenen Hinweisen (von der Existenz der Wunderwaffen der zweiten Generation und den damit verbundenen Untergrundsystemen) lautet freilich, dass derartige Aussagen unter die Rubrik »Spinnerei und Verschwörungstheorie« einzuordnen seien und dass das Gebiet des thüringischen Jonastals keinerlei Nuklearhistorie aufweise, weil ja – und das wird, man mag es kaum glauben, als Beweis vorgetragen – die Geschichtsschreibung über derartige Dinge niemals berichtet habe, sondern stattdessen allgemein bekannt sei, dass nur die US-Amerikaner bei Kriegsende eine einsatzfähige Atomwaffe besaßen. Allerdings sind solche von Establishment-Historikern und Behördenvertretern gemachten Aussagen nicht das Papier wert, auf denen sie stehen, und mit den Tatsachen immer weniger vereinbar, zumal man offensichtlich völlig übersehen hat, dass seit nunmehr 20 Jahren jede Menge Widersprüche aufgetaucht sind, die aufgrund allgemeiner Faktenresistenz aber hartnäckig ignoriert werden.

Ab dem Jahr 2001 beginnend, hatten wir in einer Reihe von Büchern eine lange Indizienkette zusammengestellt, die zeigt, dass die Geschichtsschreibung in Bezug auf die deutsche Atom(waffen)forschung eine Vielzahl von Lücken, Auslassungen und Widersprüchen aufweist. In unseren Büchern *Das Geheimnis der deutschen Atombombe* und *Die Atombombe und das Dritte Reich* listeten wir zahlreiche Zeugenaussagen auf, die dem bisherigen Bild vom Nichtvorhandensein einer deutschen Atomwaffe widersprachen, und unterlegten das Ganze in unseren Werken *Die Angst der Amerikaner vor der deutschen Atombombe* und *Die Lügen der Alliierten und die deutschen Wunderwaffen* mit der Aneinanderreihung von Dokumenten aus US-Archiven, die oft nach jahrzehntelanger Geheimhaltung freigegeben worden waren und die bisher verbreiteten Darstellungen in Geschichtsbüchern torpedierten.

Mittlerweile sind wir seit rund 20 Jahren auf der Spur jener Entwicklungen, die auf deutscher Seite während des Zweiten Weltkrieges vorangetrieben wurden, um den sogenannten Endsieg zu bewerkstelligen, die jedoch aufgrund von Sabotage und Verrat, gemischt mit einer schon damals hierzulande vorhandenen Portion Gutmenschentum, nicht zum Einsatz gelangten – mit fatalen Folgen für die besiegten Deutschen.

Spricht und schreibt man heutzutage über diese Dinge, so scheint das Ganze lange her zu sein – ohne Relevanz für die jetzt Lebenden. Geschichte eben. Doch dieser Eindruck täuscht: Die Dinge, die dereinst vor den Feinden Deutschlands verborgen wurden, indem man sie in bombensichere, unterirdische Verstecke transportierte, werden irgendwann Probleme verursachen – und zwar solche, die nicht mit normalen Feuerwehr- oder Munitionsbergungseinsätzen zu beheben sein werden. Wenn das, was heute 30, 50 oder gar 100 Meter unter der Erde liegt, eines Tages seine Anwesenheit beweisen wird, dürfte es in diesem Land kein Halten mehr geben. Dieser »Weckruf der besonderen Art« wird dazu führen, dass die Karten neu gemischt werden, was für eine Nation, die im höchsten Maße Dekadenzerscheinungen aufweist und deren Bewohner in nicht gerade geringer Zahl dem Effekt des induzierten Irreseins unterliegen (was man spätestens seit dem Jahr 2015 deutlich erkennen kann), eigentlich nur evolutionsfördernd sein kann.

Freilich können wir gegenwärtig nicht sagen, wann dieser GAU eintreten wird – ob in 10, 20 oder mehr Jahren. Was wir aber sagen können, ist, dass derzeit einige der im Zweiten Weltkrieg untertage betriebenen Reaktoren aufgrund natürlicher Materialzersetzungs- und Ermüdungsprozesse ihrer Sicherheitseinrichtungen verlustig gehen. Das geschieht beispielsweise bei jenen Systemen, die tief unter dem zwischen Luisental und Crawinkel gelegenen Kienberg liegen. (Die Amerikaner hatten einen davon bei Kriegsende entdeckt und gesprengt, von den restlichen aber mangels Kenntnis nichts mitkommen.) Aber auch die eingelagerten Atomwaffen werden irgendwann zum Problem werden.

Wir sind uns durchaus im Klaren, dass spätestens nach dem Lesen der vorhergehenden Absätze unsere Kritiker erneut Zeter und Mordio schreien werden getreu dem Motto: Wie können Mayer und Mehner derartige Behauptungen in die Welt hinausposaunen?

Nun, wir können. Wir haben in den vergangenen Wochen, sozusagen als eine Art Revue-passieren-Lassen der Ereignisse, einmal im World Wide Web nachgeschaut, was in den vergangenen 10, 15 Jahren zum Thema »deutsche Atombombe« und den dazugehörigen Themenbereichen alles geschrieben und behauptet wurde. Während unsere Meinung eindeutig und klar ist (das Deutsche Reich verfügte über Atomwaffen und testete bereits erste weitreichende Trägersysteme für ihren Transport, zumindest in Form von Prototypen), fielen andere Meinungen und Kommentare, wie könnte es anders sein, von freundlich zustimmend bis schroff ablehnend aus (von Beschimpfungen und persönlichen Angriffen ganz zu schweigen; manche Zeitgenossen wollten sogar »bei passender Gelegenheit« unser irdisches Dasein beenden).

Während die einen meinten, dass nun Jahrzehnte nach dem Krieg endlich ein kleiner Teil der Wahrheit ans Licht komme, sprachen die anderen davon, dass die Mayerschen/Mehnerschen Darstellungen (wie auch die einiger anderer Autoren), so wörtlich, Müll seien. Als Dr. Rainer Karlsch und Heiko Petermann vor Jahren mit ihrem Buch *Hitlers Bombe* auf den Markt kamen, wurden diese in ähnlicher Weise angefeindet, wobei hier vor allem an der Genauigkeit der Quellen herumkritisiert wurde. Den ganz großen Vorschlaghammer bekamen die beiden Herren allerdings nicht ab. Der sollte uns treffen – doch das tat er nicht, weil wir uns einen feuchten Kehricht um die Kritiker scherten. Ihre Argumentation nahmen wir natürlich zur Kenntnis (es gibt ja auch immer etwas zu lernen), machten sie uns aber nicht zu eigen.

Wobei wir uns nicht verkneifen können zu erwähnen, dass die in den einschlägigen Internetforen zu beobachtende Diskussionskultur oftmals gar keine war, sondern nur als Unkultur bezeichnet werden kann. Da wurde mitunter aufeinander eingedroschen, was das Zeug hielt, und man konnte dem Schöpfer dankbar sein, dass die Kontrahenten sich nicht persönlich gegenüberstanden, denn sonst wäre wohl Blut geflossen. Bei neu Hinzugekommenen beziehungsweise Außenstehenden (Mitlesenden) machten diese Theaterveranstaltungen der besonderen Art natürlich Eindruck – allerdings keinen guten. Einige Personen, die diesbezüglich besonders beeindruckende Erlebnisse hatten, gaben diese im Nachhinein an uns weiter. Wir haben das Ganze – um im Bild von Seite 28, zweite Zeile von unten, zu bleiben – unter der Rubrik »Sondermüll« archiviert. Vielleicht werden künftige Historiker das Material einmal sichten wollen, wenn sie über den Forschungsschwerpunkt »Induziertes Irresein von BRD-Deutschen während des beginnenden 21. Jahrhunderts« eine Doktorarbeit schreiben wollen.

Apropos Historiker: Auch diese kamen in den Internetforen hin und wieder zu Wort, wobei es bestimmte Charaktere gab, die sich offenbar untereinander so gar nicht leiden konnten, was man nicht nur am Ton der Debatten, sondern auch an persönlichen Verunglimpfungen bemerken konnte. Einer der Herren schien ein besonderer Freund eines Fachkollegen zu sein. Er versuchte deshalb mehrmals, an die in unserem Besitz befindlichen Originale der sogenannten Wachsenburg-Protokolle (wir sprechen hier nur über diese) zu gelangen, um sie für eine Attacke besonderer Art zu verwenden. Das Problem: Entgegen allen Historikervermutungen stammten diese eben nicht aus dem Stadt- und Kreisarchiv Arnstadt oder aus den Beständen der Birthler-Behörde, sondern aus einer anderen, nur uns bekannten Quelle. Irgendwie mussten diese Papiere extrem wichtig sein, wurde doch schließlich sogar ein Brief an einen von uns gerichtet, in dem für die Protokolle Geld geboten wurde. Auch wenn uns eine positive Bewertung der Dokumente möglicherweise einen bestimmten Nutzen gebracht hätte, ignorierten wir das Angebot. In die Auseinandersetzungen der sogenannten Experten mischen wir uns nicht ein, sondern genießen stattdessen das unbezahlbare Amüsement, das sich in diesem Zusammenhang bietet.

Ein kleiner Zusatz sei uns noch erlaubt: Hätten wir nicht vor Jahren die Wachsenburg-Protokolle und andere Dinge erhalten und veröffentlicht, wüsste bis heute kaum jemand etwas über die in Thüringen bei Kriegsende stattgefundenen Ereignisse. Niemand könnte sich mit anderen Zeitgenossen über das Thema streiten, keiner könnte aus der Haut fahren und sein Gegenüber der »Fälschung« oder »Manipulation« verdächtigen. Nun ja: Undank ist der Welten Lohn. Indes: Wir sehen es gelassen und machen weiter wie bisher.

In all den Jahren, die der Veröffentlichung diverser Bücher durch uns folgten, wurde von unseren Kritikern immer wieder vehement behauptet, dass es niemals einen (kleinen) Atomtest auf dem Truppenübungsplatz Ohrdruf im Bereich des sogenannten Dreiecks gegeben habe. Seltsam nur, dass eine spätere Untersuchung dort Spuren von leicht angereichertem Uran und Kobalt 60 fand – ebenso wie die zu erwartenden typischen Verglasungen.

Ebenso vehement wurde behauptet, dass die in den Wachsenburg-Protokollen berichteten Vorgänge niemals stimmen könnten – schon gar nicht die dort geschilderte Effekte in Bezug auf eine nukleare Verstrahlung der im Umfeld des Truppenübungsplatzes lebenden Bevölkerung. Seltsam nur, dass uns mittlerweile weitere Zeugenaussagen erreichten, die von Personen stammen, die bei der Detonation der Testwaffe direkt oder indirekt beteiligt waren und Effekte berichteten, die auf eine Strahlenwirkung schließen lassen. Sind diese alle irgendeiner Geisteskrankheit erlegen?

Ein kleiner Rat: Sollten Themen-Neueinsteiger versuchen wollen, sich aus all den zwischenzeitlich veröffentlichten Behauptungen und Gegenbehauptungen eine eigene Meinung zu formen, so wird das ein sehr schwieriges Unterfangen werden. Die Fronten – wobei es nicht nur zwei gibt – sind verhärtet, jede Seite beharrt auf ihrer »Wahrheit«. Bevor man einen Nervenzusammenbruch erleidet oder ein Fall für die Psychiatrie wird, empfehlen wir an dieser Stelle, wie die Briten meinen, die weiteren Entwicklungen abzuwarten und Tee zu trinken. Das, was nicht existent ist, wird eines Tages aufscheinen und, so unsere berechtigte (zynische) Hoffnung, vor allem den Damen und Herren Kritikern und Besserwissern die Gesundheit ruinieren.

Was ganz allgemein immer wieder vergessen wird, ist der Umstand, dass die damaligen deutschen Geheimwaffenentwicklungen, vor allem die der zweiten Generation, von den Alliierten nach dem Ende des Krieges entweder lückenlos übernommen und weiter unter Geheimhaltung belassen wurden, sodass die Deutschen darüber nichts erfuhren, oder dass das, was untertage einst auf seinen Einsatz gewartet hatte, unangestastet blieb und bis heute seiner Entdeckung harrt – beziehungsweise, wenn es nicht bald gefunden wird, sich in deutlicher Form zu Wort melden wird.

Einige wohlmeinende Personen haben uns über die Jahre hinweg immer wieder gefragt, weshalb wir uns das Ganze eigentlich antun würden. Freilich wussten wir von Beginn an, dass in einem Land, das der Geschichtsschreibung der Alliierten unterworfen ist und in dem die Umerziehung der Deutschen geglückt ist (eine andere Einschätzung ginge an der Realität vorbei), kaum eine Chance besteht, auf offene Ohren zu stoßen. Die glücklichen Sklaven verteidigen ihre Versklavung vehement, nicht begreifend, dass sie genau auf den Kurs gebracht wurden, den die Alliierten, und hier sind insbesondere die Angloamerikaner mit ihrer Plutokratie zu nennen, für sie vorgesehen hatten. Sie unterliegen einer Fremdsteuerung. Was dieses System daher wert ist, erkennen glücklicherweise seit dem Jahr 2015 immer mehr hierzulande schon länger Lebende: Der Biodeutsche zählt nichts, die mühsam von ihm erwirtschafteten Steuergroschen werden in sinnlosen Projekten versenkt, während er selbst immer mehr Probleme hat, über die Runden zu kommen. Gewiss, das betrifft nicht alle, aber die Zahl derjenigen, die wirtschaftliche und finanzielle Sorgen haben, wächst stetig.

Angesichts solcher Verhältnisse sollte einmal danach gefragt werden, weshalb der Deutsche im eigenen Land nichts gilt. Von intelligenten Menschen ist zu erwarten, dass sie sich die Antwort selbst geben können, die anderen mögen weiterschlafen. Das Problem liegt in unserer jüngeren Geschichte: Die Deutschen lehrten dereinst die angloamerikanischen Plutokraten das Fürchten – und diese haben bis heute eine gewaltige Angst, dass das noch einmal geschehen könnte. Deshalb wird auf breiter Front alles dafür getan, einen deutschen Sonderweg zu verhindern (der sich unter anderem in einer intensiven Zusammenarbeit mit Russland äußern könnte) beziehungsweise die Deutschen ganz allgemein untenzuhalten (im Übrigen ein bekanntes und erklärtes Ziel der

NATO*) – wozu natürlich auch gehört, dass wir in Hinblick auf bestimmte (zeit-)geschichtliche Ereignisse niemals die Wahrheit erfahren dürfen.

Vor einigen Jahren hatten wir in diesem Zusammenhang sogar Dokumente vorgestellt, aus denen zu ersehen war, dass zum Beispiel die Amerikaner a) lange vor dem Kriegsende darüber nachdachten, wie sie die Deutschen umerziehen könnten, und dass man nach dem Krieg b) ihnen wichtige Unterlagen vorenthielt frei nach dem Motto: Wer nicht über alle Informationen verfügt, ist auch nicht in der Lage, richtige Schlüsse zu ziehen.

Die Reaktion darauf? Null! In typischer Sklavenmentalität wird alles hingenommen, solange der Fernseher läuft und der Kasten Bier keine 60,– Euro kostet.

Für uns allerdings sind derlei Machenschaften reine Siegerwillkür und vollkommen inakzeptabel, weshalb wir seit jeher all das, was von angloamerikanischen Historikern (und ihren bundesdeutschen Hilfswilligen) berichtet wird, mit äußerster Skepsis betrachten. Möglicherweise gehören wir, die wir uns über solche Zustände echauffieren, zu einer aussterbenden Gattung. Sei's drum: Und wenn wir die Einzigen wären, die so denken – wir würden unsere Meinung dennoch jederzeit artikulieren.

---

* Siehe dazu den *Spiegel-Online*-Artikel »Verteidigungsbündnis des Westens. Zum 70. Geburtstag – was man über die NATO wissen muss«, der gleich nach der Überschrift formuliert: »›Die Amerikaner drinnen, die Russen draußen halten – und die Deutschen am Boden‹: So umriss der erste Generalsekretär die Aufgaben der NATO. [...]«. *https://www.spiegel.de/politik/ausland/die-nato-wird-70-was-man-ueber-das-buendnis-wissen-muss-a-1261001.html* (abgerufen am 2. Mai 2019).

»Auch wird man einsehen, dass Dummköpfen und Narren gegenüber es nur einen Weg gibt, seinen Verstand an den Tag zu legen, und der ist, dass man mit ihnen nicht redet.«

Arthur Schopenhauer
Aphorismen zur Lebensweisheit,
Kapitel V, Punkt 23

Merkwürdiges um die A-Bombe

In den vergangenen zwei Jahrzehnten erhielten wir, was die A-Waffen-Verlagerungen angeht, einige Standorthinweise, zu denen allerdings im Moment nur so viel zu sagen ist, dass wir die exakte Lage – also auf den Meter genau – in den meisten Fällen nicht erfuhren, nur die ungefähre. Zudem wäre eine solche exakte Standortnennung unter den gegenwärtigen (politischen) Verhältnissen auch wenig sinnvoll, konnte man doch in den zurückliegenden Jahren am Beispiel des Areals mit der Bezeichnung »Hamster«, das direkt ans Jonastal anschließt, beobachten, wie behördlicherseits in geradezu erschreckender Weise mit einem solchen Thema umgegangen wird. Nachdem in besagtem Gebiet aufgrund eines Zeitzeugenhinweises eine Bodenradaruntersuchung durch einen Chemnitzer Ingenieur erfolgte, die zusätzlich von einer Exploration des Geländes im Hinblick auf etwaige unter der Erde liegende Ferrometallanhäufungen begleitet wurde und die dabei gewonnenen Ergebnisse positiver Natur waren, ging eine Gefahrenmeldung an zuständige Thüringer Behörden. Danach erfolgte erst einmal – nichts. Keine Reaktion. Keine Nachfrage seitens der Zuständigen. Erst als die Meldung über den gemessenen Hohlraum und die möglicherweise in ihm lagernden (durchaus [atom-]bombenähnlichen) Körper an die Medien ging, kam Bewegung in die Angelegenheit. Aber nicht, wie man als unbedarfter Beobachter erwarten dürfte, dahingehend, dass man im relevanten Gebiet zum Beispiel Bohrungen vornahm, um den Untergrund zu erkunden. Nein, zuerst einmal wurde von den Zuständigen behauptet, man habe eine Munitionsbergungsfirma mit entsprechenden Sondierungsarbeiten beauftragt, und diese habe nichts Verdächtiges gefunden. Zu allem Überfluss wurde diese Stellungnahme auch noch als Beruhigungspille öffentlich verbreitet – und das, obwohl man den genauen Standort der Radar- und Ferrometalluntersuchung zu diesem Zeitpunkt gar nicht kannte. Ja, Sie haben richtig gelesen: Während man die Öffentlichkeit schon einmal in die Irre führte, wurden die Protagonisten der Fundmeldung gerade erst schriftlich aufgefordert, bis zu einem exakt definierten Termin der zuständigen Behörde mitzuteilen, wo sie denn überhaupt gemessen hätten. Ergo hatten die Behördenvertreter offensichtlich nicht die geringste Ahnung, worüber sie eigentlich sprachen.* (Für die Akten:

---

* Diese Merkwürdigkeit – die Behörden hatten bereits messen lassen und Entwarnung gegeben, kannten aber den genauen Ort der Messung des Chemnitzer Ingenieurs nicht, weshalb sie ihn aufforderten, diesen offenzulegen – berichtete auch der *Münchner Merkur*. In dem Artikel »Nazi-Atombomben mitten in Deutschland? Hobbyforscher schlägt Alarm« (*https://www.merkur.de/welt/spekulationen-atomspreng saetze-jonastal-6395708.html*; letzter aktualisierter Stand: 14. Mai 2016) steht in den letzten beiden Absätzen zu lesen:

»Experten zweifeln die geologischen Untersuchungen des Hobbyforschers jedoch an. Ein Mitarbeiter des Kampfmittelbeseitigungsunternehmens Tauber sagte dem MDR, dass Bodenradaranalysen bis in eine Tiefe von mehr als zwölf Metern nicht realistisch seien. Lohr gibt sich damit jedoch nicht zufrieden. Er bietet an, seine Technik bei gemeinsamen Messungen zu beweisen. Der Hobbyforscher ist der Meinung, dass Messungen bis in rund 25 Meter Tiefe möglich seien.

Der Ilmkreis und die Stadt Arnstadt halten Lohrs Vermutung für reine Fantasie. **Die Kommunen gehen nach einer Untersuchung des Geländes durch eine Fachfirma davon aus, dass sich dort keine Atomwaffen befinden. Peter Lohr wurde aufgefordert, bis 27. Mai [2016] die genauen Koordinaten jener Stelle zu nennen, an welcher er mit seinem Bodenradar die Atombomben geortet haben will.**« (Hervorhebung durch die Autoren)

Uns liegt der entsprechende Schriftverkehr in Teilen vor – ein einmaliges Dokument deutscher Zeitgeschichte.)

Nur so viel noch: Der beauftragte Munitionsbergungsdienst hatte nicht am eigentlichen Messstandort gesucht, sondern mindestens 120 Meter davon entfernt! Ganz davon abgesehen besaß er, nach allem, was wir erfuhren, kein Bodenradargerät, mit dem die Ergebnisse des Chemnitzer Ingenieurs hätten über- beziehungsweise gegengeprüft werden können. Aber wer weiß: Vielleicht gab es ja einen Mitarbeiter, der durch Handauflegen (auf den Waldboden) imstande war, das darunter Befindliche genau zu definieren …

Wer sich über das Ganze wundert, dem ist nicht mehr zu helfen. Das Deutschland, das einstmals für Kompetenz stand, gibt es nicht mehr; es ist spätestens seit dem Beginn der Kanzlerschaft Angela Merkels geräuschlos entschwunden. Hierzulande herrschen auf breiter Front unteres Mittelmaß, Unfähigkeit und Inkompetenz – insbesondere auch dort, wo Behörden tätig sind. Hauptsache aber, Gutmenschentum, Sprachkorridore und Politische Korrektheit werden beachtet. Und selbstverständlich heißt es heute, Angst vor dem Klimawandel zu haben – also jener neuen Religion zu huldigen, die sich die Roten, die Grünen (Rote, grün lackiert) wie auch die angloamerikanischen Hochfinanzvertreter (die linke und ökologische Ideen, so sie ihnen nutzen und Billionenbeträge sichern, durchaus mögen) ausgedacht haben, während die zahllosen Komponenten wirklicher Umweltgefährdung und -zerstörung unter den Teppich gekehrt werden. Wie man darüber hinaus mit einem völlig irre gewordenen Moralismus die Probleme der Zukunft meistern will, entzieht sich unserer Kenntnis. Aber nur nebenbei: Wir haben uns bereits vor Jahren von dem hiesigen (politischen) System scharf distanziert, das wir – das geben wir offen zu – zutiefst verachten. Wir beobachten das ganze hierzulande aufgeführte Theater nur noch aus der Position eines Zuschauers, der eine Irrenanstalt von außen betrachtet und sich über die Eigen- und Absonderlichkeiten der handelnden Personen (besser: Insassen) wundert, die jeden Tag aufs Neue durchdrehen und Ideen und Vorstellungen artikulieren, die zu ihrem Aufenthaltsort passen. Mehr gibt es dazu – jedenfalls für den Moment – nicht zu sagen.

Wie wir bereits wissen ließen: Wir können die uns bekannt gewordenen Einlagerungsstätten deutscher Atomwaffen ungefähr eingrenzen – zumindest in Bezug auf Thüringen. Eine Bombe soll zwischen den Orten Zella-Mehlis und Oberhof liegen. Rund 20 von ihnen sollen im Bereich des mittlerweile legendären Jonastals eingelagert worden sein, wobei es diesbezüglich mehrere Ortsangaben gibt. Wieder andere wurden über halb Thüringen verteilt und liegen, weil zum Teil in einer Art Notverlagerung unter die Erde gebracht, mitunter keine zwei Meter unter Grund, könnten also quasi in einer Nacht-und-Nebel-Aktion ans Tageslicht geholt werden. (Freilich funktionieren sie nicht mehr; die Inhaltsstoffe, vor allem bei einer Plutoniumbombe, sind aber allemal »interessant«.) Wenn wir hier von »sollen«, also der Möglichkeitsform, sprechen, dann hat das seinen Grund: Die Angaben stammen von Zeitzeugen, die a) entweder nach dem Krieg von diesen Verbringungsplätzen erfuhren oder b) selbst dabei waren, als die deutschen Wunderwaffen auf Nimmerwiedersehen unter der Erde verschwanden. Wir selbst waren logischerweise nicht daran beteiligt, geben also die Informationen demzufolge mit der nötigen Distanz weiter.

Freilich werden die sich selbst als besonders kritisch ansehenden Zeitgenossen in ihrer altbekannten Negierungs-Litanei derartige Zeitzeugenberichte sofort infrage zu stellen versuchen und sie, zumal sie über Dinge berichten, die es angeblich nie gegeben hat, als unglaubwürdig einstufen. Das muss uns allerdings nicht scheren, hatten wir doch das große Glück, manche dieser Aussagen einerseits durch weitere Aspekte untermauern und andererseits durch Radaruntersuchungen zumindest das Vorhandensein von Hohlräumen (natürlicher oder künstlicher Art) an einigen von den Zeitzeugen genannten Plätzen nachweisen zu können.

Die immer wieder – auch von Behördenvertretern – in diesem Zusammenhang vorgebrachte Behauptung, das eingesetzte Bodenradarverfahren könne nie und nimmer funktionieren (beziehungsweise, in abgemilderter Form, bestimmte Tiefen nicht erreichen), ist schlichtweg Unsinn, denn durch mehrere Referenzmessungen ließ sich sehr deutlich der Gegenbeweis erbringen. Aber wen interessiert das hierzulande schon, wo wir doch seit einigen Jahren in ein postfaktisches »Fake News«-Zeitalter eingetreten sind? (Fakten sind uninteressant geworden, es zählt nur noch die politisch korrekte Darstellung, die von den Regierungsvertretern und ihren Handlangern vorgetragen wird. Uns interessieren diese Regierungs-Fake-News allerdings wenig.) Auch im Falle des »Hamster«-Fundes wurde mit dem Chemnitzer Radarfachmann unter Hinzuziehung eines weiteren Experten, der mit einem anderen Verfahren die Thüringer Erde im Auftrag der Behörden durchleuchtet, ein mehrstündiges Gespräch dahingehend geführt, dass das von ihm angewendete Verfahren nicht funktionieren könne. Freilich ließ sich der Erstgenannte nicht ins Bockshorn jagen, denn er hatte das System ja nicht nur genutzt, sondern auch fortentwickelt. Er wusste demnach genau, was er tat. Im Übrigen lernten wir wenige Wochen später einen Planetengeologen kennen, der uns bestätigte, dass das Verfahren wunderbar funktioniere und in weiterentwickelter Form beim Durchleuchten von Planetenuntergründen zum Einsatz gelange ...

Angesichts solcher Sachverhalte stellt sich für uns – man erlaube uns den kurzen Exkurs – übrigens die Frage, ob die Menschheit wirklich an der Künstlichen Intelligenz (KI) arbeiten sollte, wo doch erst einmal die natürliche (humane) zu entwickeln wäre.

Interessanterweise wurde auf den Vorschlag des Chemnitzer Ingenieurs, beide Messverfahren doch einmal direkt vor Ort, also unter realen Bedingungen, zu testen, nicht eingegangen. Wovor hatte man Angst? Oder hatte man kein Geld? Nun, letztere Begründung ist völlig irrelevant. In der BRD ist Geld für jeden und alles da, solange es der Realisierung irgendwelcher sündhaft teurer Fantasieprojekte zugutekommt beziehungsweise den hier lebenden autochthonen Menschen entzogen werden kann. Man schaue einmal auf die Elbphilharmonie in Hamburg, auf den (Katastrophen-)Flughafen BER, auf Stuttgart 21 (diejenigen, die dort aktiv sind, hätten wohl die geheimen Untergrundanlagen in Thüringen niemals [pünktlich] fertigstellen können) oder auf die Rundumversorgung der Migranten: Milliardenbeträge spielen hierbei nicht die geringste Rolle. Die zunehmende Altersarmut unter der deutschen Ursprungsbevölkerung, ständig steigende Mieten (die nunmehr sogar schon den unteren Mittelstand überfordern), Wahnsinnshöhen erreichende Monatsbeiträge der privaten Krankenkassen (die teilweise höher sind als die Rentenbezüge der PKV-Betroffenen) und das willkürliche, aggressive Vorgehen von Finanzbehörden gegen Kleinunternehmer (an die Großen trauen sich diese nicht) – das alles interessiert keine politische Sau. Im Gegenteil: Man kann unschwer erkennen, dass massiv gegen diejenigen gearbeitet wird, die einst ihr Leben lang für den Wohlstand dieses Landes tätig waren – und noch sind. Ihre Interessen sind für die hiesigen Politiker ohne Bedeutung; Hauptsache, man kann das Geld der Steuerzahler für im Endeffekt völlig sinnlose Projekte versenken, was uns vorkommt wie ein nicht erklärter, neuer Krieg gegen die Deutschen.

Selbstverständlich ist auch kein Geld da, um im Bereich des Jonastals ein paar zielführende Sondierungsarbeiten durchzuführen. Oder es darf keines da sein. Offensichtlich wissen einige Behördenvertreter Bescheid, was dort vor Ort zu finden ist – und dass dieses zu Findende überhaupt nicht ins Geschichtsbild, das von den Alliierten entworfen wurde, passt. Ganz zu schweigen von dem damit verbundenen Aufwand: Wo soll man mit der Fahndung beginnen? Und gesetzt den Fall, man findet etwas: Würde die Bergung von zum Beispiel einer Atomwaffe das Problem der Gefährdung lösen? Oder müsste man weitersuchen?

Unsere Antwort lautet: Wer immer die Büchse der Pandora öffnet, den erwartet eine lebenslange Aufgabe. Nicht nur, dass Thüringen durchlöchert ist wie ein Schweizer Käse – es besteht zudem das Problem, dass man niemals genau sagen kann, was einen erwartet. Möglicherweise gibt es sogar Dinge, die man überhaupt nicht bergen kann, weil man sie nicht versteht. Wie wir bereits in früheren Büchern wissen ließen, ist die Nukleartechnik ja nicht das Ende der deutschen Entwicklungen gewesen, sondern es gab darüber hinausgehende postatomare Waffensysteme (zumindest im Prototypenstadium), beispielsweise in Form des Supersprengstoffes RADgUM oder eines Systems, das mittels einer Rakete oder eines Flugzeuges in ein beliebiges Gebiet transportiert und abgeworfen werden konnte, dort eine Zeitlang inaktiv blieb, dann aber sein Vernichtungswerk begann, indem es von seinem Liegeplatz aus kreisförmig immer größer werdende Bereiche kontaminierte und alle dort existierende Materie in ein bestimmtes chemisches Element umzuwandeln begann. Der Aktionsradius der Waffe wurde von ihrer Größe bestimmt, den Prozess zu stoppen war absolut unmöglich. Wäre ein solches System beispielsweise gegen London eingesetzt worden, hätte man heute keine Sorgen mehr wegen des BREXITs. Die Geschichte wäre ganz anders verlaufen.

Übrigens: Bei genauer Betrachtung war die Atombombe gegen die beiden letztgenannten Waffenentwicklungen ein Witz, kaum mehr als der Einstieg in die Welt der Wunderwaffen. Und die Deutschen stießen die Tür in diese Welt weit auf, sehr weit ...

An dieser Stelle erlauben wir uns auch den Hinweis, dass amtlichen Verlautbarungen unserer Meinung nach nicht zu trauen ist. Insbesondere in Deutschland werden diesbezüglich, also wenn es um »heiße Eisen« geht, die Dinge verdreht bis zur Unkenntlichkeit. So wird seit Jahren behauptet, dass der Truppenübungsplatz Ohrdruf keinerlei unbekannte unterirdische Infrastruktur enthalte und alle dahingehenden Behauptungen emsiger Heimatforscher, Technologie- und auch Schatzsucher reine Spekulation seien. Indes hatten wir 2015 in unserem vorausgegangenen Buch *Und sie hatten sie doch!* Aufnahmen eines Videos veröffentlicht, das in den 1980er-Jahren entstanden war und Erkundungsarbeiten an und in einem Erdfall zeigte – in dessen Tiefe sich Hinterlassenschaften aus (reichs-)deutscher Zeit befanden, die sicherlich nicht von Zauberhand dorthin gelangt waren.

Das ist aber längst noch nicht alles. Wussten Sie, dass sich unter der sogenannten Gartenstadt (Ohrdruf) ein Bunkersystem befindet? Nein? Dann machen Sie sich mal schlau: Es wurde schon vor Jahren begangen, wobei der Trupp, der seinerzeit darin unterwegs war, von einem Militär angeführt und auch von Zivilisten begleitet wurde. Nach den Aussagen eines Teilnehmers, der den Mund nicht halten konnte (oder wollte), traute man sich allerdings nur so weit in das System vor, bis die an den Wänden angebrachten kyrillischen Schriftzeichen aufhörten. Dort hatten die Russen ihre Erkundung offenbar abgebrochen. Da nunmehr ein mulmiges Gefühl aufkam, ging auch die erwähnte deutsche Untertage-Safari-Truppe nicht weiter. Übrigens: Einige der Namen der Teilnehmer dieser Expedition der besonderen Art liegen uns vor.

Und noch etwas: Wir sind im Besitz einer Karte, die beispielsweise Markierungen zu unterirdischen Anlagen aus reichsdeutscher Zeit nördlich des Dorfes Wölfis zeigt – und damit auf dem Truppenübungsplatz Ohrdruf. Diese Untergrundinstallationen wurden offenbar, wenigstens zum Teil, nach dem Krieg von den Russen aufgeklärt und weiterbenutzt. Offiziell heißt es dennoch – Sie kennen das schon –, dass da nichts sei. Merkwürdig ist nur, dass ein ehemaliger Offizier der Nationalen Volksarmee (NVA) der DDR, den wir vor Jahren kennenlernten und der seinerzeit in Erfurt wohnte, uns gegenüber von seinen Untertageaufenthalten in den 1970er- und 1980er-Jahren berichtete, bei denen er diese geheimen Anlagen aufgrund seiner Tätigkeit als Verbindungsoffizier aufsuchen musste. Die Russen wollten ihm bei diesen Visiten immer mal wieder weismachen, dass diese Bunkeranlagen von ihnen errichtet worden seien, aber der Ostdeutsche (besser: Mitteldeutsche) ließ sich nicht täuschen, denn allein der Baustil verriet, wer diese geheimen Systeme, zumindest die, die der NVA-Offizier betrat, dereinst unter die Erde gelegt hatte. Es waren die Deutschen, und die von den Russen nachgenutzten Anlagen gehörten also zu dem, was heute offiziell nicht existiert.

In diesem Zusammenhang sollte der interessierte Leser abschließend noch wissen, dass die Russen mit dem nach dem Krieg Vorgefundenen offenbar nur eine bestimmte Zeit zufrieden waren und in der ersten Hälfte der 1950er-Jahre Erweiterungen vornahmen. Dabei blieben sie, trotz entsprechender Maßnahmen, nicht unbeobachtet. Drei Mal dürfen Sie raten, wer sie dabei ausspionierte? Richtig: die CIA. Ein entsprechender Kurzbericht wurde vor nicht allzu langer Zeit durch einen Thüringen Rechercheur gefunden – vielen Dank für den Hinweis, Alex! (Wir danken aber auch den US-Amerikanern für die freundliche Unterstützung unserer Auffassungen in Form von passenden Dokumenten und dass sie ihre deutschen Bundesgenossen der Schwindelei überführt haben.)

Der einst als »geheim« eingestufte »Information Report« zu »Ammunition Bunkers at Ohrdruf« (»Munitionsbunker bei Ohrdruf«) stammt vom Dezember 1953. Er ist nach seiner Freigabe in Teilen immer noch zensiert und berichtet:

> »Since April 1953 construction work on underground bunkers has been going forward on the troop training grounds at Ohrdruf, northeast of the main center. Three Soviet trucks bring cement from the Ohrdruf railway station four times a day. Six large underground bunkers have been finished so far, and a beginning has been made in storing ammunition. The ammunition is unloaded at the railway station. It is mainly artillery ammunition of around 120 mm caliber. Thera ist also some ammunition packed in boxes with probably is 22 mm.«*

---

* Die Angaben zum Dokument (»Ammunition Bunkers at Ohrdruf« | Document Type: CREST [1] | Collection: General CIA Records [2] | Document Number (FOIA)/ESDN (CREST): CIA-RDP80-00809-A000500780253-2 | Release Decision: RIPPUB | Original Classification: S | Document Page Count: 3 | Document Creation Date: December 19, 2016 | Sequence Number: 253 sowie darüber hinausgehende Angaben, unter anderem Links, finden sich unter: *https://www.cia.gov/library/readingroom/print/833567* (abgerufen am 3. Mai 2019). Das Dokument kann auch direkt aufgerufen werden, und zwar unter: *https://www.cia.gov/library/readingroom/docs/CIA-RDP80-00809A000500780253-2.pdf* (abgerufen am 3. Mai 2019).

Zu Deutsch: Seit dem April 1953 werden auf dem Truppenübungsplatz Ohrdruf, nordöstlich des Hauptzentrums, Bauarbeiten an unterirdischen Bunkern durchgeführt. Drei sowjetische Lastwagen bringen vier Mal pro Tag Zement vom Bahnhof Ohrdruf. Sechs große unterirdische Bunker wurden bisher fertiggestellt, und es wurde mit der Lagerung von Munition begonnen. Die Munition wird am Bahnhof entladen. Es handelt sich hauptsächlich um Artilleriemunition mit einem Kaliber von etwa 120 Millimetern. Es gibt auch einige Munition, die wahrscheinlich 22 Millimeter Durchmesser hat und in Kartons verpackt ist.

Wir zeigen auf den folgenden zwei Seiten einen Faksimile-Abdruck derjenigen Karte, die wir vor Jahren von einem Zeitzeugen beziehungsweise dessen Nachkommen erhielten und die den Truppenübungsplatz-Bereich nördlich des Dorfes Wölfis umfasst, sowie ein Faksimile des US-Dokuments. Auf den darauffolgenden beiden Seiten haben wir schließlich die interessanten (markierten) Kartenbereiche vergrößert und einander gegenübergestellt, sodass der Leser gut erkennen kann, dass es eine Übereinstimmung gibt, die zum Nachdenken anregen sollte.

Und weil wir einmal bei dem Thema sind, soll noch erwähnt werden, dass auch an der westlichen Seite des Truppenübungsplatzes Ohrdruf russische Lkw-Baumaterialtransporte beobachtet wurden, und zwar durch einen Herrn, der sie in den 1970er-Jahren des Öfteren sah, wenn sie die Ortschaft Schwabhausen passierten. Als die Russen merkten, dass sie beobachtet wurden, änderten sie ihre Vorgehensweise und ließen die Transporte des Nachts fahren. Unbeobachtet blieben sie allerdings auch da nicht. Was sie nicht wussten: Der Mann litt unter Schlafstörungen und registrierte das geheime Transportgeschehen also auch dann, wenn andere in der Welt der Träume waren.

Kartenausschnitt, der den Bereich des Truppenübungsplatzes Ohrdruf nördlich des Dorfes Wölfis zeigt. Einige der Markierungen geben offensichtlich die Position von Untertageanlagen wieder, die bis zum Kriegsende entstanden. (Archiv Autoren)

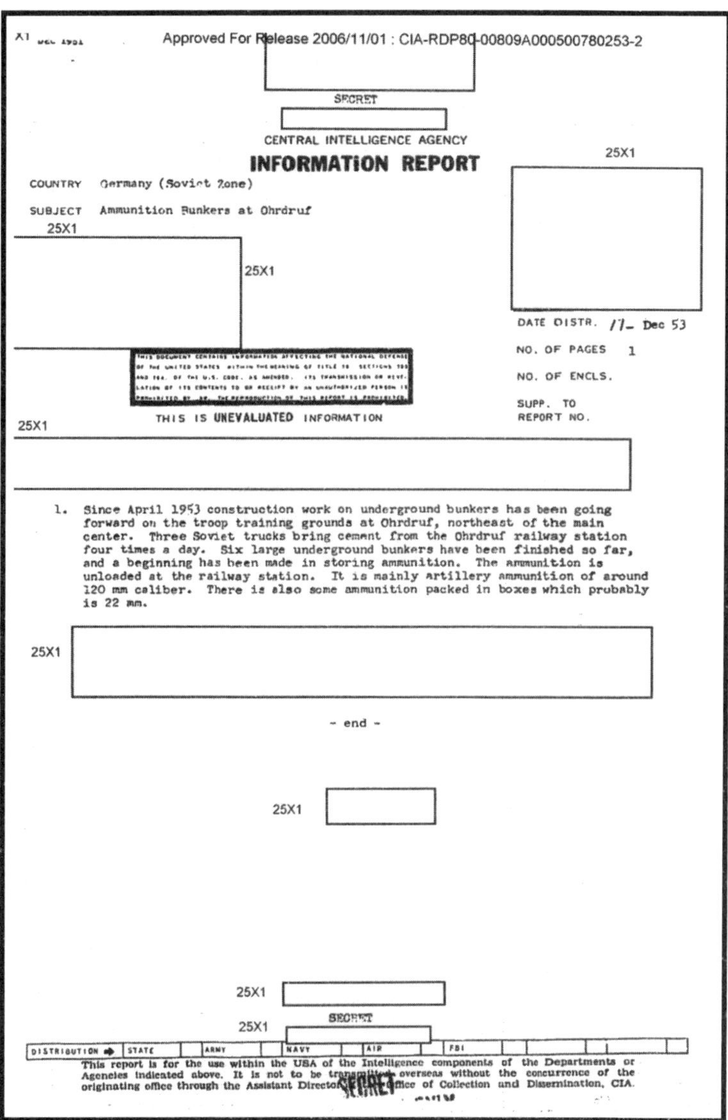

SECRET

CENTRAL INTELLIGENCE AGENCY

INFORMATION REPORT

25X1

COUNTRY Germany (Soviet Zone)

SUBJECT Ammunition Bunkers at Ohrdruf

25X1

25X1

DATE DISTR. 17 Dec 53

NO. OF PAGES 1

NO. OF ENCLS.

SUPP. TO REPORT NO.

THIS IS UNEVALUATED INFORMATION

25X1

1. Since April 1953 construction work on underground bunkers has been going forward on the troop training grounds at Ohrdruf, northeast of the main center. Three Soviet trucks bring cement from the Ohrdruf railway station four times a day. Six large underground bunkers have been finished so far, and a beginning has been made in storing ammunition. The ammunition is unloaded at the railway station. It is mainly artillery ammunition of around 120 mm caliber. There is also some ammunition packed in boxes which probably is 22 mm.

25X1

- end -

25X1

25X1

SECRET

25X1

DISTRIBUTION	STATE		ARMY		NAVY		AIR		FBI				

This report is for the use within the USA of the Intelligence components of the Departments or Agencies indicated above. It is not to be transmitted overseas without the concurrence of the originating office through the Assistant Director of the Office of Collection and Dissemination, CIA.

SECRET

Faksimile der ersten Seite des CIA-Dokuments, das über die Arbeiten an Bunkersystemen »bei Ohrdruf« berichtet, die die Russen Anfang der 1950er-Jahre durchführten.

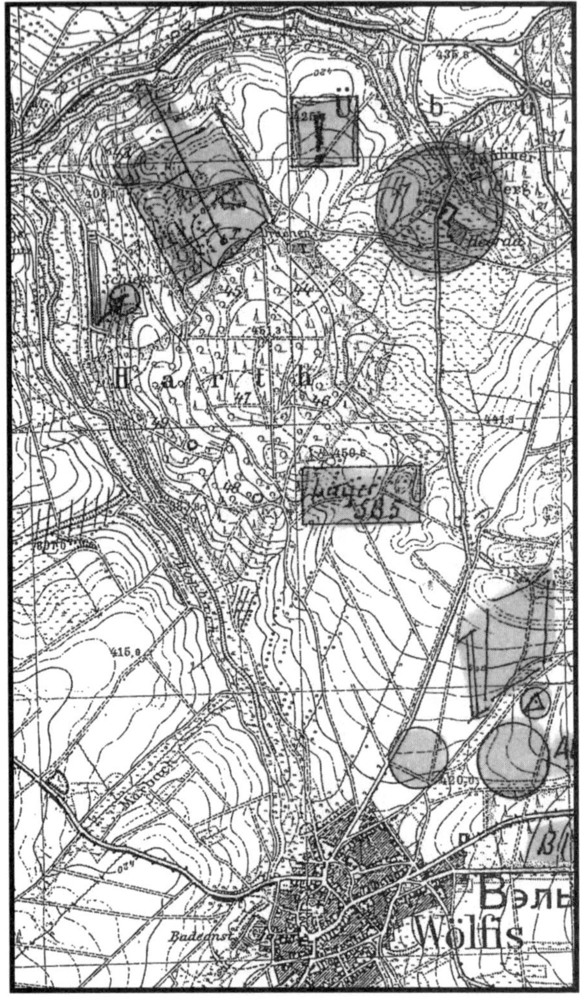

Gegenüberstellung der Zeitzeugen- und der CIA-Karte (Seite 49). Obwohl Letztere von minderer Qualität ist, kann man in ihrem oberen Drittel die eingezeichneten Bunkeranlagen gut erkennen, die quasi als nördliche Erweiterungsbauten der Struktur, die auf der Zeitzeugenkarte sichtbar ist, interpretiert werden können. Doch da scheint noch mehr zu sein. Bei der Zeitzeugenkarte handelt

es sich im Ursprung um eine deutsche topografische Karte, die wegen ihrer Genauigkeit von der russischen Aufklärung als Basis verwendet wurde. In ihr wurde die Lage unterirdischer Objekte, aber auch einiger oberirdischer Strukturen eingetragen. Mitunter finden sich auch Tiefenangaben in Form eines nach unten weisenden Pfeils neben einem Kreis und der Angabe »30 m«.

Doch zurück zur »Bombe«. Bringen wir es zur Erinnerung nochmals auf den Punkt: Unserer Meinung nach ist die Atomwaffe eine deutsche Erfindung. Die Geschichte vom erfolgreichen US-amerikanischen Manhattan Project ist eine der größten Lügen, die der Menschheit je aufgetischt wurden. Noch im März 1945 schrieb der spätere US-Außenminister James F. Byrnes einen Brandbrief an seinen Präsidenten, in dem er wehklagte, dass das Projekt einen Fehler produzieren werde, da bisher nicht genügend atomarer Betriebsstoff für die Bomben hergestellt worden sei. Im April 1945 gelangten die US-Truppen nach Thüringen, das sie absprachewidrig eroberten und ausplünderten (es war schließlich als Besatzungszone den Russen zugesprochen worden). Im Mai 1945 übernahmen sie zudem die Ladung des deutschen U-Bootes U-234, das ursprünglich nach Japan fahren sollte und dessen Geschichte wir in unserem bislang letzten Buch ausführlich dargestellt hatten. Was ihnen dabei in die Hände fiel, ist in weiten Teilen bis heute unbekannt; es handelte sich aber um Hochtechnologie im wahrsten Sinne des Wortes. Wobei die an Bord des U-Bootes befindliche nukleare Technik in Form von angereichertem Bombenmaterial (wir tippen auf das Uranisotop 233), einer Atombombe (V-3), der dazugehörigen Zünder und von deutschen Experten, beispielsweise in Gestalt des Zünderspezialisten Dr. Heinz Schlicke, für die Amerikaner von unschätzbarem Wert war. Plötzlich waren alle Probleme gelöst: Dem erfolgreichen nuklearen Waffentest in der Wüste von Alamogordo, New Mexico, folgten die verbrecherischen Atombombenabwürfe auf Hiroshima und Nagasaki.

Apropos Hiroshima und Nagasaki. Dazu passend erhielten wir vor circa zwei Jahren die Information, dass mindestens eine der Atomwaffen, die auf die Pazifikinsel Tinian gebracht wurden, um sie für den Einsatz gegen die beiden eben genannten japanischen Städte vorzubereiten, von einem bereits vor Ort befindlichen »deutschen Ingenieur im weißen Kittel« in Empfang genommen wurde. Die Bomben kamen in Einzelteilen, die in Holzkisten lagen und mit Zetteln beschriftet waren, und wurden unter Aufsicht des deutschen Experten zusammengebaut. Die unerfahrenen Amerikaner hatten – volkstümlich formuliert – diesbezüglich von Tuten und Blasen offenbar nur wenig Ahnung.

Wer uns die Geschichte erzählt hat? Nun, die Quelle war ein amerikanischer Beteiligter, der zum Zeitpunkt seiner Informationsoffenbarung schon über 90 Lenze zählte und nach dem Krieg mit einem ehemaligen Peenemünder Ingenieur befreundet war.

Richtig: Irgendwie klingt diese Geschichte so ganz anders als das, was bis dato berichtet worden ist. Heißt es doch, das amerikanische Manhattan Project sei letztlich in einen auf eigenen Forschungen und Leistungen aufbauenden Erfolg gemündet, auch wenn es bis dahin ein weiter, schwieriger Weg mit zahlreichen zu lösenden Problemen gewesen sei. Indes sollte man immer bedenken, dass die Amerikaner nach dem Krieg genügend Zeit hatten, um die Geschichte so zu erzählen, wie sie es für richtig hielten. Die Wahrheit blieb – als Kollateralschaden sozusagen – dabei (zumindest teilweise beziehungsweise in den wichtigsten Aspekten) auf der Strecke.

Zum Schluss dieses Kapitels lassen Sie uns etwas Zukunftsschau betreiben. Wie wir vor Jahren voraussahen, hat die von uns losgetretene Lawine Fahrt aufgenommen (was uns nur recht sein kann), auch wenn das von der Öffentlichkeit kaum bemerkt wird angesichts des 2015er-Migrantenzustroms und der damit verbundenen Probleme, die die öffentliche Diskussion hierzulande bis heute bestimmen. Wie wir hörten, sind mittlerweile weitere interessante Zeitzeugenaussagen und

Dokumente aufgetaucht, die das Vorhandensein der deutschen Atombombe nahelegen. Zudem fanden sich eine Reihe bemerkenswerter Hinweise, wie die Deutschen die für die Herstellung einer solchen Waffe notwendigen physikalischen Prozesse angingen beziehungsweise beherrschten. (Wobei wir beziehungsweise einer unserer Kollegen ja bereits in früheren Büchern einige grundsätzliche Dinge, zum Beispiel in Bezug auf entsprechende Technologien, die Ellipsoiden und die Fusionswaffe aufzeigten.) Es kann also durchaus sein, dass die Wahrheit eines Tages doch noch ans Licht kommt, wobei wir vorsichtig optimistisch sind: Weder wird man in der Lage sein, alle Entwicklungsstandorte aufzuzeigen, noch die Ereignisse vollständig zu rekonstruieren. Selbst im Falle, die ehemaligen Alliierten würden sämtliche zu diesem Thema vorhandenen Unterlagen freigeben (was für sie ein hochnotpeinlicher Prozess wäre und daher wohl auszuschließen ist), würden viele Fragen offenbleiben, denn die Deutschen sorgten nach der Niederlage bei Stalingrad vor und ließen die wichtigsten Dinge in großem Maßstab im Untergrund verschwinden. Übrigens sollen Archive existieren, die tief unter der Erde liegend jenes Wissen beinhalten, das heute gesucht wird. Mit deutscher Gründlichkeit wurden alle Vorgänge seit Mitte der 1920er-Jahre festgehalten, die zur Entwicklung der Wunderwaffen und anderer neuartiger Technologien führten. Diese Archive wären, würden sie gefunden werden können, natürlich explosiver als jede Atomwaffe.

Zudem muss berücksichtigt werden, dass die deutschen Geheimwaffenprojekte tiefengestaffelt waren: Auf der obersten Ebene wurde der Uranverein betrieben, der nach dem Krieg den Alliierten sehr zupassekam, denn seine Aktivitäten waren gering und konnten so später wahrheitswidrig als »das maximal Mögliche der deutschen Kernforschung« dargestellt werden – was ja auch irgendwie logisch klang angesichts eines

Budgets von nur etwas mehr als einer Million Reichsmark. (Wobei vergessen wird, dass die zuständigen deutschen Militärs zu Beginn anboten, sofort [!] 100 Millionen Reichsmark zur Verfügung zu stellen.) Unter dieser Ebene befand sich eine weitere: die der Aktivitäten, in denen diverse Forschungsinstitute, die deutsche Großindustrie, aber auch die SS (beziehungsweise ihr Geheimdienst, der SD) verwickelt waren. Darunter liegend – und das ist das eigentlich Neue, Interessante und/oder Wichtige – gab es noch eine dritte Ebene, die zahlreiche Berührungspunkte mit der zweiten hatte (vor allem aufgrund der Nutzung identischer Material-, Entwicklungs- und Personalressourcen), ihr Wissen aber aus anderen Quellen bezog, die mit bestimmten Aktivitäten des Ahnenerbes zu tun hatten.

Die letztgenannte Information ist etwas erklärungsbedürftig. Hier erst einmal nur so viel: Es ist allgemein bekannt, dass es unter den führenden Nationalsozialisten eine Reihe von Personen gab, die der Idee, auf Erden habe bereits vor langer Zeit eine hochstehende Kultur existiert, sehr nahestanden. Manche von ihnen waren gar der Überzeugung, dass es unnötig sei, große Mengen Geld in künftige Forschungen zur Lösung der Probleme der Menschheit zu investieren. Stattdessen solle man besser nach den Relikten der versunkenen frühen Hoch(technologie)kultur(en) suchen und deren (möglicherweise noch irgendwo) konserviertes Wissen nutzen. Gesagt, getan. Das Ahnenerbe spielte dabei eine wichtige Rolle, wobei – so ließ man uns wissen – alles Aufgefundene, das in diesem Zusammenhang entdeckt wurde, in »bombensichereren Katakomben« unter der Erde verschwand. Bekannt ist ebenso, dass das Ahnenerbe, das ab einem bestimmten Zeitpunkt direkt Heinrich Himmler, Reichsführer SS, unterstand, Expeditionen finanzierte, die nach Tibet beziehungsweise in den asiatischen Raum gingen. Nicht alle wurden der Öffentlichkeit bekannt. Dabei wurden die deutschen Expeditionsteilnehmer an den Zielorten, beispielsweise in Indien, bisweilen sehr freundlich aufgenommen und – weil es angeblich so prophezeit war – in das teils jahrtausendealte Wissen der Priester eingeweiht. (Freilich unterlagen auch diese Dinge der Geheimhaltung.) Wer sich nur etwas mit den altindischen Überlieferungen, nachzulesen in zahlreichen Heldenepen wie dem *Mahabharata* oder dem *Srimad Bhagavatam*, auskennt, wird wissen, dass darin unter anderem die Wirkungsweisen von sogenannten Götterwaffen beschrieben wurden – inklusive der von ihnen erzeugten Effekte. Die europäischen Übersetzer des 19. Jahrhunderts hatten teils große Probleme, die diesbezüglichen Passagen in den Heldenepen in ihre Sprachen zu übertragen – fehlten ihnen doch entsprechende Anschauungs- beziehungsweise Erfahrungswerte, von den Begrifflichkeiten ganz zu schweigen.

Nach dem Ersten Weltkrieg wurde einiges von dem, was im 19. Jahrhundert noch unvorstellbar war, schon plausibler, und in der Folge begannen sich auch die Deutschen für dieses Thema zu interessieren. Machen wir es kurz: Einige der fortgeschrittensten deutschen Waffen- und Technologieentwicklungen haben ihren informationstechnischen Ursprung, zumindest teilweise, in den alten (indischen) Überlieferungen. Die SS-Organisation Ahnenerbe suchte aber nicht nur im asiatischen Raum, sondern beispielsweise auch im Süden Frankreichs. Dort wollte man den Heiligen Gral finden, von dem man durch entsprechendes Quellenstudium wusste, dass es sich nicht um einen Kelch handelte, sondern dass diese Bezeichnung eine Umschreibung für etwas anderes war – nämlich einen unendlich sprudelnden Energiequell ...

Es gibt Gerüchte, die besagen, dass der Heilige Gral identifiziert und geborgen wurde und spätestens ab 1943 die deutsche Forschung auf ein nie gekanntes Niveau brachte –

insbesondere, was die Energieerzeugungs- und Waffentechnologien betraf.

Man erlaube uns in diesem Zusammenhang einen kleinen Abstecher: Es steht außer Zweifel, dass die alten Hochkulturen über erstaunliche Fähigkeiten und ein ebenso erstaunliches Wissen verfügten (zum Beispiel in Bezug auf die Kalenderrechnung, den Pyramiden- und Großanlagenbau, die Metallherstellung, die Medizin usw.). Zudem zeigt(e) sich, dass das Alter bestimmter Kulturen immer weiter in die Vergangenheit zurückverlegt werden muss; so existieren archäologische Beweise dafür, dass hoch entwickelte Kulturzentren Indiens, deren Reste heute unter dem Meeresspiegel liegen, dereinst vor 12 000 Jahren existierten. Und ein Ende dieser Entwicklung, das heißt: der zeitlichen Zurückverlegung menschlicher Zivilisationsaktivitäten, scheint nicht in Sicht. Die eingebildeten und besserwisserischen Archäologen und Altertumsforscher des 19. Jahrhunderts glaubten, wahrscheinlich inspiriert von der Evolutions»theorie« (Sie wissen schon: Der Mensch stammt vom Affen ab [wobei die ersten Menschen nicht die letzten Affen waren]), dass der nackte Zweibeiner eine stetige Aufwärtsentwicklung durchmache, derzufolge das Primitive am Anfang stand und das Hochstehende am Ende (demgemäß also die Zivilisation des 19. Jahrhunderts das Nonplusultra darstellte). Die Überlieferungen der alten Kulturen wurden deshalb ignorant als Mythen (Erfindungen, Folklore) bezeichnet – man verstand nicht, dass es sich um die auf Tatsachen basierenden Berichte der Altvorderen, freilich teilweise massiv ausgeschmückt mit literarischen Elementen, handelte. Beim Ahnenerbe glaubte man aber sehr wohl, dass diese »Mythen« einen realen Hintergrund hatten – und zog daraus die entsprechenden Konsequenzen. (Übrigens: Wer den Mythen der Vorzeit misstraut, sollte bitte aber auch immer berücksichtigen, dass die Geschichtsschreibung der zurückliegenden 2000 Jahre voll von Lügen, Manipulationen und Verdrehungen und daher mit äußerster Vorsicht zu genießen ist. Wer da von Geschichts»wissenschaft« spricht, ist deshalb komplett auf dem Holzweg. Die Geschichtsschreibung ist allenfalls eine Gattung der Literatur, Sektor »Märchen und ihre [realen] Hintergründe«.)

Bis heute will die Forschergemeinde nicht akzeptieren, dass die irdische Entwicklung, die auch die menschliche Kultur betrifft, eine kreis- respektive wellenförmige ist: Es gibt ein ständiges Werden und Vergehen, ein Auf und Ab, eine Kulturentwicklung und einen Kulturniedergang. Kein menschliches Großreich hat je Bestand gehabt, alle versanken im Staub der Geschichte – und das wird (Gott sei Dank respektive erfreulicherweise) auch mit solchen Ideologie- und Bürokratie-Monster-Konstrukten wie der EU geschehen. Weil man das seitens der »Experten«, die offensichtlich Naturgesetze nicht zu erkennen vermögen, aber nicht wahrhaben will, wehrt man sich auch gegen die Vorstellung, dass es vor langer Zeit auf Erden schon einmal eine (auch wissenschaftlich-technisch ausgeprägte) Hochkultur gegeben haben kann, die Fähig- und Fertigkeiten aufwies, die weit über die unseren hinausgingen beziehungsweise – weil sie die Verbindung zur Natur deutlich inniger pflegte – anders geartet war. Diese »Fachleute« haben mitunter eine regelrechte Feindschaft gegen solche Hypothesen entwickelt, womit sie, bei genauer Betrachtung, allerdings nur eines zeigen: dass sie nicht das Geringste begriffen haben.

Auch wir meinen: Die Lösungen für die Probleme unserer Welt liegen in unserer Vergangenheit – nicht unbedingt in unserer Zukunft, die ja höchst ungewiss und deshalb kaum vorhersagbar ist. Die Deutschen (in Form der die Richtung vorgebenden Organisation Ahnenerbe) hatten das natürliche Prinzip sehr wohl verstanden – und handelten danach. Wir

Heutigen, die wir davon nichts ahnen und schon gar nichts wissen, verstehen angesichts derartiger Sachverhalte natürlich in den meisten Fällen nur »Bahnhof«. Wir befinden uns, bildlich gesprochen, zusammen mit vielen anderen Fastblinden auf dem Marsch in einen dunklen Stollen, an dessen Ende ein tiefer Schacht wartet, der den Tod bedeutet. Nach den ersten 10 Metern gingen die Streichhölzer aus, nach weiteren 20 Metern versagten die batteriebetriebenen Taschenlampen ihren Dienst. Wir gehen dennoch weiter in der Hoffnung, dass es irgendwann einmal hell werden könnte. Angesichts der derzeitigen Situation kann es aber nur eine einzige Lösung geben: umdrehen und zurück ans Tageslicht. Wieso aber merkt das niemand?

Damit wieder zurück zum eigentlichen Thema. Künftige Darstellungen von anderen Rechercheuren werden möglicherweise versuchen, die Situation, wie man die deutschen Erkenntnisse und Entwicklungen hinsichtlich der Atomwaffen einfach »vergessen« konnte, abzumildern. Davor können wir nur warnen. Nötig ist nämlich eine absolut schonungslose Aufarbeitung, die auch die Machenschaften der Sieger entsprechend »würdigt«. Tatsache ist doch, dass alles, was mit den deutschen Wunderwaffenentwicklungen der zweiten Generation zu tun hatte, durch die Alliierten massiv unterdrückt wurde – wofür unter anderen Dokumentensperrfristen von bis zu 100 Jahren beredt Zeugnis ablegen. Als die Sieger einerseits begriffen hatten, welche Beute ihnen da ins Netz gegangen war, dass sie aber andererseits vieles überhaupt nicht entdeckt hatten, musste jegliche ungesunde Neugier seitens irgendwelcher künftiger »Besserwisser« und »Widerspruchs-« und »Wahrheitssucher« verhindert werden, indem man alles unter Geheimhaltung stellte, was irgendwie relevant war: aufgefundene Prototypen, Konstruktionszeichnungen, Testprotokolle,

Aussagen von Beteiligten und, und, und. Deutsche Militärs, Wissenschaftler und Ingenieure wurden unter Druck gesetzt, den Mund zu halten, indem man sie Stillschweigeerklärungen unterschreiben ließ. Und wer als unsicherer Kantonist galt, wurde beobachtet, damit er ja kein falsches Wort über seine Lippen kommen würde.

Allerdings machen Menschen Fehler – und so entschlüpfte manche Information den Geheimniskrämern, wie wir in den vorausgegangenen Büchern anhand vieler Beispiele aufzeigen konnten.

Künftige Darstellungen werden wahrscheinlich auch verabsäumen, eine im Zusammenhang mit den deutschen Entwicklungen wichtige Frage zu stellen, nämlich die nach der Gefahr, die von bis dato nicht aufgefundenen Untergrundanlagen und ihren Inhalten ausgeht – also dem, was wir ganz zu Anfang erwähnten. Noch einmal: Es möge bitte niemand glauben, dass die Alliierten alles fanden, was dereinst an unterirdischer deutscher Infrastruktur vorhanden war. Ein SS-Standartenführer aus dem Umfeld Heinrich Himmlers meinte, dass allein im weiteren Umfeld des Jonastals 60 Geheimanlagen niemals entdeckt worden seien. Dass dem so sein muss, beweist unter anderem die in den Jahrzehnten nach dem Zweiten Weltkrieg vorhandene Bewegung der sogenannten Gralshüter, die, hätten die Gegner Deutschlands alles gefunden, völlig überflüssig gewesen wäre. Über Jahrzehnte hinweg beobachteten und kontrollierten dereinst Beteiligte regelmäßig bestimmte Örtlichkeiten auf Unversehrtheit – auch zu Zeiten der DDR. Nach der deutschen Wiedervereinigung tauchten übrigens einige der alten Herren (mit ihren Nachfolgern, von denen sie sich meist an die interessanten Orte ihrer einstigen Tätigkeit fahren ließen) zum Beispiel im thüringischen Arnstadt auf, von wo aus sie »Ausflüge« unternahmen, zum Beispiel ins Gebiet des westlich von Arnstadt gelegenen Eichfeldes (wo man schon in den 1930er-Jahren Untergrundbunker angelegt hatte). Andere fuhren ins Jonastal beziehungsweise in benachbarte Bereiche, als da beispielsweise sind: Hamster, Lämmergraben, Sonnenberg, Wüster Berg. Nach einigen Minuten, die die Herrschaften an der frischen Luft verbrachten und wahrscheinlich in ihren Erinnerungen schwelgten, verließen sie die Orte wieder – wohlglaubend, dass noch alles so war, wie man es einst verlassen hatte. (Ob sie ahnten oder gar wussten, dass die Russen ab 1945 einige Anlagen gefunden, nachgenutzt, ja sogar ausgebaut hatten, ist eine andere Frage.)

Unseres Erachtens dürfte der Nachweis eines deutschen Atomwaffenprogramms auch noch andere, unschöne Folgen haben: Die von »Verschwörungstheoretikern« oftmals vorgebrachte Behauptung, dass Projekte mit zahlreichen Beteiligten vor der Öffentlichkeit durchaus geheim gehalten werden können, wäre damit nämlich bestätigt – was die massenmedialen, behördlichen und regierungsamtlichen Verschwörungs- und Vertuschungspraktiker freilich nicht freuen dürfte. Schon deshalb wird man seitens dieser alles unternehmen, um die Aufdeckung der Wahrheit zu verhindern: durch die Verbreitung verlogener Darstellungen in den Medien, den Einsatz sogenannter Experten, die allesamt Profiteure des Systems sind und Angst um ihre Pfründe haben, und die Diffamierung derjenigen, die nach den bisher verborgenen Dingen suchen.

Würde die gesamte Wahrheit über den Ersten Weltkrieg, die Kriegszwischenzeit, den Zweiten Weltkrieg und die Zeit danach ans Tageslicht kommen, so die Hoffnung einiger Berufsoptimisten, könnte es noch das eine oder andere »Erdbeben« geben. Wir glauben das eher nicht, wissen wir doch aus eigener Erfahrung, dass man (noch) glückliche Sklaven, die aus tiefster

Überzeugung den Lügen glauben wollen, kaum dazu bringen kann, aus ihrem Tiefschlaf aufzuwachen, denn das würde sie die Orientierung verlieren lassen. Dies gelänge höchstens mit einem GAU, wie wir ihn für dieses Land avisiert haben.

Die Masse Mensch war leider – das sei der Vollständigkeit halber hinzugefügt – noch niemals intelligent, wollte noch nie die Wahrheit wissen und hat noch zu keiner Zeit begriffen, was in der Welt wirklich gespielt wird. Im Gegenteil: Oft verfolgte sie diejenigen mit großem Eifer, die die Wahrheit offenbarten.

Dass neue Erkenntnisse in Bezug auf das, was wir seit Jahren diskutieren, die breite Masse interessieren werden, halten wir für ausgeschlossen. Die Menschen von heute haben viel »wichtigere« Probleme, mit denen sie ihre Lebenszeit verschwenden: beispielsweise die Gier nach dem neuesten Smartphone oder die Nutzung anderer moderner Technologien, die sie von früh morgens bis spät abends ausspionieren. Viele Zeitgenossen verfallen mittlerweile sogar in Panik, wenn sie einmal einen Tag lang ihre E-Mails nicht »checken« können, und wir können uns erinnern, dass es vor Jahren eine Umfrage unter der jüngeren Generation gab, die die Frage klären sollte, was deren Vertretern wichtiger sei: der Kontakt zu einem Freund oder das eigene Smartphone. Das Ergebnis wunderte uns nicht: Vier Fünftel waren der Auffassung, dass man auf das Handy nicht verzichten könne, auf den Mitmenschen aber schon. Ähnliche Befragungen oder Studien lieferten kaum ermutigendere Ergebnisse: In einem Fall bezeichneten jugendliche Smarpthone-Besitzer das Handy als »ihren besten Freund«.* Für uns steht seither fest: Der Massenmensch ist verloren, ist er zu nichts zu gebrauchen – außer den Interessen

---

* Siehe: *https://www.horizonworld.de/studie-zeit-mit-smartphone-wichtiger-als-zeit-mit-menschen/* (abgerufen am 27. April 2019).

jener zu dienen, die ihn zeitlebens für dumm verkaufen sowie an ihm verdienen und ihn vielleicht eines nicht allzu fernen Tages mit Maschinen verschmelzen lassen wollen. So gesehen sind die tickenden nuklearen Zeitbomben in deutschem Boden möglicherweise eine Erlösung – wenn auch eine, die erst nach langer Zeit positive Ergebnisse zeitigen wird.

»Die Welt will betrügen oder betrogen werden,
darum hat die Welt mit der Wahrheit
nichts zu schaffen.«

MARTIN LUTHER
Tischreden

Update 1: Der Kleinstatomtest bei Ohrdruf und Geheimdienstgeneral Reinhard Gehlen

Beim Thema »deutsche Atombombe« ist es oft so wie bei einem nur zur Hälfte gefüllten Glas Bier. Die einen behaupten, es sei halb leer, während die anderen die Auffassung vertreten, es sei halb voll.

Genauso verhält es sich in Bezug auf die Glaubwürdigkeit dessen, was einst die Physikalisch-Technische Bundesanstalt bei der Analyse der Bodenproben aus dem Krater auf dem Truppenübungsplatz Ohrdruf herausgelesen haben wollte: nämlich dass es dort keinen Hinweis auf den von uns postulierten kleinen Atomtest geben würde. Man habe lediglich das Nuklid Cäsium 137 gefunden, das wohl aber aufgrund der weltweiten Kernwaffentests und des Tschernobyl-Unglücks in der damaligen UdSSR dort abgelagert worden sei. Dass das Ganze vorn und hinten nicht stimmte, wussten wir freilich unmittelbar nach der PTB-Presseinformation, worauf wir auch immer wieder hinwiesen.

Am 20. September des Jahres 2012 wurde auf der Internetseite *As der Schwerter* von einem unbekannten, aber ganz offensichtlich gut informierten Autor, der sich hinter dem Pseudonym »schattenkoenig« versteckte, in dem Artikel »Die deutsche Bombe« zu dem Sachverhalt festgestellt:

> »Man hat infolge der Karlschschen Veröffentlichung bis 2007 auch Bodenuntersuchungen auf dem Truppenübungsplatz Ohrdruf durchgeführt, um die These einer

> Kernwaffenexplosion mehr als 60 Jahre zuvor an dieser Stelle zu prüfen. Man stellte eine flache Mulde von 50 Meter Durchmesser fest. In dieser hat man glasartig zusammengeschmolzenen Sand gefunden, wie er auch an der Trinity Test Site in New Mexico aufgetreten war (Trinitit). Prof. Reinhard Brandt, Physiko-Chemiker von der Universität Marburg, erwähnt in seiner Zusammenfassung der Untersuchung auch den erfolgreichen Nachweis von Spaltprodukten. Zwar wurden durch den Reaktorbrand von Tschernobyl 1986 auch Spaltprodukte über ganz Europa verteilt, doch weisen diese eine deutlich andere Isotopenzusammensetzung auf, sodass die Ursache ihres Vorhandenseins an dieser Stelle ein eigenes ›nukleares Ereignis‹ sein muss, bei dem auch Kernspaltungsreaktionen auftraten. Dennoch bestreitet Prof. Uwe Keyser von der Physikalisch-Technischen Bundesanstalt trotz all dieser Indizien einen eindeutigen Befund – ich frage mich, warum. Die akademischen Institutionen der BRD greifen, wenn es zwischen der Forderung nach wissenschaftlicher Redlichkeit und der Verteidigung des von den Siegermächten befohlenen Geschichtsbildes zum Konflikt kommt, anscheinend problemlos zur Lüge.«*

Wir sehen es genauso: Aus Gründen der Staatsräson, die ja eigentlich keine deutsche, sondern die der USA ist, wird die Wahrheit verschwiegen. Die Amerikaner haben bis heute ein extrem großes Interesse daran, das, was sie im AWO-Raum

* Der Artikel erschien ursprünglich unter *https: //schwertasblog.wordpress.com/2012/09/20/die-deutsche-bombe, ist dort aber nicht mehr vorhanden. Eine Kopie findet sich aber noch unter https://scribd.com/document/133789008/Die-Deutsche-Bombe (abgerufen am 19. April 2019).*

und seinem Umfeld fanden, unter der Decke zu halten, ist es doch hochnotpeinlich. Ein Vertreter des europäischen Adels erklärte vor Jahren in diesem Zusammenhang einem deutschen Politiker sinngemäß: »Wenn wir die in unserem Besitz befindlichen Dokumente offenlegen, wird kein anständiger Deutscher für die nächsten 100 Jahre mehr etwas mit den USA zu tun haben wollen.« Diese Information, die andere Personen und wir vor dem Irak-Krieg (2003) aus zwei ganz unterschiedlichen, in der Regel jedoch gut informierten Quellen erhielten, klingt zunächst etwas kryptisch, doch wir meinen zu wissen, worum es geht: Die Amerikaner sollen nämlich – laut bestimmten Zeugenaussagen, die wir und andere erhielten – innerhalb eines Berges bei der Räumung von Stollenanlagen, in denen durch deutsche Spezialkommandos vor dem Kriegsende zahlreiche Kisten eingelagert worden waren, mehr oder weniger zufällig einen Zugang zu großen unterirdischen Produktionseinrichtungen gefunden haben, die auch einen laufenden (!) Atomreaktor enthielten. Zudem sollen sich dort mehrere Tausend von den Deutschen eingeschlossene Häftlinge, die bereits in einem erbärmlichen Zustand waren, aufgehalten haben, die von den Amerikanern aber, so die Zeugenaussagen weiter, nicht aus dem Berg herausgelassen wurden. Der Reaktor wurde gesprengt, der Stollenzugang, wie es bergmännisch heißt, zugeschossen ...

Sollte diese unglaublich klingende Behauptung stimmen – wir können uns hierzu aus verständlichen Gründen nur rein spekulativ äußern –, wäre das ein logisch nachvollziehbarer Grund für allerhöchste Geheimhaltungsmaßnahmen.

Doch zurück zum Mini-Atomtest auf dem Truppenübungsplatz Ohrdruf: Uns liegt die Dokumentation, die über die Ergebnisse der Bodenprobenanalysen berichtet (und eben nicht von der PTB stammt) und auf die sich der Autor des oben genannten Artikels bezieht, vor. Unter anderem hat die PTB rein zufällig vergessen zu erwähnen, dass in den Bodenproben auch Kobalt 60 und leicht angereichertes Uran (etwas mehr als 10 Prozent) gefunden wurden* – von anderen Dingen ganz zu schweigen. Wie so etwas passieren kann, scheint unerklärlich, es sei denn, man geht davon aus, dass die sogenannten »Experten« ihr Handwerk nicht verstehen oder massiver politischer Druck ausgeübt wurde. Uns würde Letzteres überhaupt nicht verwundern, denn schon bei der Bodenprobenentnahme, die in Anwesenheit von Heiko

---

* Diskutiert man heutzutage über das »nukleare Ereignis bei Ohrdruf«, so werden regelmäßig die PTB-Ergebnisse erwähnt, aber so gut wie nie die der »Konkurrenzgruppe«, obwohl diese beispielsweise in einem Artikel der *Frankfurter Allgemeinen Zeitung* mit dem (unsinnigen) Titel »Basteln an Hitlers Bombe« (im Internet unter *https://www.faz.net/aktuell/gesellschaft/nachrichten/drittes-reich-basteln-an-hitlers-bombe-1212110.html?printPagedArticle=true#pageIndex_0* abrufbar [Stand: 14. März 2005]) erwähnt wurden:
»[...] Immerhin, auch dort [bei Ohrdruf] fanden sich Uran, Plutonium und zudem das Spaltprodukt Cäsium-137.
›Dabei können wir ausschließen, dass es sich um den Fallout des Reaktorunfalls von Tschernobyl handelt‹, sagt Dirk Schalch von der Universität Gießen, der an den Messungen beteiligt war. ›Das Bundesamt für Strahlenschutz hat Erhebungen über die Verteilung von Tschernobyl-Cäsium gemacht, und da liegen wir an einigen Stellen eben drüber – und zwar deutlich.‹
Aber die Forscher stießen noch auf etwas anderes: Kobalt-60, das bei der Einwirkung von Neutronen aus Spaltreaktionen auf Eisen oder Stahl entsteht. Zusammen mit den Cäsium-Werten lässt das für den Kernchemiker Reinhard Brandt von der Universität Marburg nur einen Schluss zu: Es kann sich nicht einfach nur um eine ›schmutzige Bombe‹ gehandelt haben, also um einen Sprengsatz, der neben Splittern auch radioaktives Material durch die Gegend schleudert.
›Während der Explosion sind auch deutlich Kernreaktionen mit Energiefreisetzung abgelaufen‹, wird Brandt von Karlsch zitiert – eine Einschätzung, die der Marburger Wissenschaftler auf Nachfrage bestätigt.«
Offensichtlich ist es nötig, künftig noch einmal ausführlich auf das Problem, was wirklich gefunden wurde und wie dies interpretiert wurde, einzugehen.

Petermann und Thomas Mehner erfolgte (hierzu gibt es filmische Aufzeichnungen), wurde durch Vertreter des MAD (das waren die Herren, die nur ›Guten Tag‹ und ›Auf Wiedersehen‹ sagten) genau darauf geschaut, was vor sich ging. Wovor hatte man Angst? Dass wir eine kleine Atomgranate aus reichsdeutscher Zeit finden?

Dass so etwas nicht zu erwarten war, versteht sich von selbst. Dass der Krater, in dem wir die Bodenproben entnahmen, aber wohl das Ergebnis des 1945er-März-Testes war, wurde auch durch aufgefundene Geheimdienstpapiere konkretisiert. Bekanntermaßen hatte der Berliner Historiker Dr. Rainer Karlsch bei seinen Recherchen zum Stand der deutschen Atomforschung bedeutsame russische Dokumente aufgefunden, über die in dem oben erwähnten Artikel wie folgt berichtet wurde:

> »Auch den Sowjets waren die deutschen Aktivitäten nicht verborgen geblieben. Bereits am 23. März 1945 richtete Generalleutnant Iwan I. Iljitschow, Kommandant des sowjetischen Militärgeheimdienstes GRU, einen streng geheimen Bericht an Stalin, Molotow und den Leiter der sowjetischen Kernforschung, Igor Kurtschatow, in dem es heißt:
> ›In der letzten Zeit haben die Deutschen in Thüringen zwei große Explosionen durchgeführt. Sie fanden in einem Waldgebiet unter strengster Geheimhaltung statt. Vom Zentrum der Explosion wurden Bäume bis zu einer Entfernung von fünfhundert bis sechshundert Metern gefällt. Für die Versuche errichtete Befestigungen und Bauten wurden zerstört. Kriegsgefangene, die sich im Explosionszentrum befanden, kamen um, wobei häufig von ihnen keine Spuren blieben. Andere Kriegsgefangene, die sich in einigem Abstand vom Zentrum

> der Explosion aufhielten, trugen Verbrennungen an Gesicht und Körper davon, deren Grad von der Entfernung vom Zentrum abhing. […] Die Bombe enthält vermutlich U-235 und hat ein Gewicht von zwei Tonnen. […] Die Bombenexplosion wurde von einer starken Detonationswelle und der Entwicklung hoher Temperaturen begleitet. Außerdem wurde ein starker radioaktiver Effekt beobachtet. Die Bombe stellt eine Kugel mit einem Durchmesser von 130 Zentimetern dar.«

Wir wollen an dieser Stelle nicht all das wiederholen, was vor Jahren durch Dr. Rainer Karlsch, Heiko Petermann und andere Personen veröffentlicht beziehungsweise besprochen wurde, werden aber bei Gelegenheit darauf nochmals einzugehen haben. Wir wundern uns aber in diesem Zusammenhang schon, dass die Zeitzeugen- wie auch die russischen Spionageberichte das »Ereignis bei Ohrdruf« auf einen ganz bestimmten Ort fokussierten, wo sogar ein Krater existiert (mit circa 50 Metern Durchmesser), dann dort aber in den Bodenproben nichts Verdächtiges gefunden worden sein soll – jedenfalls nach Auffassung der Physikalisch-Technischen Bundesanstalt, der wir persönlich freilich nicht über den Weg trauen.

Dass in Bezug auf nukleare Ereignisse hierzulande massiv manipuliert wird, konnte man auch schon vorher beobachten, als beispielsweise im Norden der Republik, nicht weit von Hamburg entfernt, auf den Arealen des (mittlerweile stillgelegten) Kernkraftwerkes Krümmel sowie der (heute einen anderen Namen tragenden) Firma GKSS wie auch im gesamten Umfeld (Elbmarsch etc. pp.) nach einem »Unfall«, der sich am 12. September 1986 ereignete und für den es zahlreiche Zeugen gab, Jahre später Mikrokügelchen (sogenannte PAC-Kügelchen) gefunden werden konnten. Eine vor Ort tätig gewordene Bürgerinitiative, die sich bildete, als es zu einer signifikanten Erhöhung von Leukämiefällen bei (Klein-)Kindern kam, und die Physikexperten beauftragte, diese Kügelchen zu analysieren, wurde mit den absonderlichsten behördlichen Erklärungen konfrontiert, von denen eine zum Beispiel lautete, es handele sich bei dem Aufgefundenen um Wurmkot. Als die Physiker dann jedoch die exakte Zusammensetzung der Kügelchen bestimmen konnten (Plutonium, Americium, Curium),* ließ die zuständige Staatsanwaltschaft, zumindest in einem bekannt gewordenen Fall, die Bodenproben beschlagnahmen.** Bis heute weigern sich die zuständigen Behörden, den Unfall zuzugeben, obwohl die Kügelchen nach wie vor gefunden werden können.

* * *

* Siehe dazu: *https://umweltfairaendern.de/2012/11/atomforschungs-anlage-gkss-forschung-an-der-atombombe/* (abgerufen am 12. April 2019).

** Unter *http://www.strahlentelex.de/Stx_01_350_S03.pdf* ist der Vorgang dargestellt. Hier heißt es unter anderem: »Jeweils sechs Beamte des Landeskriminalamts in Kiel, der örtlichen Polizei und der zuständigen Aufsichtsbehörden beschlagnahmten bei Diplom-Ingenieur Heinz Werner Gabriel in Weinheim (Projektleiter der ARGE PhAM) und bei Dirk Schalch, Physiker und Leiter der Abteilung Strahlenschutz an der Justus-Liebig-Universität in Gießen, Proben aus Elbgeest und -marsch, in denen Teilchen mit künstlicher Radioaktivität nachgewiesen worden waren.« Die Heimgesuchten dürften sicherlich erstaunt gewesen sein, dass die Staatsmacht gegen sie vorging. Offensichtlich sind manche Untersuchungsergebnisse und Fundstücke so brisant, dass die BRD-Verantwortlichen nicht einmal davor zurückschrecken, Wissenschaftler zu behelligen, obwohl doch im Grundgesetz (Artikel 5, Absatz 3) eine Freiheit von Forschung, Lehre, Wissenschaft und Kunst garantiert sein soll. Wir schreiben deshalb »sein soll«, weil die entsprechende Passage lautet: »Kunst und Wissenschaft, Forschung und Lehre sind frei. Die Freiheit der Lehre entbindet nicht von der Treue zur Verfassung.« Offensichtlich verstoßen Wissenschaftler gegen die Verfassung (das Grundgesetz), wenn sie Proben untersuchen und eine Zusammensetzung bestimmen, die es nach Meinung der hiesigen Regierung und Behörden nicht geben darf.

Erinnern Sie sich noch an das Buch *Verschwörung Jonastal*, das vor Jahren von unserem Kollegen Gerulf von Schwarzenbeck publiziert wurde? Er veröffentlichte darin unter anderem sehr interessante Zeugenaussagen – von denen wir einige beisteuerten – und auch ein mit einem von uns geführtes Interview zum Thema der Fusionswaffentechnologie, das sich auf Erkenntnisse Friedwardt Winterbergs, eines Schülers von Kurt Diebner – demjenigen also, der den Test bei Ohrdruf verantwortlich realisierte –, stützte.

Das Buch fand, zum Erstaunen des Autors, weltweite Verbreitung – vor allem gelangte es zu jenen, die einst in Deutschland geboren wurden, später dann aber einen neuen Wohnort und Wirkungskreis gefunden hatten.

Von Schwarzenbeck erreichten in der Folge zahlreiche interessante Briefe und E-Mails, deren Absender unter anderem ein Neffe von Reinhard Gehlen war.

Reinhard Gehlen? Da war doch was ...

Richtig. Die *Frankfurter Rundschau* schrieb über den deutschen Geheimdienstler:

> »Gehlen, 1902 in Erfurt geboren, stieg zu Beginn des Nationalsozialismus zum General auf. Später wurde er Chef der Abteilung Fremde Heere Ost, deren Aufgabe darin bestand, während des Zweiten Weltkriegs Protokolle über Gefangenenbefragungen, Berichte der Truppen und Informationen des Auslandsgeheimdienstes zu bewerten und Schlussfolgerungen zu ziehen. Die Erkenntnis, dass diese Informationen angesichts der immer schwieriger werdenden Lage des deutschen Heeres und der Erfolge der sowjetischen Armee nicht mehr genügten, führte dazu, dass Gehlen aus seiner Abteilung eine eigene Organisation für Aufklärung und Spionage entwickelte. 1945 wechselte der damals

> 43-Jährige die Seiten und diente sich den Amerikanern an. Aus der sogenannten Organisation Gehlen wurde 1956 der BND.«*

Die Internetenzyklopädie *Wikipedia* informiert dazu ergänzend:

> »Der Leiter der Organisation Gehlen und spätere erste Präsident des Bundesnachrichtendienstes, Generalmajor a. D. Reinhard Gehlen, ergab sich kurz nach Ende des Zweiten Weltkrieges den Streitkräften der Vereinigten Staaten und trat in ihre Dienste. Wenige Monate später baute er im Auftrag und mit Unterstützung der amerikanischen Besatzungsbehörden die Organisation auf und verhalf hierbei vielen ehemaligen Mitarbeitern der zuvor von ihm geleiteten Abteilung Fremde Heere Ost des einstigen deutschen Generalstabs, die für die Bewertung der Feindlage an der Ostfront durch Beschaffung und Auswertung von Nachrichten zuständig war, zu einer neuen Karriere in der jungen Bundesrepublik.
>
> Gehlens Abteilung Fremde Heere Ost hatte den Ruf der systematischen und exakt dokumentierenden Detailarbeit und unterschied sich – laut Walter Schellenberg – so von anderen deutschen Nachrichtendiensten aus der Zeit des Nationalsozialismus.«**

General Reinhard Gehlen schien demnach ein Mann zu sein, der sein Handwerk verstand und der trotz nationalsozialistischer Vergangenheit und Karriere anschließend problemlos in

---

* *https://www.fr.de/politik/nazi-general-bnd-chef-11002428.html*

** *https://de.wikipedia.org/wiki/Organisation_Gehlen*

den Dienst der Amerikaner und des bundesrepublikanischen Systems zu wechseln vermochte. Ein Vorgang, der tief blicken lässt, hier aber nicht weiter behandelt werden soll, zumal über den Mann ganze Bücher geschrieben worden sind. Ein Blick in einschlägige Antiquariatskataloge und auf Internetseiten zeigt dies mehr als deutlich.

Reinhard Gehlen im Jahr 1943

(Bundesarchiv, Bild 183-27237-0001 / Wikimedia Commons, CC-BY-SA 3.0)

Es versteht sich von selbst, dass eine solche Person mit ihrem herausragenden Wissensstand auch über Dinge und Vorgänge unterrichtet war, die sonst kaum jemand erfuhr. Gehlen war, wen wundert's, auch über den Test einer Kleinstatomwaffe auf dem Truppenübungsplatz Ohrdruf informiert. Gerulf von Schwarzenbeck erfuhr dies schon vor Jahren von dem Neffen General Gehlens, Wilhelm Reinhard Gehlen, der in einer E-Mail vom 23. März 2009 das Folgende wissen ließ:

> »Ich bin ein Weltkrieg-zwei-Veteran (Hitler-Jugend, 64. Flakfeuer, Ruhrbereich 1944 – 1945). Ich lebe in den USA und übersetze für geschichtlich interessierte Personen Briefe, Dokumente und Bücher vom Deutschen in ein lesbares Englisch.
> Ich habe vor Kurzem einen Karton Feldpostbriefe gekauft, die ich zurzeit übersetze, wobei ich auf einen eher privaten Brief stieß, der von einem Soldaten stammt, der in Ohrdruf diente. Meine Neugier ergab sich aus der Tatsache, dass auch mein Vater eine Zeit lang in Ohrdruf diente. Weitere Forschungen brachten mich zu dem Buch von Herrn von Schwarzenbeck, das ich in Deutschland erwerben konnte. Es gibt viele Briefe, die ich noch durcharbeiten muss; einige stammen von einem Mann, dessen Familie in Berlin-Reinikendorf lebte und dessen Frau bei Siemens arbeitete. Die Briefe wirkten auf mich ziemlich befremdlich, als ich jedoch das Buch las, war ich in der Lage, zwei und zwei zusammenzuzählen, wobei mir auch die Geschichten, die mir mein Vater nach dem Krieg erzählte, halfen. Mein Onkel wurde auch über die ›Ohrdruf-Geschichte‹ informiert, aber damals machte ich mir darüber nur wenige Gedanken. Mein Onkel war Reinhard Gehlen. [...]«

In einer weiteren E-Mail, datierend vom 20. Mai 2009, die eine Antwort auf die Reaktion Gerulf von Schwarzenbecks war, der auch einige Fragen gestellt hatte, informierte der General-Gehlen-Neffe über weitere Details, unter anderem auch in Bezug auf seinen Vater, also den Bruder des Geheimdienstgenerals:

> »[...] Zunächst: Ja, mein Vater war in Ohrdruf bis Ende März 1945 und ist danach nach Dänemark geflüchtet.
> Er war in einer Sturmgeschützabteilung in Russland (Mittelabschnitt) und war verwundet worden – irgendwo in einem Nest bei Kalinin.
> Zur Heilung kam er in das Lazarett nach Heiligenstadt (Eichsfeld),* wo er dann Mitte 1944 entlassen wurde, nun aber keinen Frontdienst mehr leisten konnte. Er wurde der Aufsichtsabteilung in Ohrdruf zugeteilt. Er war nach seiner Entlassung aus der Gefangenschaft im Juli 1945 zu Hause.
> Erst nach dem Krieg, ich glaube, es war zum Juni-Jahrmarkt 1946, erzählte er uns von der Ohrdrufer Bombe oder Granate, und das kam so:
> Auf dem Jahrmarkt war eine Ausstellungsbude mit Farbbildern von Katastrophen aufgebaut. Für 50 Pfennige durfte man die in der Bude ausgestellten Gräuelbilder ansehen. Unter anderem zeigte man dort ein Bild der Atombombenexplosion über Hiroshima, und mein Vater sagte: ›Das ist nichts Neues, das Ding haben wir auch gehabt.‹ Auf weitere Fragen von uns (mein Bruder und ich) sagte er, dass so um den 4. März 1945 herum ein solches Ding an einer entlegenen Stelle in der Nähe von Ohrdruf explodiert sei, wobei viele Zwangsarbeiter getötet wurden. Die Stelle durfte nicht durch Wachpersonal besichtigt werden, da das zu gefährlich war.

---

* Laut *Wikipedia* gab es in Heiligenstadt bei Kriegsende acht Lazarette mit 3000 Verwundeten (*https://de.wikipedia.org/wiki/Heilbad_Heiligenstadt* [abgerufen am 2. Februar 2019]).

Da unsere Familie im Westen wohnte, war es uns unmöglich, einmal dorthin zu gelangen, und außerdem wurde nicht mehr darüber gesprochen.
Nun, ich wohne in der Nähe von Oak Ridge, Tennessee, und besuche oft das dortige Atom-Museum. Ebenso den NASA-Komplex in Huntsville, Alabama; zudem bin ich darüber informiert, dass immer behauptet wird, dass die Atombombe durch die USA gebaut worden sei. Vor einigen Jahren, bei einem erneuten Besuch von Oak Ridge, kam ich mit einem Wissenschaftler ins Gespräch, als wir vor einem originalgetreuen Modell der Hiroshima-Bombe standen. Ich erwähnte, dass ich Deutscher bin, und er bemerkte so nebenbei: ›Ja, ihr Deutschen habt uns geholfen, das Ding fertig zu bekommen.‹ Ich fragte: ›Wieso denn das?‹, und er antwortete, dass die Zündung [der Bombe] eine deutsche Lösung war.
Alle diese Geschichten vergisst man beinahe über die Jahre hinweg, doch durch das Lesen des Buches über das Jonastal fällt einem manches wieder ein – und alles passt zusammen. Ich habe auch noch einige Fotos, die eine Gruppe von Männern in weißen Kitteln (Wissenschaftler???) zeigen und das aus Ohrdruf stammt. Und auch einige Feldpostbriefe, die ich nochmals durchlesen werde. […]«

In einer dritten E-Mail vom 25. Mai 2009 erfuhr Gerulf von Schwarzenbeck zudem:

»Mein Vater war zu der Zeit schon 44 Jahre alt (Jahrgang 1901) und war vor seiner Verwundung in einem Sturmgeschützregiment im russischen Mittelabschnitt. Dass er nach Ohrdruf kam, verdankt er wohl seiner Verwundung, und außerdem war das Lazarett Heiligenstadt

> nicht weit entfernt. Es ist nur schade, dass in den Jahren vor 1960 niemand an diesen Sachen interessiert war. Ich versuche nun einige ehemalige GIs zu finden, die an der Besetzung Ohrdrufs beteiligt waren.
> Obwohl seit dem Zeitpunkt, als ich den Herren in Oak Ridge traf, erst sechs Jahre vergangen sind, kann ich mich leider nicht mehr an dessen Namen erinnern. Er war schon pensioniert, wie er sagte. Ich werde in den nächsten Wochen wieder einmal nach Oak Ridge fahren, es ist nicht weit von mir entfernt. Natürlich lehnen die meisten der an der Atombombe beteiligten Personen eine deutsche Mitarbeit ab – schon aus Prestigegründen (typisch USA: Wir wissen alles besser).
> Mein Onkel [Reinhard Gehlen] hat nur einmal eine Superwaffe erwähnt, und das war so etwa 1970, als ich ihn das letzte Mal traf. Er meinte damals, dass zum Ende des Jahres 1945 hin der Krieg hätte gewonnen werden können, sofern eben Deutschland etwas mehr Zeit gehabt hätte. Er sprach damals von einer Fusionsgranate, die man konstruiert hatte. Natürlich wusste ich, was eine Fusion war, konnte mir damals aber kein Bild davon machen, was diese mit einer Atombombe zu tun hatte. [...]«

Von Schwarzenbeck zeigte uns seinerzeit diesen E-Mail-Schriftverkehr, der für uns ein weiterer wichtiger Puzzlestein der »Oral History«-Zeitgeschichtsschreibung war, konnte sich aber nicht dazu durchringen, ihn zu veröffentlichen oder durch uns publizieren zu lassen. Nun, die Zeiten ändern sich.

Nach der dritten, letzten Mail versuchte von Schwarzenbeck mehrfach, Wilhelm Reinhard Gehlen zu erreichen, hatte jedoch keinen Erfolg. Wir taten das ebenso – mit demselben Ergebnis. Erst vor Kurzem wurden wir darauf aufmerksam, dass der Gehlen-Neffe eine Internetseite betrieb/betreibt, über die wir erneut eine Kontaktaufnahme versuchten, was bis dato nicht gelang. Wir vermuten, um das zurückhaltend zu formulieren, dass dies biologische Gründe hat.

Drei Hinweise in den E-Mails erscheinen uns bemerkenswert: a) dass der bekannte Geheimdienstgeneral Reinhard Gehlen über den Versuch auf dem Truppenübungsplatz Ohrdruf unterrichtet war, b) dass er einen Bruder hatte, der den Test persönlich miterlebte, und c) dass der General der Auffassung war, dass der Krieg mittels dieses Waffensystems hätte gewonnen werden können, wenn Deutschland nur etwas mehr Zeit gehabt hätte …

Irgendwie fügen sich diese bemerkenswerten Angaben ein in das Bild, das wir vor beinahe 20 Jahren entworfen hatten: dass, wie der US-amerikanische Generalstabschef George C. Marshall unmittelbar nach dem Zweiten Weltkrieg betonte, die Normandie-Invasion deshalb nötig wurde, weil man den Einsatz der in Deutschland in Entwicklung befindlichen Waffensysteme auf atomarer Basis gegen die USA und ihre Verbündeten unter allen Umständen zu verhindern gedachte. Man musste angreifen, ob man wollte oder nicht.

Und dass die Deutschen auf zahlreichen Wissenschafts- und Technikgebieten federführend waren, gaben nach dem Krieg hochdekorierte Vertreter der Alliierten offen zu, beispielsweise US-Generalmajor Hugh Knerr, der meinte:

> »Die Besetzung des deutschen Wissenschafts- und Industriebetriebs hat gezeigt, dass wir in vielen Forschungsbereichen alarmierend rückständig sind. Wenn wir diese Gelegenheit nicht nutzen, um die Geräte und Köpfe, die sie entwickelt haben, zu nutzen, werden wir viele Jahre zurückbleiben und gleichzeitig bereits geleistete Arbeit realisieren.«

*»Wer dem Verbrechen Nachsicht übt,
wird sein Komplize.«*

VOLTAIRE

Update 2: Das Auschwitz-Experiment – hat es doch stattgefunden?

Die Leser, die von Beginn an unsere Darstellungen verfolgt haben, werden sich vielleicht daran erinnern, dass wir in unserem ersten Buch *Das Geheimnis der deutschen Atombombe* (wir zitieren in der Folge aus der 3. Auflage vom Mai 2009) auf den Seiten 263 und 264 ein höchst erstaunliches Ereignis erwähnten: die Vernehmung des einstigen Reichsrüstungsministers Albert Speer durch den US-amerikanischen Richter Robert H. Jackson beim Nürnberger Prozess gegen die Hauptkriegsverbrecher, der vom 14. November 1945 bis 1. Oktober 1946 stattfand, wobei Letzterer Speer mit einem grausamen Vorfall besonderer Art konfrontierte – der kompletten Vernichtung von 20 000 Menschen, die allesamt Juden gewesen sein sollten, bei Auschwitz. Wir schrieben seinerzeit Folgendes dazu:

> »Bei den Nürnberger Kriegsverbrecherprozessen wurde der ehemalige deutsche Rüstungsminister Albert Speer am 21. Juni 1946 einer Befragung zur Atomforschung und zu den Geheimwaffen unterzogen. Die von ihm gegebenen Antworten demonstrieren eine – unseres Erachtens gespielte – Ahnungslosigkeit in Bezug auf diese Dinge. Richter Jackson, der die Fragen stellte, schien sich mit den gegebenen Antworten zufriedenzugeben, was uns persönlich verwundert, hatte Speer doch unmittelbar nach Kriegsende den Verhörbeamten des CIC viel detailliertere Informationen gegeben.

›Justice Jackson: Man hat mir einen gewissen Bericht über ein Experiment, das in der Nähe von Auschwitz durchgeführt wurde, ausgehändigt, und ich möchte wissen, ob Sie davon gehört haben oder etwas davon wussten. Der Zweck dieses Experimentes war, ein schnelles und wirksames Mittel zu entdecken, mit dem man Menschen, ohne sich weiter – wie man es bisher getan hatte – mit Erschießen, Vergasen oder Verbrennen anstrengen zu müssen, auf dem schnellsten Weg vernichten konnte. Wie man mir mitgeteilt hat, wurde das Experiment in folgender Form durchgeführt:
In einem kleinen provisorischen Dorf, das für diesen Zweck vorübergehend aufgebaut wurde, brachte man 20 000 Juden unter. Mithilfe dieses neu erfundenen Zerstörungsstoffes wurden diese 20 000 Menschen fast augenblicklich vernichtet, und zwar derartig, dass auch nicht das Geringste von ihnen übrig blieb. Die Explosion erzeugte eine Temperatur von 400 bis 500 Grad Celsius [offensichtlich ein Fehler, aus logischen Gründen muss man 4000 bis 5000 Grad Celsius annehmen, Anmerkung der Autoren] und zerstörte die Leute derartig, dass sie überhaupt keine Spuren hinterließen.
Speer: Nein, das halte ich auch für absolut unwahrscheinlich. Wenn wir in der Vorbereitung ein derartiges Kampfmittel gehabt hätten, das wäre mir nicht unbekannt geblieben. Wir haben aber ein derartiges Kampfmittel nicht gehabt, denn es ist klar, dass auf dem Gebiet des chemischen Krieges ja auf beiden Seiten versucht wurde, alle Kampfmittel zu erforschen, die überhaupt nur möglich waren, weil man ja nicht wusste, welcher Teil mit dem chemischen Krieg anfängt.‹
Gut geblufft – würden wir sagen. Das Ganze hatte überhaupt nichts mit chemischen Kampfstoffen zu tun,

> sondern kann höchstens ein Atomtest gewesen sein, wenn von 20 000 Menschen nichts übrig geblieben sein soll.«

Wir waren seinerzeit auf diese Befragung Albert Speers* zu sprechen gekommen, weil in einem Brief, den ein gewisser Adolf Bernd Freier geschrieben hatte, der Test einer nuklearen Waffe bei Auschwitz ganz kurz erwähnt wurde:

> »Eine weitere Zündung erfolgte in der Nähe von Auschwitz, wo es hier zahlreiche Tote gab und der Konzern IG Farben begeistert war von dem Erfolg.«**

Wir wollen an dieser Stelle nicht auf die Frage eingehen, ob es die Person des Herrn Freier tatsächlich gab (die Kritiker meinen, er habe niemals existiert und seine Darstellungen seien gefälscht; wir sehen das naturgemäß ganz anders), sondern hier nur feststellen, dass viele Angaben seiner Person, die nicht mit dem Auschwitz-Versuch zu tun hatten, weitere zielführende Recherchen ermöglichten – worauf es uns letztlich ankam.

Seltsam war seinerzeit noch ein anderer Umstand: dass der amerikanische Forscher Carter Plymton Hydrick in seinem Buch mit dem Titel *Critical Mass. How Nazi Germany Surrendered Enriched Uranium for the United States' Atomic*

---

* Quelle der Speer-Aussagen: *Internationaler Militärgerichtshof Nürnberg: Der Nürnberger Prozess gegen die Hauptkriegsverbrecher vom 14. November 1945 bis 1. Oktober 1946*, veröffentlicht in Nürnberg 1948, genehmigte Sonderausgabe, Band 15 und 16 (in einem Band), Komet MA-Service und Verlagsgesellschaft mbH, Frechen o. J., Seite 580.

** Edgar Mayer/Thomas Mehner: *Das Geheimnis der deutschen Atombombe. Gewannen Hitlers Wissenschaftler den nuklearen Wettlauf doch? Die Geheimprojekte bei Innsbruck, im Raum Jonastal bei Arnstadt und in Prag*, Kopp Verlag, Rottenburg, 4. Auflage März 2011, Seite 250.

*Bomb,** das seinerzeit lediglich als Manuskript vorlag, ausführlich auf den Standort Auschwitz, und hier besonders auf Auschwitz III, Monowitz, einging und die Auffassung vertrat, dass dort nicht, wie nach außen hin verlautbart, synthetischer Kautschuk, Buna, hergestellt werden sollte, sondern in Wirklichkeit atomwaffenfähiges Material angereichert wurde, das später Eingang in das US-amerikanische Manhattan Project fand. Er gelangte zu diesem Schluss ohne die Kenntnis unserer Recherchen und wusste folglich auch nichts von dem Freier-Brief, der ja die IG Farben in den Fokus der Betrachtungen rückte.

IG-Farben-Werke in Auschwitz

(Bundesarchiv, Bild 146-2007-0057 / Wikimedia Commons, CC-BY-SA 3.0)

* Hydricks Werk ist aktuell als Taschenbuchausgabe erhältlich (Trine Day, 3. Auflage, August 2016, *https://www.kobo.com/us/en/ebook/critical-mass-23* [abgerufen am 27. April 2019]). Weitere Informationen finden sich unter: *https://www.kirkusreviews.com/book-reviews/carter-hydrick/critical-massw/* (abgerufen am 27. April 2019).

Im Übrigen waren wir ganz unabhängig von diesem Hinweis schon relativ früh zu der Erkenntnis gelangt, dass die deutsche Großindustrie – und hier besonders ein Konzern wie die IG Farben – bei der Entwicklung einer Nuklearwaffe federführend gewesen sein musste. Die Grundlagenforschung war das eine; wenn es aber darum ging, eine Waffe in Serie zu produzieren, musste das gewiss eines der damals führenden deutschen Unternehmen tun, das über die entsprechenden Erfahrungen und Möglichkeiten verfügte. (Sofern dies die IG Farben gewesen sein sollte, dann erklärt sich auch, dass nach 1945 darüber nichts verlautbart wurde, denn immerhin gab es während des Krieges gewisse Beziehungen zwischen der IG Farben in den USA und der IG Farben im Deutschen Reich, was die geschäftlichen Belange anging.*)

Dass es einen Zusammenhang zwischen deutscher Atomforschung und der IG Farben geben muss, wird offensichtlich, wenn man sich einmal eine Passage der Farm-Hall-Protokolle ansieht, die der Zensur der Briten offensichtlich entging. (Ein Teil der deutschen Atomwissenschaftler war nach dem Krieg im britischen Farm Hall interniert worden, und ihre Gespräche wurden vom britischen Geheimdienst abgehört und aufgezeichnet.)

Ein starker Hinweis darauf, dass die IG Farben bestimmte Prozesse beherrschte, die zum Beispiel mit der Verarbeitung

---

* Welchen Umfang diese geschäftlichen Beziehungen hatten und inwieweit sie weltanschauliche Hintergründe aufwiesen, wird seit Jahrzehnten diskutiert. Offenbar muss der »Druck im Kessel« letztlich recht groß gewesen sein, wenn sogar die Wissenschaftlichen Dienste des Bundestages zu dem Thema eine Ausarbeitung präsentierten, die den Titel »Zur Diskussion um eine angebliche Kooperation US-amerikanischer Firmen mit dem NS-Regime« trug (WD 1 – 134/07, 2007, im Internet unter *http://www.bundestag.de/resource/blob/413382/5f1f11f4a4d63a299463e4a028683e55/wd-1-134-07-pdf-data.pdf* einsehbar [aberurfen am 27. April 2019]).

von Uran zusammenhängen, wurde in einer Diskussion zwischen den internierten Deutschen offensichtlich, als es um die Frage ging, welches Verfahren für die Anreicherung der Grundstoffe der amerikanischen Atombombe benutzt wurde und wie viel Personal dafür eingesetzt werden musste. Wir hatten die verräterische Passage bereits in unserem ersten Buch *Das Geheimnis der deutschen Atombombe* aufgezeigt, wollen sie aber nach all den Jahren hier nochmals wiederholen, weil wir wissen, dass a) diese Information nicht beachtet wurde, und weil wir b) meinen, dass das Folgende klarmacht, dass wir in Bezug auf bestimmte geschichtliche Ereignisse viel zu wenig wissen und die Verbindung IG Farben/deutsche Atombombe zielführend sein dürfte. Zudem wollen wir danach einen Bericht präsentieren, der die Geschehnisse um das Experiment in Auschwitz etwas näher beleuchtet. Aufgrund des Umstandes, dass er einige Angaben enthält, die beinahe unglaublich erscheinen, wollen wir vorher noch etwas Flankierendes, Nachweisbares aufzeigen:

> »Heisenberg: Andererseits kann die ganze Sache mit dem Schweren Wasser, die ich, soweit es mir möglich war, unterstützt habe, keinen Sprengstoff erzeugen.
> Harteck: Erst wenn die Maschine läuft. [...]
> Harteck: Wenn es stimmt, dass ein Sprengstoff mittels des Massenspektrografen hergestellt werden kann, hätten wir das nie gemacht, da wir nie 56 000 Arbeiter hätten beschäftigen können. Als wir uns beispielsweise die Clusius-Linde-Sache in Verbindung mit unserem Austauschzyklus überlegten, hätten wir ständig 50 Arbeiter beschäftigen müssen, um im Jahr 2 Tonnen zu produzieren. Hätten wir 10 Tonnen herstellen wollen, dann hätten wir 250 Männer beschäftigen müssen. Das konnten wir nicht machen.

> WEIZSÄCKER: Wie viele Leute haben an der V-1 und der V-2 gearbeitetet?
> DIEBNER: Tausende haben daran gearbeitet. [...]
> HEISENBERG: Ich muss sagen, ich glaube, dass Ihre Theorie stimmt und dass es Spektrografen gewesen sind.
> WIRTZ: Ich möchte wetten, es waren keine.
> HEISENBERG: Wozu sollte man sonst 60 000 Menschen benötigen?
> KORSCHING: Versuchen Sie mal, 1 Tonne Uran zu verdampfen.
> **HARTECK: Dazu brauchen Sie lediglich zehn Leute. Ich war erstaunt über das, was ich bei der IG Farben gesehen habe.«*** (Hervorhebung durch die Autoren)

Welche technische Lösung hatte Paul Harteck bei der IG Farben gesehen? Dazu erfahren wir leider nichts mehr, aber offensichtlich muss eine Methode zum Einsatz gekommen sein, die sehr effektiv war und vor allem wenig Personal benötigte. Das Ganze weist auch darauf hin, dass diejenigen deutschen Atomwissenschaftler, die in Farm Hall saßen, nicht unbedingt die wirklich Wissenden waren (es sei denn, einige hätten die Abhöraktion vermutet und sich daher verstellt), sondern dass es noch andere gab, die möglicherweise bis heute namentlich nicht aufgetaucht sind. Das würde zusätzlich für die von uns seit Jahren vertretene These sprechen, dass es hinter dem offiziellen Programm mindestens ein weiteres gegeben hat, das sehr viel erfolgreicher war.

---

* Dieter Hoffmann: *Operation Epsilon. Die Farm-Hall-Protokolle oder Die Angst der Alliierten vor der deutschen Atombombe*, Rowohlt-Verlag, Berlin 1993, Seite 154.

Nun aber wollen wir uns dem »unglaublichen« Bericht zuwenden. Im Jahr 2005 wollte es der Zufall, dass wir zu dem sogenannten Auschwitz-Experiment weitergehende Informationen erhielten, die bereits damals durch ihren Verfasser uns gegenüber schriftlich zur Veröffentlichung freigegeben worden waren, die wir aber aufgrund ihrer Ungewöhnlichkeit nicht publizierten, sondern zunächst einmal an einen befreundeten polnischen Rechercheur weitergaben in der Hoffnung, dass dieser den Ort des »Experiments« ausfindig machen könne. Merkwürdigerweise hörten wir danach nie wieder von ihm, weshalb wir vielleicht auch die Publikation unterließen.

Als uns der Bericht vor circa einem Jahr erneut in die Hände fiel, stimmten wir darin überein, ihn a) mit der gebotenen Zurückhaltung nun aber doch zu publizieren und b) dem Wunsch des Herren, der ihn an uns übergab, zu entsprechen und einige Namen – sowie auch den seinigen – zu anonymisieren, weil wir seinerzeit ausdrücklich darum gebeten worden waren. Der Bericht enthält, so viel wollen wir vorab schon wissen lassen, drei Namen von Physikern, die federführend bei der Entwicklung der deutschen Atombombe mitwirkten, nach dem Krieg aber in diesem Zusammenhang nirgends aufgeschienen sind. Zwei blieben völlig unbekannt, während der Dritte, ein gebürtiger Österreicher, seine Arbeit als (angeblich nur theoretischer) Physiker fortsetzte und zu dem, was bei Auschwitz geschah, offensichtlich nie befragt wurde. Seine Biografie, die man auch im Internet findet, offenbart eine merkwürdige Lücke: in der Zeit von 1933 bis 1945 war der Mann, beruflich gesehen, offenbar in eine Art Tiefschlaf versetzt worden, denn über seine in dieser Zeit stattgefundenen Aktivitäten beziehungsweise Forschungen wird nichts berichtet. Wobei wir hinzufügen müssen, dass diese Merkwürdigkeit bei vielen anderen deutschen und österreichischen Wissenschaftlern auch schon beobachtet werden konnte. Dabei steht fest, dass sie nicht ausgewandert oder zum Militärdienst eingezogen worden waren, sondern sie arbeiteten weiterhin im Wissenschaftsbetrieb.

Hier nun der uns übergebene Bericht:

»Am Freitag, dem 21. Juni 1946, nahm der Hauptankläger für die Vereinigten Staaten von Amerika im Nürnberger Kriegsverbrecherprozess den Minister des Reichsministeriums für Bewaffnung und Produktion im ehemaligen Dritten Reich ins Kreuzverhör.

Dieser Hauptankläger war Justice Robert H. Jackson und dafür bekannt, dass er zwar ein hervorragender Anwalt, aber kein Kenner der Struktur und der Gegebenheiten des Dritten Reiches war. Die gesamte Hierarchie war Mister Jackson offenbar ein Rätsel, da er zum Beispiel die beiden Krupps, Gustav und Alfried, nicht richtig einzuordnen vermochte. Der eine, Gustav nämlich, er war zur Hälfte schon tot und bereits seit 1943 nicht mehr Firmeneigentümer, wurde von Jackson auf die Anklageliste gesetzt, auf die eigentlich Alfried gehörte, der jedoch am Ende auch noch freigesprochen werden musste.

Jackson scheint bei seinen Mitarbeitern durchaus nicht beliebt gewesen zu sein. In den Erinnerungen von Ankläger Telford Tayler erhält er wegen seines Verhaltens eine schlechte Note.

Die Prozessbeobachterin Janet Flannel schreibt in einem 1979 in New York erschienenen Buch über Jackson: ›Es fehlten ihm anscheinend nicht nur der Hintergrund und die Klugheit unserer Richter-Holmes-Tradition, sondern sein angelernter europäischer Vordergrund war voller Löcher, in die er hineinfiel, als er sich aufmachte, Göring Fallen zu stellen.‹

Justice Robert H. Jackson (circa 1945).
(Quelle: Sammlung Harris & Ewing in der Library of Congress, Washington, USA; Wikimedia Commons, Public Domain).

Göring nämlich, von den Drogen inzwischen abgesetzt, hatte seine Trägheit überwunden und zeigte sich beim Verhör in geistiger Hochform, sodass er imstande war, dem Hauptankläger Jackson eine Niederlage zu bereiten.

Jedenfalls war Jacksons Ansehen schwer angeschlagen, als er es unternahm, Speer ins Kreuzverhör zu nehmen.

In der Vormittagssitzung des 21. Juni 1946 stellte Jackson zuerst Fragen zu Speers persönlicher Entwicklung

im Dritten Reich, sodann zu Problemen der Kriegsgefangenen und Zwangsarbeiter und anschließend zur Entwicklung von Kampfstoffen und deren Einsatz sowie zu entsprechenden Experimenten.
Dazu Jackson: ›Wer leitete die Experimente?‹
Speer: ›Das war die Entwicklungsabteilung im Oberkommando des Heeres im Heereswaffenamt meiner Kenntnis nach. Ich kann es nicht genau sagen.‹
Speer zeigte sich überhaupt außerordentlich unwissend. Er meinte, es habe drei Fabriken gegeben, in denen diese Stoffe, zum Beispiel Tabun und Sarin, erzeugt wurden. Er habe sie im November 1944 stillgelegt, indem er die Lieferung der Vorprodukte gestoppt habe.
Es wird später zu beweisen sein, dass hier Speer massiv gelogen hat. [Diese Beweisführung erfolgt nicht in diesem Bericht, Anmerkung der Autoren.] Die Produktion ging nämlich ununterbrochen weiter, und dies nicht nur in den drei Fabriken. Die erzeugten Vorräte existieren noch heute.
In diesem Zusammenhang interessiert jedoch etwas anderes. Jackson fragt nämlich weiter, und indem er dies tut, vollzieht sich in wenigen Minuten der Höhepunkt des Speerschen Verhörs, ohne dass die Öffentlichkeit davon eine Ahnung hat, und zwar damals wie auch heute.
Jackson fragt: ›Und gewisse Experimente und Forschungen wurden auch in der Atomenergie durchgeführt, nicht wahr?‹
Speer daraufhin: ›Wir waren leider nicht so weit, denn dadurch, dass die besten Kräfte, die wir in der Atomforschung hatten, nach Amerika auswanderten, wurden wir in der Atomforschung sehr zurückgeworfen, und wir waren an sich noch ein bis zwei Jahre davon entfernt,

um vielleicht eine Atomzertrümmerung bekommen zu können.‹

Hier muss ich zwei Einwände erheben. Erstens blieben die besten Kräfte, die wir in der Atomforschung hatten, von Einstein einmal abgesehen, in Deutschland, und zweitens wurde die Atomspaltung nach der gewöhnlichen Lesart bereits 1938 in Deutschland bewerkstelligt. Ich behaupte sogar, dass dieses Ereignis bereits im Mai 1934 stattfand,* dass jedoch damals im KWI Berlin die etwa 15 Mitwisser und Teilnehmer an dem betreffenden Experiment, besonders aber Hahn, Meitner und Straßmann, die diesen Durchbruch erzielt hatten, in schärfster Form von einem Oberst [...] ([...] im Heereswaffenamt) dazu verdonnert worden, zu schweigen und noch einmal zu schweigen. [...] ging sogar so weit, einen Schwur leisten zu lassen.

Und obwohl Jackson wissen musste, dass die Atomspaltung nach der gewöhnlichen und uns aufgezwungenen Lesart 1938 in Deutschland zum ersten Mal

* Seit Anbeginn der Zeitgeschichtsschreibung zum Thema »Atomzeitalter« wird der interessierten Leserschaft gegenüber behauptet, dass die Kernspaltung im Jahr 1938 »erfunden« wurde. Doch stimmt das? Und was wäre, wenn diese grundlegende Information, die eine der Stützen der diesbezüglichen zeitgeschichten Darstellungen ist, falsch wäre?
In den zurückliegenden Jahren wurde durch Personen, die mit Beteiligten des deutschen Atomprogramms in Kontakt waren, des Öfteren behauptet, die erste erfolgreiche Kernspaltung sei schon 1934 realisiert worden. Niemand wollte dieser Information allerdings Glauben schenken.
Seltsam nur, dass in den Archiven der amerikanischen NARA ein Dokument (»Memorandum for the Commanding Officer, Garmisch Sub-Region«) existiert, das vom 27. September 1946 datiert, in dem zwei CIC-Spezialagenten, Paul O. Bruenl und Robert W. Stout, über die Ergebnisse einer Befragung des deutschen Informanten Willi Waldow (geboren 1920 in Stettin) berichteten, der einen deutschen Ingenieur (W. Brueckner) kennenlernte, der nach eigener Aussage bereits seit dem Jahr 1934 in der Atomforschung tätig war und darüber hinaus berichtete, dass 2000 bis 3000 Deutsche mit wissenschaftlichem und [—> weiter auf Seite 91]

stattfand und er Speer hätte leicht widersprechen können, reagiert er auf die Antwort Speers mit folgender dümmlicher und nicht zur Sache gehörenden Frage: ›Die Politik, Leute zu vertreiben, die mit Deutschland nicht einverstanden waren, hat keine gute Dividende gebracht, nicht wahr?‹

Speer daraufhin: ›Das hatte bei uns gerade auf diesem Gebiet einen ganz entscheidenden Nachteil.‹

Wenn man dies liest, scheint einem fast, als seien die beiden ein Herz und eine Seele gewesen.

Doch es kommt noch schlimmer.

Jackson setzt zu einer umfänglichen Erklärung an: Er fragt: ›Man hat mir einen gewissen Bericht über ein Experiment, das in der Nähe von Auschwitz durchgeführt wurde, ausgehändigt, und ich möchte wissen, ob Sie davon gehört haben oder davon wussten. Der Zweck dieses Experimentes war, ein schnelles und wirksames Mittel zu entdecken, mit dem man Menschen, ohne sich weiter – wie man es bisher getan hatte – mit Erschießen,

---

technischem Hintergrund an der Nutzung der Kernenergie und der Entwicklung einer Atombombe gearbeitet hätten.

Die beiden CIC-Agenten waren zwar nicht in der Lage, die Aussagen ihres Informanten genauer zu prüfen, aber es ist mit dem Abstand mehrerer Jahrzehnte höchst bemerkenswert, dass man in US-Dokumentenbeständen Angaben finden kann, die so gar nicht in das Bild der Establishment-Historiker passen wollen, sondern stattdessen dem entsprechen, was Vertreter der Auffassung, dass das Deutsche Reich an Atomwaffen arbeitete, seit Langem behaupten. Weshalb sollte sich ein Ingenieur schon 1934 mit Fragen der Atomtechnik befasst haben, wenn die Kernspaltung erst im Jahr 1938 realisiert wurde?

Quelle des erwähnten Dokuments: NARA, National Archives and Record Administration: RG 319 (RECORDS of the ARMY STAFF). Records of the Office of the Assistant Chief of Staff, G-2, Intelligence. SECURITY CLASSIFIED INTELLIGENCE AND INVESTIGATIVE DOSSIERS, 1939–1976. Impersonal File, Entry 134A, Box 17. Folder: XE 169886 Russian Deportation of German Scientists & Technicians.

Vergasen oder Verbrennen anstrengen zu müssen, auf dem schnellsten Weg vernichten konnte. Wie man mir mitgeteilt hat, wurde das Experiment in folgender Form durchgeführt:
In einem kleinen provisorischen Dorf, das für diesen Zweck vorübergehend aufgebaut wurde, brachte man 20 000 Juden unter. Mithilfe dieses neu erfundenen Zerstörungsstoffes wurden diese 20 000 Menschen fast augenblicklich vernichtet, und zwar derartig, dass auch nicht das Geringste von ihnen übrig blieb. Die Explosion erzeugte eine Temperatur von 400 bis 500 Grad Celsius und zerstörte die Leute derartig, dass sie überhaupt keine Spuren hinterließen.‹ [Auf den Umstand, dass die Temperaturangabe wohl 4000 bis 5000 Grad Celsius heißen muss, hatten wir bereits hingewiesen. Anmerkung der Autoren] Mit diesem letzten, unglaublichen Satz beendete Jackson seine Ausführungen. Erwartete er jetzt, dass der Mann vor ihm, dessen Aufgabe es gewesen war, jede neu entwickelte Waffe im Dritten Reich sowohl für Experimente als auch für den Einsatz freizugeben, das Ereignis bei Auschwitz reumütig bestätigen würde?

Die Frage erhebt sich, welchem Zweck die Ausführungen des Anklägers dienen sollten.

Jackson spricht davon, dass ›man‹ ihm einen gewissen Bericht ausgehändigt hatte. Wer aber hat ihm diesen Bericht ausgehändigt? War es der amerikanische oder der britische Geheimdienst? Waren es polnische Gewährsleute, von denen es viele gab, die mit den Geheimdiensten der Alliierten zusammenarbeiteten? Waren es Häftlinge aus Auschwitz? Jackson sagt es nicht. Er spricht nur überaus genau von bestimmten Umständen und Sachverhalten. Erstens davon, dass es ein Experiment war, das zum Ziel hatte, Menschen auf dem schnellsten Wege zu vernichten, zweitens davon, dass es ein kleines provisorisches Dorf war, das man vorübergehend aufgebaut hatte, drittens davon, dass 20 000 Juden dort untergebracht waren.

Hier gibt es einen ersten Widerspruch. 20 000 Juden können nicht in einem kleinen, provisorischen Dorf untergebracht gewesen sein, es hätte sich schon um ein größeres Dorf oder um eine kleine Stadt handeln müssen.

Viertens spricht er [Jackson] von einem neu erfundenen Zerstörungsstoff, der die Menschen mittels einer Explosion restlos zerstörte, wörtlich: ›dass sie überhaupt keine Spuren hinterließen‹.

Auch hier muss man einwenden, dass ein restloses Verschwinden nicht möglich ist. Wenn ein solches Ereignis stattgefunden hat, und es hat ohne Zweifel stattgefunden, denn Jackson oder andere haben diesen Bericht gewiss nicht einfach erfunden, um den verantwortlichen Nazis auf der Anklagebank eins auszuwischen, wenn es also stattgefunden hat, dann hätte es sowohl vollständige Leichen als auch Leichenteile geben müssen.

Aber wenn er, Jackson, vorher von Experimenten mit der Atomenergie gesprochen hat und gleich darauf eine Explosion erwähnt, die augenblicklich alles zerstört hat, dann kann er nur die Explosion einer Atombombe gemeint haben.

Wenn man nun annimmt, Jackson hätte den Bericht als offizielles Dokument dem Gericht vorgelegt, um zu bewirken, dass der Sache weiter nachgegangen wird, so irrt man sich freilich gewaltig. Weder das Gericht noch der Ankläger Jackson erwähnen von nun an diesen sensationellen Bericht. Sie, die Alliierten, denken gar

nicht daran, den Bericht, der doch eine reale Grundlage haben muss, im Rahmen des Anklagepunktes ›Verbrechen gegen die Menschlichkeit‹ gegen die Angeklagten zu verwenden.
Hängt das womöglich mit den Abwürfen der Atombomben auf Japan zusammen, die fast ein Jahr zuvor erfolgten?
Das Nürnberger Gericht zeigte überhaupt des Öfteren ein seltsames Verhalten, so zum Beispiel gegenüber bestimmten Personen. Der General Kammler zum Beispiel wird während des Prozesses nur ein einziges Mal erwähnt, und zwar wenige Minuten vor dem zitierten Bericht des Anklägers Jackson von Albert Speer. Er spricht von einem Obergruppenführer Kammler – als sei der ihm fast unbekannt –, der für das Verschießen von Raketen nach England verantwortlich war. Der Name wird weder vorher noch nachher von Mitgliedern des Gerichts oder von der Anklage genannt, als scheue man davor zurück wie der Teufel vor dem Weihwasser.*
Wie gesagt: Speer spricht von Kammler, als hätte er nur nebenbei von ihm gehört.
Um die Wahrheit zu sagen: Kammlers Leute hatten das ›provisorische Dorf‹ aufgebaut, und unter der Verantwortung Kammlers waren auch die betreffenden Juden dort angesiedelt worden beziehungsweise gezwungen worden, das ›provisorische Dorf‹ zu errichten.

---

* Ob diese Darstellung korrekt ist, ist schwer zu beurteilen. Sie trifft sicherlich auf den Hauptprozess zu. Es gab jedoch noch einige Nachfolgeprozesse, unter anderem einen (Nummer 4) gegen das Wirtschafts-Verwaltungshauptamt (WVHA) und seine Verantwortlichen, die dahingehend geprüft werden müssten. Wir erhielten vor Jahren den kaum glaubhaften Hinweis, dass während dieses Prozesses Hans Kammler zugegen gewesen sei, nicht jedoch als Angeklagter.

Und um weiter die Wahrheit zu sagen: Speer stand am 27. Oktober 1944 um 19 Uhr, als die Explosion bei Auschwitz erfolgte, wenige Meter neben Kammler in einem Bunker, der sich in etwa 12 Kilometern Entfernung vom Standort der Explosion befand.
Zwischen Kammler und Speer standen nur drei Personen. Es waren dies Dr. [...], seines Zeichens verantwortlich für die geheime Atomforschung [...], ein Prof. [...], gebürtiger Österreicher, seit Mai 1940 [...] beteiligt an der Entwicklung und am Bau der Atombombe im Raum Ohrdruf in Thüringen, und ein Dr. [...], der [...] sich mit dem Bau der großen Bombe – es gab drei Ausführungen – befasste. Er war jedenfalls Kommandeur des entsprechenden Entwicklungsteams, um es neudeutsch auszudrücken.
Ich habe jetzt, zusammen mit Kammler und Speer, welche die oben Genannten umrahmten, fünf Personen genannt. Es befanden sich in dem besagten Bunker jedoch 20 weitere, deren Namen später zu nennen sind* und unter denen sich nicht weniger als drei weitere Minister des Reiches, mit Speer also vier, befanden.**
Diese 25 Mann standen wie in stummer Erwartung im Halbdunkel des Bunkers und starrten wegen des kommenden gleißend-grellen Lichts durch die Luken in Richtung Süden, eingehüllt in unförmige und ungefüge Kleidungsstücke und versehen mit dunklen Brillen, als wären sie geradewegs von einem anderen Stern gekommen und brächten nun der Welt ein glückliches Zeitalter oder auch die absolute Katastrophe.

---

* Die Nennung der anderen Namen erfolgt in diesem Bericht nicht.
** Wir erhielten im Nachgang drei Namen der beteiligten Minister, einer davon war Joseph Goebbels. Dazu später mehr.

Und ohne Zweifel, diese Männer waren von durchweg unterschiedlicher Art, manche zweifelten am Gelingen ihres Vorhabens, manche waren hochgestimmt und siegesgewiss und wieder andere niedergedrückt und schuldbeladen, was sich spätestens am folgenden Tag erwies, als beim Rückflug nach Thüringen im Flugzeug ein heftiger, unversöhnlicher Streit entstand, der entsprechende Folgen hatte.
Aber ich habe mich hinreißen lassen, der Sache vorzugreifen, obwohl wir uns noch immer im zerstörten Nürnberg des Jahres 1946 befinden und obwohl es unsinnig und nutzlos wäre, ein Ereignis zu schildern, das niemand verstehen würde, da man die Vorgeschichte nicht kennt.
Also erst einmal zurück nach Nürnberg.
Der Ankläger Jackson hatte seine Erklärung abgegeben und seine Frage gestellt. Er, Jackson, ein dicklicher, aufgeregter und angeblich unwissender Mann aus den USA, sah Speer, einen gutaussehenden, sich bescheiden und kooperativ gebenden Mann in mittleren Jahren aus Deutschland, gespannt an und wartete hoffnungsvoll auf eine ihm genehme Antwort.
Albert Speer, nach einem gewissen inneren Zusammenzucken, das sich keineswegs auf seinen Gesichtsausdruck widerspiegelte, antwortete sehr beherrscht und fast verwundert: ›Nein, das halte ich auch für absolut unwahrscheinlich. Wenn wir in der Vorbereitung ein derartiges Kampfmittel gehabt hätten, das wäre mir nicht unbekannt geblieben. Wir haben aber ein derartiges Kampfmittel nicht gehabt, denn es ist klar, dass auf dem Gebiet des chemischen Krieges ja auf beiden Seiten versucht wurde, alle Kampfmittel zu erforschen, die

überhaupt nur möglich waren, weil man ja nicht wusste, welcher Teil mit dem chemischen Krieg anfängt.‹
Natürlich hat Speer mit dieser Antwort bewusst abgelenkt, indem er über chemische Kampfmittel sprach, um die es längst nicht mehr ging. Jackson war ja so weit gegangen, von einer gewaltigen Explosion zu sprechen. Was aber hatte eine solche mit chemischen Kampfmitteln zu tun?
Hätte Speer der Wahrheit gemäß geantwortet, wäre ihm Folgendes entschlüpft: ›Ja, ich habe selbst an diesem Experiment teilgenommen, habe es sogar selbst genehmigt, und es hat sich um zwei mittelgroße Atombomben gehandelt, die im Abstand von ein oder zwei Sekunden zur Explosion gebracht wurden.‹
Die Folge wäre gewesen: Man hätte ihn wie die anderen aufgehängt, und dies nicht wegen der bemitleidenswerten Männer, Frauen und Kinder, an deren Schicksal die Alliierten in keiner Weise interessiert waren, da sie sonst den Bericht als wichtiges Dokument vorgelegt und das Verbrechen verfolgt hätten, sondern wegen der Nennung und Beschreibung eines Ereignisses, das die Existenz von Atombomben im Dritten Reich aller Welt vor Augen geführt hätte.
Vor allem wäre Speer während des Prozesses nie mehr zu Wort gekommen, sondern auf der Stelle ohne Zweifel durch ›Selbstmord‹ aus dem Leben geschieden.
Aber er wollte ja gar nicht sterben, und er wollte vor allem nicht gehenkt werden, hatte er doch das erhebende Gefühl der Macht und ein Leben kennengelernt, das ihn in schwindelnde Höhen versetzt hatte.
Also antwortete er auf die Fragen so, wie man es von ihm erwartete, und kooperierte wie vorher schon, als er unter strengster Geheimhaltung sein Wissen vom

Dritten Reich gewissen Diensten rückhaltlos zur Verfügung stellte.*

Jackson konnte zufrieden sein und zog nun mit der nächsten Frage bereits die Schlussfolgerung aus all dem, was bisher auf dem Tribunal aller Welt vorgegaukelt worden war.

---

* Albert Speer war eine Person, die Unwahrheiten berichtete, so es ihr nutzte. Bei Kriegsende hatte er in Thüringen den Einsatz der Wunderwaffen verraten und war dafür – so unsere Meinung – von den Alliierten am Leben gelassen worden. (Wir hatten in einem vor Jahren erschienenen Buch dazu berichtet.) Dass Speer nicht der war, für den er sich einst nach dem Krieg ausgegeben hatte, wurde insbesondere in den zurückliegenden 10, 15 Jahren mehr und mehr offenbar. Siehe hierzu allgemein: *https://www.deutschlandfunk.de/ns-geschichte-die-legende-vom-unwissenden-zeitzeugen-albert.1310.de.html?dram:article_id=393085* und *https://www.rnz.de/wissen/wissenschaft-regional_artikel,-Wissenschaft-Regional-Albert-Speer-Legenden-und-Luegen-um-einen-vermeintlich-guten-Nazi-_arid,290729.html.* Wobei der Inhalt beider Internetverweise mit der notwendigen Distanz und Vorsicht zu betrachten ist, heißt es doch beispielsweise in dem zweiten gleich zu Beginn: »Die Richter in Nürnberg hätten es wissen können – sie ließen sich von einem vorgetäuschten Einverständnis mit dem umstrittenen Tribunal einwickeln. Eine Generation von Nachkriegshistorikern hätte es wissen können – wenn sie in die Quellen gesehen hätten. Die ganze, durchaus an dieser Personalie interessierte Welt ist von Albert Speer an der Nase herumgeführt worden, als hätte es den von ihm gespielten ›guten Nazi‹ geben können. Er habe nichts gewusst von den Verbrechen der Nazis.« Die Behauptung, »die Richter in Nürnberg hätten es wissen können«, ist geradezu naiv, denn sie wussten es. Ihre ganze Strategie in Bezug auf Speer war Teil eines Deals, jemanden, der ihnen den Einsatz der Wunderwaffen der zweiten Generation und deren Folgen erspart hatte, zu begnadigen. Zudem hatte Speer bereitwillig verraten, was die Alliierten von ihm wissen wollten. Er erkaufte sich sein Leben mit bestimmten Informationen, von denen viele wahrscheinlich bis heute unter dem Deckel geblieben sind.
Dass die Historiker versagten, weil sie Speer und seinen Ausführungen Glauben schenkten, wundert uns nicht. Das Ganze ist nur der blamable Beweis für die Tatsache, dass dieser Berufsstand a) nur selten über kriminalistische Fähigkeiten verfügt, obwohl er das eigentlich müsste, und b) oftmals keine tiefer gehenden Recherchen betreibt, obwohl genau diese nötig wären, wenn man von sich behauptet, »wissenschaftlich zu arbeiten«. Für uns ist daher die sogenannte [—> weiter auf Seite 99]

Er fragte: ›Die Meldungen über neue Geheimwaffen waren also übertrieben und dienten nur dem Zweck, das Deutsche Volk weiter zum Krieg anzuhalten?‹

Es ist müßig, zu sagen, dass Speer diese Frage freudig bejahte und die Schuld an den Gerüchten um neue Geheimwaffen einem Standartenführer Berg in die Schuhe schob, der sie mit viel Fantasie in der Presse unters Volk gebracht hätte.

Jackson hatte sein Ziel erreicht. Wunderwaffen gab es nicht, und das Kapitel konnte abgeschlossen werden.

Geschichts»wissenschaft«, wie wir schon öfters betont haben, nicht mehr als eine Gattung der Literatur und das Gerede von »Quellenkritik« reine fachbereichsbezogene Ablenkung vom eigenen Unvermögen. Auch aus diesem Grund wähl(t)en wir für unsere Veröffentlichung(en) früher, jetzt und in Zukunft die Form eines Sachbuches in Kombination mit einem persönlichen Erlebnisbericht, da vollkommen objektive und zu 100 Prozent wahre Darstellungen angesichts des eben Geschilderten unmöglich sind.

Um noch einmal auf Albert Speer zurückzukommen: Wer er wirklich war, hätte man aber schon in den 1970ern erfahren können, wenn man es gewollt hätte, offenbarte er es doch selbst – dargestellt in dem von Adelbert Reif verfassten Buch *Albert Speer – Kontroversen um ein deutsches Phänomen* (Albert & Graefe Verlag, München, 1978, S. 224/225). Speer war ein Chamäleon: ein Profiteur während des Dritten Reiches und ein Opportunist in der Zeit nach dem Zusammenbruch, in der er sich schnell den neuen Gegebenheiten anzupassen wusste und offensichtlich alles, was er an Wissen besaß, den neuen Herren verriet.

Albert Speer verfasste im November 1945 ein Schriftstück, das möglicherweise bei seiner Veröffentlichung im Jahr 1978 in seiner Bedeutung nicht vollends erkannt wurde, jedoch angesichts der Diskussion um die deutschen Wunderwaffen und in Bezug auf den Handel mit Justice Jackson geradezu Bände spricht. Speer schrieb:

»Etwa 17. November 1945.
An Interrogations-Offizier zur Übersendung an Mr. Justice Jackson.

Ich bin der Meinung, **dass verschiedene wehrtechnische Kenntnisse, die ich habe, nicht dritten Stellen bekannt werden sollten.** (Hervorhebung durch die Autoren) [—> weiter auf Seite 100]

Nicht jedoch für diejenigen, die den Bericht über die schreckliche Explosion bei Auschwitz vorgelegt hatten. Die konnten nach wie vor behaupten, was sie gesehen und erlebt hatten, und waren gewissermaßen geradezu im Wege. Sie befanden sich in Nürnberg und beharrten eigensinnig und rechthaberisch – es waren nämlich Polen, denen offenbar die Weltpolitik vollkommen egal war – auf ihrem Anspruch, die Wahrheit zu verkünden.

[...] Vom 1. Juni bis Ende Ende Oktober war ich im Lager Dustin der gemeinsamen amerikanisch-englischen Dienststelle F. I. A. T. – Dort gingen zahlreiche gute Wissenschaftler und Techniker durch, die dort oder bereits vorher über neue Entwicklungen der Rüstung befragt wurden.
[...]
Da diese Mitarbeiter sich mit mir über ihre Themen unterhielten, und da ich als Einziger das Lager auf diese lange Zeit zum Aufenthalt hatte, habe ich gegen meine Absicht einen Einblick genommen, wo etwa die derzeitigen Interessengebiete liegen.
Ich selbst habe in dieser Zeit nicht nur jede mir mögliche Auskunft gegeben, sondern darüber hinaus in aller Stille den ehemaligen Mitarbeitern ihre Bedenken gegen eine offene Auskunft zerstreut. Oberst Lawrence (engl.), zu erreichen über F. I. A. T., kann hierüber Auskunft geben. [...]
In der Zeit vom 10. – 23. Mai hatte ich, noch in Freiheit (Flensburger Zone), eingehende Besprechungen mit U. S. Strategic Bombing Survey (U. S. S. B. S.) über die Auswirkungen des strategischen Bombenkrieges auf die von mir geleitete deutsche Produktion. – Dabei wurden die von U. S. S. B. S. begangenen Fehler festgelegt und eingehende Erörterungen über eine schneller wirksame Bombardierung gemacht, was vielleicht für den Kampf gegen Japan Bedeutung haben könnte.
[...]
Ich habe alle diese Kenntnisse vorbehaltlos und, soviel ich weiß, auch zutreffend abgegeben.
Sie können sich darauf verlassen, dass ich diese Arbeit aus Überzeugung durchgeführt habe. [...]

Speer (Albert Speer)

Weitere Auskünfte über meine Tätigkeit gibt Mr. Hoeffing (F. I. A. T.)«

Albert Speer (links) zusammen mit Karl Dönitz und Alfred Jodl nach ihrer Verhaftung durch die britische Armee.
(Wikimedia Commons, Public Domain)

Sie liefen durch die Stadt und erzählten sozusagen allen, die es wissen und die es nicht wissen wollten, welch schreckliches Verbrechen die Nazis begangen hätten und dass es absolut unsinnig sei vom Gericht, Dokumente von geringer Bedeutung vorzulegen, während ihre eigenen Bekenntnisse unter den Tisch fielen.
So kommen wir in diesem Zusammenhang auf die Spur jenes ominösen Berichts, den der Ankläger Jackson zitiert hatte, wobei allerdings etwas ausgeholt werden muss.
An jenem 27. Oktober des Jahres 1944 um 19 Uhr vernahmen Tausende von Häftlingen in Auschwitz vom Süden her ein mächtiges Donnern und Grollen. Viele behaupteten, es sei eine zweimalige heftige Explosion gewesen, und jene, die sich im Freien befanden, sahen

gleich darauf einen gewaltigen rötlichen Schein, als schlügen Flammen in den Himmel. Manche glaubten sogar, den Feuerschein zuerst gesehen und dann erst die Explosionen gehört zu haben, was wohl auch der Wahrheit näherkam.

Zu dieser Zeit befand sich ein Pole namens G. in Auschwitz. Er stammte aus einem Ort bei Allenstein [jetzt Olsztyn], der heute Czerwonka heißt, war 1913 geboren worden und hatte den ehrenwerten Beruf eines Zimmermanns. G. war im Mai 1941 wegen illegaler Tätigkeit verhaftet und in das KZ Radom am östlichen Stadtrand eingeliefert worden, wo bereits 6400 seiner Landsleute inhaftiert waren.

Dort befand er sich vom 27. Mai 1941 bis Ende September des gleichen Jahres, um hernach in Richtung Auschwitz transportiert zu werden, wo er als Zimmermann und Häftling auf verschiedenen Baustellen arbeitete.

Im Laufe des 27. Oktober 1944 wurde eilends ein Kommando von 330 Häftlingen zusammengestellt. Es waren zumeist Bauarbeiter. G. befand sich unter ihnen, als das Kommando um 17 Uhr abmarschierte.

Auf diesem Marsch, die Augen nach Süden gerichtet, sahen sie um 19 Uhr zwei grelle Blitze, hörten eine doppelte Explosion und gewahrten fast im gleichen Augenblick ein gewaltiges Feuer, das praktisch zu gleicher Zeit auf einer großen Fläche wütete. Sie marschierten wie geblendet in Richtung dieses Feuers, bis man ihnen um 20 Uhr auf freiem Feld befahl, ein Nachtlager einzurichten, das heißt, sie mussten auf der blanken Erde schlafen, während in der Ferne noch immer die Flammen zum Himmel schlugen.

Am anderen Tag gegen Mittag erreichten sie den Ort, an dem sie von nun an arbeiten sollten. Es war ein exaktes

Quadrat von etwa einem Kilometer Seitenlänge, das mit immer noch brennenden und rauchenden Trümmern bedeckt war. Sie rochen allerdings nicht nur das verbrannte Holz, sondern auch jenen süßlichen Ruch verbrannten Menschenfleisches, der ihnen zur Genüge bekannt war.

Sie marschierten bis zum Rand der Fläche, auf der einen Tag zuvor noch eine kleine Stadt gestanden hatte und wo wenige Stunden vor ihnen 25 Personen in Schutzanzügen den Versuch gewagt hatten, gerade mal 200 Meter in die gewesene Stadt einzudringen, um jedoch sofort triumphierend und zugleich voller Entsetzen umzukehren. Es hatten freilich nur einige wenige triumphiert und sich begeistert geäußert. Andere waren stumm und eilig gelaufen und wieder andere wurden so vom Entsetzen gepackt und waren von den Scheußlichkeiten, die sie erblickten, so erschüttert, dass sie rasch und unvermittelt umkehrten und sich erbrachen.

Die 330 Häftlinge trugen keine Schutzanzüge und sahen auch keine in den Wochen, in denen sie nun die steinernen Trümmer wegräumen mussten.

Am 3. November stießen noch 680 Polen und Russen zu ihnen, sodass über tausend Häftlinge bis zum 15. Dezember 1944 in der strahlenverseuchten Trümmerwüste die Steine beseitigten und die noch vorhandenen Leichen und Leichenteile verbrannten. Mitte Dezember waren alle Spuren getilgt. Am 17. Dezember befanden sich die Häftlinge, abgesehen von jenen, die inzwischen gestorben waren, wieder in Auschwitz, wo der Rest, bis auf wenige, getötet wurde. Die wenigen bestanden aus etwa achtzig Häftlingen, zu denen G. gehörte.

In dem Durcheinander der letzten Wochen von Auschwitz – die Russen befreiten die Insassen des Lagers am 27. Januar 1945 – vergaß man jene zu töten, denen eigentlich der Tod beschlossene Sache war. Einige verstanden es auch, sich in den Reihen der Überlebenden des Lagers zu verbergen. So kam G. davon und machte im Februar die erste Aussage vor einer polnischen Kommission in Warschau. Insgesamt berichteten neun Überlebende. Am 22. Februar erreichte G. zunächst Allenstein und dann sein Heimatdorf.

Im Frühjahr 1946 erhielt er wiederum eine Einladung nach Warschau, wo noch einmal sieben ehemalige Häftlinge von dem Ereignis berichteten. Er blieb bis zum 5. Mai in Warschau, traf anschließend mit 23 Zeugen in einem Haus 15 Kilometer westlich von Warschau zusammen, wo es hieß, sie würden nach Nürnberg gebracht und könnten dort vor dem Internationalen Gericht ihre Aussagen machen.

G.s Gruppe bestand aus vier Zeugen und drei Regierungsvertretern, die mit jenem amtlichen Bericht über das Ereignis versehen waren. Sie traten gemeinsam mit den anderen polnischen Zeugen, die wegen bestimmter Vorgänge während der Besatzungszeit durch die Deutschen sich zur Verfügung gestellt hatten, die Reise nach Nürnberg an.

Die Gruppe der sieben Zeugen einschließlich der Regierungsvertreter wurde glücklicherweise – so meinten sie jedenfalls – außerhalb Nürnbergs untergebracht. In der zerstörten Stadt roch es nämlich noch immer, und das fast eineinhalb Jahre nach dem Ende, nach Vernichtung und Krieg. Sie waren froh, in der freien Natur nahe der Stadt in einem Camp, es war ein Barackenlager, untergebracht zu werden.

In sechs großen Baracken hockten dort 680 Ausländer und warteten auf ihre Heimkehr oder auch nicht, da sie

doch nicht wussten, was sie in ihrem Land erwartete. Sie wurden mehr schlecht als recht von zwölf amerikanischen Soldaten beaufsichtigt.
Sie, die sieben Zeugen, befanden sich allein in einer kleinen Baracke mit sechs Räumen in einiger Entfernung von den anderen und hatten es ziemlich luxuriös unter der Obhut der Amerikaner und angesichts deren reichhaltiger Heeresverpflegung.
Freilich wurden G. und die anderen Zeugen auf fatale Weise durch die Art ihrer Unterbringung an Auschwitz erinnert, da ihnen die Baracken sozusagen als alte Bekannte aus der Herrschaft des Dritten Reiches sofort ins Auge fielen und eine Menge Erinnerungen weckten.
Nachdem nun die Zeugen mit ihrem Bericht tüchtig Lärm geschlagen hatten, wurde es auf eine beängstigende Weise ruhig um sie her, und ihr trotziges Gerede schien sich im Nichts zu verlieren, bis sie plötzlich, es war am 16. Juli 1946 in der Nacht um 23 Uhr, von einer zehnköpfigen Bande in Zivil in ihrer Baracke überfallen und durch Kopfschüsse, als wären die Schützen Spezialisten, mit schallgedämpften Pistolen innerhalb von wenigen Minuten getötet wurden.
Bei dieser Auseinandersetzung, die eigentlich nur ein Abschlachten war, sollen nur polnische Worte und solche in einer weiteren, sehr verbreiteten Fremdsprache gefallen sein. Die Mörder verschwanden so schnell, wie sie gekommen waren, und alle Bemühungen um ihre Ergreifung verliefen im Sand.
Was von all dem geblieben sein muss, wäre zumindest Folgendes: 1) Zeitungsmeldungen vom Juli 1946 in und um Nürnberg, 2) der amtliche polnische Bericht über das besagte Ereignis bei Auschwitz, wo immer er auch liegen mag, 3) ein Gelände 20 Kilometer südlich

von Auschwitz nördlich der Ortschaft Kozy, auf dem im Oktober des Jahres 1944 zwei Bomben mit jeweils 4,5 Kilogramm Plutonium explodierten.

Damit wäre das Kapitel Nürnberg abgeschlossen, wenn nicht einige verantwortliche US-Wissenschaftler und -Militärpersonen auf den freilich naheliegenden Gedanken gekommen wären, an Ort und Stelle und so bald wie möglich sich mit eigenen Augen davon zu überzeugen, dass der Bericht der Häftlinge auf Tatsachen beruhte. Gründlich waren sie auch, das muss man ihnen lassen, wenn auch nicht von so brutaler Gründlichkeit wie die Deutschen.

Am 16. April 1947 traten 17 Militärpersonen von New York aus eine Reise an, die sie nach Polen führte.

Die Delegation – alle Mitglieder derselben waren Angehörige der US-Armee und kamen aus einer Spezialgruppe – bestand aus zehn Physikern, fünf Chemikern und zwei Kampfstoffspezialisten.

Der Kommandeur war ein General [...], der erfolgreich [...] hinter den deutschen Atombomben herjagte.

Der General [...] hatte am 13. Februar den Befehl erhalten, sich zusammen mit anderen aufzumachen, und er hatte danach alles Verfügbare studiert und die Männer sorgsam zusammengestellt und traf mit ihnen am 8. Mai, einem denkwürdigen Tag, in Warschau ein. Hier wurde der zweite Jahrestag des Sieges gefeiert und sogleich mit den polnischen Regierungsvertretern ein Tüchtiger auf die Lampe gegossen. Die Amis hatten in weiser Voraussicht Whisky mitgebracht.

An diesem Tag konnten sie noch lachen, während es kurz darauf in Auschwitz schon anders aussah. Da gingen sie schweigend und erschüttert an all dem vorüber, was noch zu sehen war.

Am 17. Mai fuhren sie gemeinsam mit acht polnischen Vertretern 20 Kilometer weit nach Süden und befanden sich schließlich auf einer öden, verlassenen Fläche von etwa einem Quadratkilometer Größe, die etwa so eben und gleichförmig war wie Manhattan, wenn man sich dort die Häuser wegdenkt. Es schien fast so, als hätten die Deutschen bei der Auswahl dieser kargen Landschaft richtige Gedankenarbeit geleistet.

Es war sozusagen ein trauriges Stück Land, auf dem man geradezu nichts zu sehen bekam und das noch dazu stumm war und ganz und gar nichts sagte.

Sie hatten sieben gutgehende Geigerzähler dabei. Es waren die einzigen Gegenstände, die etwas von sich gaben, und dies überaus heftig. Behauptet wurde später, dass die Strahlung 600 Mal stärker war als normal.

Sie stolperten allesamt dummerweise ohne Schutzkleidung von 10 bis 16 Uhr kreuz und quer über das gesamte Areal. Sie suchten wohl gegenständliche Funde und glaubten offenbar, dass ihnen nach zweieinhalb Jahren nichts mehr geschehen könne. Vielleicht hatten sie die Kleidung auch nur vergessen oder wollten damit nicht auffallen.

Jedenfalls traf sie alle, nachdem sie in die USA zurückgekehrt waren, die späte Rache ihres alten Gegners.

Der General spürte seltsamerweise als Erster, und das schon nach wenigen Monaten, wie ihn die Kraft verließ. Er soll 1950 gestorben sein. Da war er 44 Jahre alt.

Alle anderen starben ebenfalls. Einer, der Letzte, ist 63 geworden. Dies soll im Jahr 1980 gewesen sein, und er war ohne Zweifel der Zäheste von allen.

[General] [...] muss einen Bericht geschrieben haben, der in irgendeinem amerikanischen Archiv ein verstaubtes und einsames Dasein führt.

Luftbilder müsste es mit Sicherheit geben. Ob sie jemals veröffentlicht werden, ist eine ganz andere Frage.
Wie sieht es aus mit der Sterberate in den umliegenden Ortschaften südlich von Auschwitz nach dem Krieg, und woran sind die Leute gestorben?
Fragen über Fragen. Versucht man sie zu beantworten, tauchen neue auf.
Ich hoffe, man versucht es.«

Wir haben natürlich versucht, einige grundlegende Aspekte dieses ungewöhnlichen Berichtes, den wir hier zur Diskussion stellen wollen, nachzuprüfen – vor allem die Möglichkeit, ob man in dem Gebiet südlich des Konzentrationslagers Auschwitz (in etwa 20 Kilometern Entfernung, wobei wir diesen Wert als *ungefähre* Angabe betrachten) und irgendwo nördlich des Ortes Kozy eine solches Experiment durchführen konnte. Wir nahmen dabei die heutigen technisch-elektronischen Möglichkeiten zu Hilfe, als da beispielsweise sind: Google Earth (Satellitenbilder) und Google Maps (digitalisierte Landkarten). Zudem nutzten wir einige Luftbilddatenbanken auf der Suche nach ab Ende November 1944 erstellten Aufnahmen, mussten aber feststellen, dass zwar Fotos des Konzentrationslagers Auschwitz existieren, das Gebiet südlich davon jedoch keinen Niederschlag gefunden hatte. Freilich will das nichts heißen, denn wir konnten lediglich eine stichprobenartige Prüfung vornehmen. Um die Wirkung einer nuklearen Detonation in diesem Gebiet abzuschätzen, benutzten wir das Programm NUKEMAP.* Mit ihm kann man die Auswirkungen unterschiedlich starker nuklearer Detonationen auf beliebige Umgebungen simulieren, wobei sowohl die Primär- als auch die Sekundäreffekte angezeigt werden – inklusive zu erwartender

* *https://nuclearsecrecy.com/nukemap*

Todesopfer und Verletzter.* Mittels dieses Programms ist es beispielsweise möglich, für das Gebiet des sogenannten Dreiecks auf dem Truppenübungsplatz Ohrdruf in Erfahrung zu bringen, wie weit beispielsweise die primären und sekundären Effekte einer Mini-Atomwaffen-Detonation reichen – ergo der Frage nachzugehen, ob dort (rein theoretisch) ein solcher Test überhaupt möglich war. Dazu kann man in das Bedienfeld (Menü) des Programms den Standort beziehungsweise eine in der Nähe gelegene Ortschaft und die Detonationsstärke eingeben. Für das von uns gewählte Beispiel des Dreiecks und der Stärke der Mini-Detonation (wir gehen, wie in der allgemeinen Diskussion schon des Öfteren erwähnt, von deutlich unter 100, genau genommen 10–20 Tonnen TNT-Äquivalent aus, was in etwa der kleinsten je von den USA gebauten Atomwaffe in Form der »Davy Crockett« entspricht) kann man die Wirkung berechnen und darstellen lassen. Und siehe da: Die eingegebenen Daten präsentieren ein Ergebnis, das exakt zum Dreieck passt. Zufall? Wohl kaum!

Die größten Fragezeichen, die der Bericht über das Auschwitz-Experiment in diesem Zusammenhang aufwirft, ist a) das Problem der 4,5-Kilogramm-Plutoniumladungen, nämlich ob diese Menge überhaupt für eine Kernreaktion ausreicht, und, gesetzt den Fall, Punkt a würde mit Ja beantwortet werden können, b) wie viel Prozent dieser 4,5 Kilogramm Plutonium in die Kettenreaktion eingingen. Sofern die Angaben korrekt sind, wonach zwei Bomben mit je 4,5 Kilogramm Plutonium (Pu 239) gezündet wurden, dürfte man im ersten Moment eigentlich – zieht man die Wirkung der »Fat Man«-Atomwaffe, die über Nagasaki abgeworfen wurde, als Vergleich heran – mit einer großflächigen Zerstörung rechnen.

---

* Allgemeine Erklärungen zu diesem Programm finden sich unter: *https://www.techbook.de/easylife/web/nukemap-atombombe-simulation*

Allerdings muss das nicht der Fall sein, zumal man davon auszugehen hat, dass die Waffen, die beim Auschwitz-Experiment zur Anwendung gelangten, vielleicht nur Prototypen waren, die also, wie bei solchen üblich, noch bestimmte Mängel aufwiesen, die sich unter anderem darin äußern konnten, dass sie nicht mit voller Leistung detonierten. Es kann aber auch noch andere Gründe für eine Begrenzung der Effekte einer Atomwaffendetonation geben. Wir werden gleich noch einmal darauf zu sprechen kommen.

Ganz allgemein darf erst einmal festgestellt werden, dass die Probleme hinsichtlich der Wirkungen einer detonierenden Plutoniumbombe bereits bei den Angaben zur Menge des eingesetzten Plutonium-Bomben-Materials beginnen. Die »Fat Man« ist dafür das beste Beispiel.

Zur Erklärung: In älteren Darstellungen findet man für die Nagasaki-Bombe die Information, dass in ihr 10 – 15 Kilogramm Pu-239 eingesetzt wurden. Verlässt man sich auf diese Angabe, würde natürlich die für die Auschwitz-Plutoniumbomben angegebene Menge von jeweils 4,5 Kilogramm deutlich zu gering erscheinen, sodass man die Glaubwürdigkeit des Berichtes bereits von dieser Seite her infrage stellen könnte. Würde man dies tun, hätte man allerdings vorschnell gehandelt, denn im Laufe der Jahre wurde dieser ursprüngliche Wert immer weiter nach unten korrigiert, wofür die deutsche *Wikipedia* das beste Beispiel ist, schreibt sie doch aktuell zur »Fat Man«-Ladungsmenge:

> »6,2 kg Delta-Phase-Plutonium-Legierung (überw. ^{239}Pu, sehr geringe Menge an Gallium).«*

---

* *https://de.wikipedia.org/wiki/Fat_Man* (abgerufen am 24. April 2019).

Und die Internetseite *Atomwaffen A – Z* informiert:

> »Für eine präzise funktionierende Plutoniumbombe muss der Gehalt des Isotops 239 mindestens 93 Prozent betragen (Waffen-Plutonium). Es lassen sich aber auch mit zivil wiederaufbereitetem Plutonium (Reaktor-Plutonium) Sprengköpfe herstellen. Die Internationale Atomaufsichtsbehörde schätzt die dazu benötigte Menge auf acht Kilogramm. Das Natural Resources Defense Council in Washington widerspricht: Selbst bei relativ geringem technischen Wissen genügen bereits drei Kilogramm Waffen-Plutonium. Bei hohem Know-how reicht sogar ein Kilogramm. Eine solche Miniaturbombe könnte ein ganzes Stadtzentrum verwüsten. Es gilt aber als unwahrscheinlich, dass sich dieses hohe Know-how außerhalb der Militärlabors der Supermächte entwickeln lässt. (Quelle: *Focus Online*, 19.9.1994).«*

Bevor man den Überblick verliert, weil sich nicht einmal die Experten einig zu sein scheinen, sei noch hinzugefügt, dass die Autoren früherer Darstellungen möglicherweise immer die kritische Masse im Blick hatten, die für Plutonium 239 nach heutigen Angaben bei 10,0 Kilogramm liegt.* Allerdings nur, wenn die Bombe keinen Reflektor enthält. Besitzt sie diesen, so liegt die kritische Masse bei 5,42 Kilogramm.**

Die Internetseite *Chemie.de* schreibt zum Thema »unreflektierte und reflektierte kritische Masse«:

---

* *https://www.atomwaffena-z.info/glossar/p/p-texte/artikel/f0c7-cec1c2/plutonium-bombe.html* (abgerufen am 26. April 2019).

** *https://www.chemie.de/lexikon/Kritische_Masse.html* (abgerufen am 26. April 2019).

*** Ebenda.

> »Je höher die Dichte, desto geringer ist die kritische Masse. Die geringste kritische Masse hat ein Objekt, wenn es kugelförmig ist. Ein Neutronenabsorber vergrößert die kritische Masse, ein Moderator verringert sie, ebenso ein Reflektor wie zum Beispiel Beryllium, Wolframcarbid oder Uran-238.«*

Weil es so gut passt, sei an dieser Stelle erwähnt, dass wir bereits vor mehr als 15 Jahren darauf hinwiesen, dass das Reflektormaterial Beryllium im Deutschen Reich produziert wurde:

> »Beryllium und Berylliumoxid, die heute als sehr brauchbare Materialien für einen Neutronenrückstrahlmantel (NRM) gelten, wurden während des Zweiten Weltkrieges ›zufälligerweise‹ in nicht unbeträchtlichen Mengen durch die Degussa produziert, [...] während die USA bei ihrem Manhattan Project kaum Beryllium-Bestände hatten.
> Das kann nur bedeuten, dass die am amerikanischen Atombombenprogramm arbeitenden Wissenschaftler Beryllium als Material für den Neutronenrückstreumantel nicht erkannt hatten, was wiederum heißt, dass sie die hohe Kunst des Atombombenbaus (Reduzierung der Masse des Kernsprengstoffes durch trickreiche technische Verfahren) nicht perfekt beziehungsweise überhaupt nicht beherrschten.
> Deutsche Wissenschaftler müssen jedoch sehr genau über die wahre Natur des Beryllium informiert gewesen sein, sonst hätte sich die Degusssa nicht mit der

* *https://www.chemie.de/lexikon/Kritische_Masse.html* (abgerufen am 26. April 2019).

> Produktion des Materials [...] befasst. Es kann gleichzeitig darauf geschlossen werden, dass in Deutschland der Weg zur Minimierung der kritischen Masse bekannt und damit frei war.«*

Unklar bleibt an dieser Stelle natürlich, ob die Deutschen seinerzeit sogenanntes Waffen- oder Reaktor-Plutonium verwendeten – wir favorisieren das Letztgenannte. Bekannt ist, dass im Deutschen Reich Plutonium mittels eines Reaktors wie auch durch Bestrahlung gewonnen werden konnte.

Insgesamt betrachtet bleiben also viele Fragen offen, deren Klärung möglicherweise auch erläutern würde, weshalb wir auf einigen Wegen der Recherche nicht weiterkamen. So konnten wir bei der Betrachtung der Geländeabschnitte südlich von Auschwitz, wobei wir die westlich und östlich davon gelegenen Areale mit in diese einbezogen, Hinweise auf ein Gebiet, in dem umfangreiche Zerstörungen, wie sie bei der Detonation der »Fat Man«-Plutoniumbombe zu erwarten gewesen wären, nicht finden. Freilich will das nichts heißen, denn, wie gesagt, es ist durchaus möglich, dass weitaus weniger Bombenmaterial in die Kettenreaktion einging und die Bombenwirkung gerade so groß war, dass die aufgebaute Ortschaft damit vernichtet wurde. (Die zur Zündung gebrachten Nuklearwaffen waren ja, wie wir bereits feststellten, kaum mehr als Prototypen, was man schon daran erkennen kann, dass man zwei einsetzte in der Hoffnung, dass wenigstens eine funktionieren möge.) Zudem dürften die Deutschen mit der ihnen bekannten Gründlichkeit dafür gesorgt haben, dass keine oder nur sehr wenige, schwer interpretierbare Spuren

---

* Edgar Mayer und Thomas Mehner: *Hitler und die Bombe. Welchen Stand erreichte die deutsche Atomforschung und Geheimwaffenentwicklung wirklich?*, Kopp Verlag, Rottenburg 2002, Seite 116. Zur Bedeutung des Berylliums siehe auch die Seiten 52–54, 115, 117.

des Versuchs zurückblieben. Zudem ist das Ereignis mehr als 70 Jahre her, und in dieser Zeit kann sich in der Geländestruktur eine Menge verändert haben. Unabhängig davon scheint uns jedoch für ein Szenario, das gerade einmal eine Fläche von 1000 mal 1000 Metern (oder auch 1500 mal 1500 Metern) betrifft, genügend Platz in der erwähnten Gegend zu sein. Zudem wissen wir nichts über die Versuchsbedingungen in Bezug auf die Höhe der Bombenexplosionen über Grund. Wurden die Waffen von einem Flugzeug abgeworfen? Hatte man sie in Höhe des Bodens platziert? Oder waren sie gar ins Erdreich, in den Untergrund, versenkt worden? Nichts davon ist bekannt. Genauso unbekannt ist, ob es zu einer Kraterbildung kam. Sollte ein solcher entstanden sein, wurde er sicherlich zugeschüttet, um diese auffällige Spur zu verwischen.

Wir folgten auch anderen Spuren: Wie wir in diesem Kapitel wissen ließen, soll einer derjenigen, die im Bunker saßen und das Auschwitz-Experiment aus sicherer Entfernung beobachteten, Joseph Goebbels gewesen sein, dessen Name uns im Nachgang genannt wurde.

In den uns vorliegenden Joseph-Goebbels-Tagebüchern* fanden wir für den 27. Oktober 1944 keinen Hinweis, wo sich der deutsche Propagandaminister aufhielt. Goebbels Eintragungen beschränkten sich auf den 12., 24. und 29. Oktober 1944; der nächste Eintrag erfolgte am 2. Dezember 1944. Andere herangezogene Zeitübersichten ergaben ebenfalls keine Klärung dieser Frage. Wir prüften daraufhin, ob Goebbels am 27. oder 28. Oktober 1944 möglicherweise bei Hitler war, indem wir zu ermitteln versuchten, wen der Reichskanzler an diesem Tag getroffen beziehungsweise welches Programm er

---

* Band 5: 1943–1945, R. Piper GmbH & Co. KG, 2. Auflage, München, Oktober 1992

absolviert hatte.* Doch von Goebbels keine Spur; wir kamen bei der Klärung der Frage, wo er sich am 27. oder 28. Oktober 1944 aufgehalten hatte, nicht weiter.

Unabhängig von dieser unserer Feststellung wird es vielleicht anderen gelingen, herauszufinden, wo sich Goebbels in besagtem Zeitraum befand. Ob das allerdings der Weisheit letzter Schluss ist, ist schwer zu beurteilen, denn einige Zeitzeugen, mit denen wir vor Jahren zu tun hatten, wiesen uns darauf hin, dass man im Dritten Reich, sofern dafür die Notwendigkeit bestand, auch die Dienstkalender oder Tagebücher bedeutender Personen »zurechtfrisierte« oder fälschte, um bestimmte Vorgänge, Besuche oder eben Aufenthaltsorte im Dunkeln zu lassen. Uns würde das, um ehrlich zu sein, nicht wundern, mussten wir doch im Laufe unserer Recherchen auch immer wieder feststellen, dass bestimmte wichtige Personen, die beispielsweise (angeblich) bei einem Bombenangriff zu Tode kamen, in Wirklichkeit noch am Leben waren und ihre wichtigen Aufgaben fortführten, ohne weiter im Fokus des Interesses der Alliierten zu stehen. Eines dieser Beispiele präsentierten wir in unserem ersten Buch in Form eines Generals mit einem unaussprechlichen Namen.

Was uns allerdings beim Studium der Goebbelschen Eintragungen auffiel, war, dass in den Wochen nach dem 27. Oktober 1944 etwas Erstaunliches mit Hitler vor sich ging, der, nachdem er zunächst auf Goebbels aufgrund der gesamten Kriegslage ziemlich niedergeschlagen wirkte, ja sogar krank gewesen war (weshalb sich der Propagandaminister große Sorgen machte), nunmehr plötzlich neue Kraft und Zuversicht geschöpft hatte, also quasi wie Phönix aus der Asche stieg.

---

* Harald Sandner, *Hitler. Das Itinerar. Aufenthaltsorte und Reisen von 1889 bis 1945, Band IV, 1940–1945*, Berlin Story Verlag, 4. korrigierte Auflage, 2017.

Goebbels formulierte dazu wörtlich in seinem Tagebucheintrag vom 2. Dezember 1944 das Folgende:

> »Gestern: [...] Ich kann immer nur wieder mit tiefster Freude feststellen, dass der Führer ein ganz anderer geworden ist. Man erkennt ihn kaum wieder. Wenn ich mir noch vorstelle, dass ich ihn vor einigen Wochen noch so krank und hinfällig im Bett antraf, wo er allerdings auch schon dieselben großen Pläne entwickelte, allerdings nicht mit der Verve, wie das heute geschieht, dann kann ich nur sagen, **dass sich an ihm ein Wunder vollzogen hat**. Er steht wieder voll auf der Höhe der Situation und bietet ein mitreißendes Vorbild nationalsozialistischen Kämpfertums. Er ist, wie er mir erzählt, jetzt gerade dabei, seiner militärischen Umgebung wieder Vertrauen einzuflößen; denn die ganze Generalität ist natürlich durch die vergangenen Rückschläge so deprimiert, dass sie überhaupt an die Möglichkeit eines großen Sieges nicht mehr recht zu glauben vermag.« (Hervorhebung durch die Autoren)

Fürwahr: Die seinerzeitige Kriegslage (in der zweiten Jahreshälfte 1944) bot keinerlei Grund für Optimismus. Sieht man sich allein einmal die Situationsbeschreibung für den 26., 28. und 29. Oktober 1944 an, so gab es hinsichtlich der Lage des Deutschen Reiches kaum etwas anderes als bedrohlich klingende Botschaften. Die Angloamerikaner bombardierten bedeutende deutsche Städte mit Tausenden von Tonnen Bomben, weil die Deutschen nicht mehr über die Lufthoheit verfügten:

> »26. Oktober: Die 8. US-Luftflotte setzt am Tage ihre Luftoffensive gegen Deutschland fort. Hannover wird

> mit 776 Tonnen belegt, der Mittelland-Kanal mit 760 Tonnen Bomben angegriffen. Weitere Angriffsziele sind Münster und Bielefeld.«*

> »28. Oktober 1944: In der Nacht zum 28. Oktober greifen schnelle britische Kampfflugzeuge Berlin an. Am Tage werfen britische Flugzeuge 2699 Tonnen Bomben auf Köln. Außerdem werden Münster und Hamm erneut angegriffen.«**

> »29. Oktober 1944: In der Nacht zum 29. Oktober werfen britische Flugzeuge Bomben auf Köln und München. Amerikanische Bomberverbände richten am Tage einen weiteren schweren Angriff gegegen München, während britische Flugzeuge in den Abendstunden ihren Angriff gegen Köln erneuern.«***

Was also war geschehen, dass Hitler nunmehr wieder der Meinung war, dass sich das Kriegsglück wenden lasse? Für uns steht fest: Dieser gewandelte Hitler war die Folge des erfolgreichen Tests einer Waffe, die es erlaubte, selbst mit einem übermächtigen Feind fertigzuwerden, und deren Vorhandensein ihn erneut an den (End-)Sieg glauben ließ.

Kurz vor Drucklegung des Buches erreichte uns noch ein Hinweis von Heiko Petermann, Mitautor des Buches *Hitlers Bombe* (zusammen mit Dr. Rainer Karlsch) zum Thema. Diesem zufolge wurde bereits im Jahr 2006 bei Recherchen im

---

* Manfred Overesch: *Das III. Reich. 1939–1945. Eine Tageschronik der Politik • Wirtschaft • Kultur*, Weltbild Verlag GmbH, Augsburg 1993, S. 548.

** Ebenda, S. 549.

*** Ebenda, S. 549.

Dokumentationsarchiv des Österreichischen Widerstandes ein merkwürdiges Detail gefunden, und zwar im Zusammenhang mit dem in Auschwitz tätigen KZ-Arzt Hans Münch,* der nach dem Krieg vor Gericht gestellt, aber freigesprochen wurde, und einem Ungarn, der unter ihm arbeitete.

Münch galt, so hieß es in der Information, als human, und ihm wurde die Rettung vieler Juden, die unter seiner Leitung im Hygenieinstitut der Waffen-SS** im Konzentrationslager Auschwitz standen, zugeschrieben.

Der unter Münch arbeitende Ungar war selbst Arzt und Forscher, es handelte sich bei ihm um den Physiologen Prof. Dr. Gezo Mansfeldt. Nach dem Krieg schrieb er an Münch, der 1947 in einem Auschwitz-Sammelprozess in Krakau vor Gericht gestellt wurde, um ihn a) zu unterstützen und b) um von seinen Erfahrungen bei der Zusammenarbeit mit der sowjetischen und polnischen Kommission zur Untersuchung der Verbrechen des Nationalsozialismus zu berichten. Dabei erwähnte er Folgendes:

> »Ich war der einzig lebende Zeuge, der über das Hygieneinstitut Bescheid wusste, und so wurde ich mindestens 2–3 Mal wöchentlich einem Verhör unterzogen und musste freilich einige Mal, aber jetzt schon im feinen Auto, nach Rajsko fahren, um dort alles zu zeigen. Die verschiedenen wissenschaftlichen Kommissionen waren nur schwer davon zu überzeugen, dass dort nicht giftiges Gas und dergleichen fabriziert wurde, **und was man eigentlich vermutete, wurde mir erst viel später klar, als ich von den Atombombenver-**

---

* *https://de.wikipedia.org/wiki/Hans_M%C3%BCnch Münch* (abgerufen am 13. Mai 2019).

** *https://de.wikipedia.org/wiki/Hygiene-Institut_der_Waffen-SS* (abgerufen am 13. Mai 2019).

> **suchen erfuhr.** Auch sonst war ich für die Untersuchungskommission eine ziemliche Enttäuschung [...].«*
> (Hervorhebung durch die Autoren)

Leider wurde der Ungar nicht konkreter in seiner Aussage, sodass wir feststellen müssen, dass in Bezug auf den Zusammenhang IG Farben/Auschwitz/Atomversuche zwar ein weiteres Indiz geliefert wurde, jedoch kein Beweis. Dieses Indiz reiht sich allerdings ein in die Reihe der bereits vorhandenen, die – jeweils für sich, also isoliert, betrachtet – ungewöhnlich und fremdartig klingen, in ihrer Zusammenschau aber auf ein Ereignis hinweisen, das bis heute weitestgehend unbekannt geblieben ist und immer noch mehr als Gerücht denn als Fakt existiert.** Eventuell sind Leser dieses Buches in der Lage, bei der Klärung des Sachverhaltes irgendeine Hilfestellung zu geben. Wenn es diesen grausamen Test tatsächlich gab und dabei 20 000 Menschen ihr Leben lassen mussten, dann

---

* Professor Dr. Gezo Mansfeldt, Professor of [the] Physiological Institute of the University of Budapest, to Hans Muench, 5/12/46, USHMM 1998. A.0247: Roll 8. (Archiv Heiko Petermann)

** Möglicherweise ließen sich weitere Hinweise auf das Auschwitz-Experiment in den Unterlagen des Krakauer Auschwitzprozesses (*https://de.wikipedia.org/wiki/Krakauer_Auschwitzprozess*) finden. Oder aber in den Prozessakten der in den Jahren 1946 bis 1949 vom Office of the US Chief of Counsel for War Crimes (OCCWC) auf den Weg gebrachten zwölf Nachfolgeverfahren zum Prozess gegen die Hauptkriegsverbrecher. Hier besonders Fall 1: Ärzteprozess (*https://de.wikipedia.org/wiki/N%C3%BCrnberger_%C3%84rzteprozess*), der schon erwähnte Fall 4: Prozess Wirtschafts-Verwaltungshauptamt der SS (*https://de.wikipedia.org/wiki/Prozess_Wirtschafts-Verwaltungshauptamt_der_SS*) oder der Fall 6: IG-Farben-Prozess (*https://de.wikipedia.org/wiki/Prozess_Wirschafts-Verwaltungshauptamt_der_SS*). (Alle vier *Wikipedia*-Links wurden am 13. Mai 2019 abgerufen.) Angesichts des Umstandes jedoch, dass in dem von uns vorgestellten Bericht die Rede davon war, dass unliebsame Zeugen des Experiments in Nürnberg eliminiert wurden, haben wir nur eine geringe Hoffnung, irgendwelche anderen Beweise, zum Beispiel in Form von Dokumenten, zu finden.

wird es nach mehr als 70 Jahren höchste Zeit, deren Schicksal aufzuklären.

Auch wenn die Faktizität des in diesem Kapitel vorgestellten Berichts (derzeit) nicht beweisbar ist, so fügt er sich dennoch logisch ein in das, was bisher bekannt geworden ist:

- Fakt ist, dass die IG Farben in Auschwitz ein großes Werk errichtete – mit welchem Hintergrund auch immer.
- Fakt ist ebenso, dass der deutsche Wissenschaftler Paul Harteck wusste, dass die IG Farben über ein Verfahren verfügte, das in Bezug auf eine bestimmte Verfahrenstechnik, die mit der Nukleartechnologie zu tun hatte, genial einfach und effizient war.
- Fakt ist letztlich auch, dass während des Nürnberger Hauptkriegsverbrecherprozesses Justice Robert H. Jackson Albert Speer die Frage nach einem Versuch bei Auschwitz stellte, der 20 000 Juden verschwinden ließ.

Diese Jacksonsche Frage ist eine der Seltsamkeiten in der Zeitgeschichtsschreibung, die – wären die Amerikaner wirklich clever gewesen – eigentlich hätte niemals auftauchen dürfen. Weshalb musste der amerikanische Richter überhaupt auf ein ihm vorliegendes Dokument eingehen, das dann später in den Akten aber nirgends auftauchte? Konnte er Speer nicht auf ein »kursierendes Gerücht«, das ihm durch irgendwelche Zeugen zu Ohren gekommen war, ansprechen? Was immer die Gründe für diese merkwürdige Handhabe gewesen sein mögen – im Nachhinein war das Ganze eine Aktion, die den ursprünglichen Zweck, nämlich darzustellen, dass die Deutschen nicht an der Atombombe arbeiteten, ins Gegenteil verkehrte und heute von uns unter dem Etikett »dumm gelaufen« archiviert werden muss. Seltsamerweise ist dieser Vorgang keinem Historiker aufgefallen, alle haben das Stattgefundene und von Speer in Bezug auf die deutsche Atomforschung Erwähnte so akzeptiert und nicht nachgefragt.

Abschließend müssen wir in Bezug auf das sogenannte Auschwitz-Experiment feststellen, dass hier noch vieles im Argen liegt. Hinweise, dass es diesen grauenhaften Versuch gab, sind vorhanden – nur ist diesen bis dato niemand wirklich nachgegangen. Spielt das Schicksal der damals zu Tode Gekommenen keine Rolle? Oder hat man, insbesondere in Deutschland, Angst, sich wegen dieses besonderen Kriegsverbrechens erneut moralisch verantworten zu müssen?

Die Vergangenheit kann niemand ändern. Der Zweite Weltkrieg zeigte die satanische Fratze der gesamten Zivilisation – nicht nur die derjenigen, die auf deutscher Seite Verbrechen begingen. Das nächste Kapitel wird dokumentieren, dass auch die Angloamerikaner Planungen vorantrieben, die aufgrund ihrer Menschenfeindlichkeit fassungslos machen.

»Unbesiegbarkeit liegt in der Verteidigung. Die Möglichkeit des Sieges liegt im Angriff.«

SUN TZU
(chinesischer General)

Update 3: Die deutsche Angst vor dem Giftgaseinsatz durch die Alliierten

Eine der uns am häufigsten gestellten Fragen in Bezug auf die deutsche Atombombe lautet, weshalb diese nicht eingesetzt wurde, wenn sie denn vorhanden war.

Will man eine stark vereinfachte und schnelle Antwort geben, dann muss man darauf verweisen, dass die deutsche Führung über die Konsequenzen eines solchen Einsatzes informiert war, wollten doch die Alliierten gedroht haben, im Falle der Verwendung einer solchen Waffe, beispielsweise gegen London, all ihre Flugzeuge in Nordafrika zu versammeln (es war von bis zu 15 000 Maschinen die Rede), diese mit Giftgasbehältern zu versehen und sie dann nach Deutschland fliegen zu lassen, wo das toxische Gas über Großstädten wie auch anderen Ansiedlungen versprüht werden sollte.

Adolf Hitler, der während des Ersten Weltkrieges selbst äußerst negative Erfahrungen mit Giftgas gemacht hatte, konnte sich durchaus vorstellen, dass dies den Tod von Millionen Menschen nach sich ziehen würde. Genau aus diesem Grund hatte er unseres Erachtens die Bomben zurückgehalten. Nachdem allerdings Dresden durch völlig sinnlose Terrorangriffe der Angloamerikaner zerstört worden war, meinte er, nunmehr eine Art Götterdämmerung heraufbeschwören zu müssen – er wollte die Nuklearwaffen des Reiches einsetzen. Allerdings hatte er dabei die Rechnung ohne den deutschen Widerstand gemacht, der die Atombomben kontrollierte und zurückhielt, aber wohl selbst eingesetzt hätte, wenn der Anschlag auf Hitler in der Wolfsschanze geglückt wäre. Das ist aber eine ganz andere Geschichte.

Im Laufe der Jahre wurden wir auch immer wieder darauf angesprochen, ob die von uns kolportierte Darstellung eines konzentrierten Giftgasangriffes der Alliierten auf Deutschland von Nordafrika aus durch Dokumente belegbar sei. Alles, was wir dazu sagen können, ist, dass diese Geschichte in einigen Büchern dargestellt wurde, die ihrerseits aber auch keine genaue Quellenangabe vermittelten.

Letztlich tut dies aber auch nichts zur Sache, denn der Wille der Alliierten, Giftgas gegen Deutschland in großem Maßstab zu verwenden, wobei es Millionen Tote und Verwundete gegeben hätte, ist anderweitig dokumentierbar, und der Einsatz wäre wohl auch erfolgt, hätten die Gegner Deutschlands nicht selbst ein Desaster diesbezüglich erlebt, das einerseits viele unschuldige Opfer forderte und andererseits den ausgeschlafenen Zustand der deutschen Abwehr und Aufklärung aufzeigte: das Bari-Desaster.* Nach der Katastrophe, die wir nun etwas ausführlicher vorzustellen gedenken, wurde diese von amerikanischer Seite unter Geheimhaltung gestellt, war sie doch alles andere als ein Ruhmesblatt für diese, wohl aber

---

* Zu dem Angriff der deutschen Luftwaffe auf den Hafen von Bari und den daraus resultierenden Folgen gibt es eine Reihe von Darstellungen. In Buchform zum Beispiel: Glenn B. Innfield: *Disaster at Bari*, MacMillan Publishing Company, 1. Auflage Juni 1971. (Ein Auszug aus dem Buch findet sich im Internet unter: *https://www.americanheritage.com/disaster-bari-0* [abgerufen am 26. April 2019].) Oder Gerald Reminick: *Nightmare in Bari: The World War II Liberty Ship Poison Gas Disaster and Coverup*, Glencannon Press, 2008. Im Internet wird über die Katastrophe berichtet unter: *http://homebrewedmojo.blogspot.com/2018/12/air-raid-at-bari.html*, *https://www.wikitree.com/wiki/Space:Bari_Raid_in_World_War_II* (mit zahlreichen Bildern) oder auch *https://ww2days.com/mustard-gas-tragedy-in-bari-harbor.html* (jeweils abgerufen am 26. April 2019).

ein Top-Beweis für ihre grausamen Planungen gegenüber dem Deutschen Reich und seinen Menschen.

In den Jahrzehnten nach dem Krieg wurde versucht, dieses Desaster »Made in USA and Great Britain« in seiner Bedeutung zu verniedlichen beziehungsweise herunterzuspielen, aber wir meinen, dass es an der Zeit ist, die Dinge beim Namen zu nennen: Die Deutschen, denen man nach dem Krieg eine Kollektivschuld einzureden versuchte, haben durchaus das Recht, mit dem Finger auch einmal auf andere zu zeigen, deren Moral und Menschlichkeit sich ja unter anderem im Einsatz angeblich eigener Nuklearwaffen gegen Japan zeigte – und das gleich zwei Mal! –, sodass man nur von einem dahinterstehenden bösartigen Plan sprechen kann.

* * *

Am Nachmittag des 2. Dezember 1943 steuerte ein deutsches Aufklärungsflugzeug vom Typ Messerschmitt Me-210 über dem Hafen von Bari, der im Südosten Italiens liegt. Die Maschine flog in einer Höhe von knapp 7000 Metern und erzeugte dabei einen verräterischen Kondensstreifen, der die gegnerischen Flakmannschaften eigentlich hätte beunruhigen müssen, doch diese sahen in der Einzelmaschine offenbar keinerlei Bedrohung. Völlig unbehelligt zog die Me-210 noch ein zweites Mal über die 200 000-Einwohner-Stadt hinweg, bevor sie in Richtung Norden davonflog und den Blicken derjenigen, die sie vom Boden aus wahrgenommen hatten, entschwand. Der deutsche Pilot hatte genug gesehen.

Was Bari selbst anging, so war die Hafenstadt während des Krieges kaum attackiert worden, weil die Alliierten sie für den Fall des Angriffs auf Europa beziehungsweise das Deutsche Reich als Schiffsanlandeplatz für ihre Militär- und Gütertransporte benötigten.

Italien hatte Ende September 1943 gegenüber den Alliierten kapituliert und war am 13. Oktober desselben Jahres gegen Deutschland in den Krieg eingetreten. Die Italiener hatten offensichtlich kein Problem mit einem solch abrupten Seitenwechsel.

Als das Jahr 1943 zu Ende ging, wurde Baris mittelalterliche Beschaulichkeit geradezu erschüttert durch die Aktivitäten der Briten und Amerikaner, die Dutzende von Tonnen Militärmaterial und Versorgungsgüter herantransportierten. Allein am 2. Dezember bewegten sich mindestens 30 Schiffe in den Hafen, sodass man schon befürchtete, sie würden miteinander kollidieren.

Der Hafen selbst stand unter der Gerichtsbarkeit der Briten, unter anderem deshalb, weil Bari die Hauptlieferbasis für die Achte Armee unter General Bernard Law Montgomery war. Aber die Stadt war auch der neu benannte Sitz der amerikanischen Fünfzehnten Luftwaffe, die im November dieses Jahres aktiviert worden war. Ihre Hauptaufgabe bestand darin, Ziele auf dem Balkan, in Italien und vor allem in Deutschland zu bombardieren. Der Kommandant der Fünfzehnten, Generalmajor James H. Doolittle, war am 1. Dezember in Bari eingetroffen.

Neben dem üblichen Kriegsmaterial brachten die Schiffe, die in Bari anlandeten, vor allem Treibstoff für Doolittles Bomber und andere dringend benötigte Vorräte. Die Wahl von Bari als Hauptsitz der Fünfzehnten Luftwaffe hatte zur Folge, dass auch rund 200 Offiziere, über fünfzig zivile Techniker und mehrere Hundert Soldaten in der Stadt stationiert wurden. Sie alle waren mit der Aufgabe des Materialtransportes und der -verteilung so sehr beschäftigt, dass kaum jemand von ihnen daran glaubte, dass die Deutschen einen Angriff auf den Hafen versuchen könnten. Glaube ist jedoch, wie die Erfahrung lehrt, kein Wissen.

Die hin und wieder zu beobachtenden deutschen Aufklärungsflüge über Bari hatte man zuerst beantwortet, indem man ein paar britische Flakbatterien einige Runden feuern ließ. Da aber keine direkte militärische Bedrohung zu erkennen war und man zudem die Auffassung vertrat, dass die deutsche Luftwaffe geschwächt war, ignorierte man die deutschen Maschinen am Himmel irgendwann völlig. Freilich gab es Kritik an dieser Maßnahme, und manche Offiziere meinten, die Vernachlässigung der Sicherheitsmaßnahmen könne unangenehme Folgen haben. Der für die Verteidigung des Hafens zuständige britische Armeekapitän A. B. Jenks informierte beispielsweise darüber, dass die Vorbereitungen für die Abwehr einer deutschen Attacke völlig unzureichend seien. So habe man keinerlei Maßnahmen ergriffen, um im Falle eines Falles einen durch feindlichen Beschuss oder gegnerisches Bombardement auftretenden Stromausfall zu kompensieren. Stattdessen wurden die Schiffe sogar des Nachts entladen und die betreffenden Hafenbereiche beziehungsweise Docks taghell erleuchtet, sodass das Ganze wirkte wie eine Weihnachts- oder Festtagsillumination in sonst dunkler Nacht.

Um die Sorglosigkeit und Besserwisserei bestimmter Vorgesetzter geradezu zu betonieren, hielt der zweithöchste britische Luftwaffenoffizier, Air Marshal Sir Arthur Coningham, am Nachmittag des 2. Dezember gar eine Pressekonferenz ab, auf der er den anwesenden Journalisten versicherte, dass die deutsche Luftwaffe in Italien besiegt und deshalb ein Angriff dieser auf den Hafen von Bari nicht zu erwarten sei. Coningham verstieg sich sogar in der Behauptung, dass er es als persönliche Beleidigung empfände, sollten die Deutschen doch einen Angriff wagen.

Im Hafen von Bari warteten Frachtschiffe und Tanker darauf, entladen zu werden. Unter ihnen befand sich auch die *John Harvey*, die von Kapitän Elwin F. Knowles befehligt wurde. Niemand vermutete in Bezug auf dieses Schiff etwas Ungewöhnliches oder Besonderes. Tatsächlich war ein Großteil ihrer Ladung auch rein konventioneller Natur, nämlich Ausrüstungsgüter, Munition und Lebensmittel für die kämpfende Truppe. Was kaum jemand, nicht einmal der Kapitän wusste: Das Schiff beförderte zudem eine tödliche Geheimladung. An Bord befanden sich mindestens 100 Tonnen Senfgasbomben (*Der Spiegel* sollte in einem im Oktober 1988 erschienenen Artikel sogar von 540 Tonnen sprechen; dazu später mehr). Diese waren, so wurde später wahrheitswidrig behauptet, als Vorsichtsmaßnahme auf den europäischen Kontinent transportiert worden für den Fall, dass die Deutschen ihrerseits zu Methoden der chemischen Kriegsführung greifen sollten – und zwar als Erste. Die zuständigen Stellen der Alliierten vertraten in diesem Zusammenhang die Meinung, dass die Deutschen, die sich nach der Niederlage in Stalingrad in der Defensive befanden, auf Giftgas zurückgreifen würden, um sich des Ansturms ihrer Gegner zu erwehren. Das Ganze war kaum mehr als ein taktisches Geplänkel, mit dem man den Eindruck erwecken wollte, dass man bemüht war, eine Eskalation der Lage zu verhindern.

US-Präsident Franklin D. Roosevelt gab, dazu passend, eine Grundsatzerklärung heraus, in der er die Verwendung von Gas durch jede zivilisierte Nation scharf verurteilte, dennoch aber versprach, dass die USA in gleicher Weise antworten würden, wenn der Feind es wagte, zuerst derartige Waffensysteme einzusetzen. Was von solchen Verlautbarungen aus Washington zu halten ist, dürften gerade die Deutschen am besten einzuschätzen wissen: Wir möchten hier nur an das 14-Punkte-Programm eines US-Präsidenten Wilson im Zusammenhang mit der Beendigung des Ersten Weltkriegs erinnern. Die Deutschen verließen sich darauf und zahlten teuer dafür. Wer den USA vertraut, der hat auf Sand gebaut.

Für den Moment nur so viel: Die Giftgastransporte nach Europa waren Teil eines US-Planes namens G-Day, mit dem Deutschland zur Beendigung des Krieges gezwungen werden sollte. Wir werden darauf zurückkommen.

Als die Bomben mit dem Senfgas an Bord der *John Harvey* verladen wurden, fiel das nicht auf, wirkten sie doch wie konventionelle Sprengbomben. Niemand machte sich deshalb Gedanken, schließlich herrschte Krieg, und Bomben waren nun einmal etwas, was die Verlade- wie auch Schiffsmannschaften regelmäßig zu Gesicht bekamen. Da die Lieferung der Senfgasbomben unter Geheimhaltung stand, wurde auch der Kapitän des Schiffes, Knowles, nicht informiert. Das Einzige, was einen Verdacht hätte erregen können, war die Tatsache, dass sieben Mann mit der Ladung an Bord kamen, die offensichtlich unterrichtet waren, was die Bomben enthielten. Aber die Schiffsbesatzung machte sich darüber keine allzu großen Gedanken, der Alltag und die Hoffnung, die Fahrt auf Hoher See unter Kriegsbedingungen zu überleben, setzte andere Prioritäten.

Die *John Harvey* überquerte den Atlantik ohne Zwischenfälle. Nach einem Zwischenstopp in Oran, Algerien, fuhr das Schiff nach Augusta, Sizilien, bevor es Kurs Richtung Bari einschlug. Ursprünglich war vorgesehen, die problematische und geheime Ladung des Schiffes unmittelbar nach der Anlandung in Bari zu löschen – das Schiff erreichte den Hafen am 26. November –, doch das funktionierte nicht, waren doch dort Dutzende Schiffe eingelaufen, die ebenfalls auf ihre Entladung warteten. Da niemand bei den Hafenbehörden über die besondere Ladung der *John Harvey* unterrichtet war, wurde ihr keine Priorität zuerkannt, und das Schiff musste die darauffolgenden 5 Tage am Pier 29 vor Anker liegen bleiben. Der Kapitän versuchte zwar, die Dinge zu beschleunigen, fand aber bei den Beamten der Hafenverwaltung kein Gehör, zumal er keinen Grund vorbringen konnte, weshalb gerade sein Schiff vorrangig behandelt werden sollte.

In dieser Zeit hatte der eingangs beschriebene deutsche Aufklärungsflug stattgefunden, und der positive Bericht des Piloten sollte die Dinge in Gang setzen, die schließlich in der Attacke auf Bari gipfelten. Der Bari-Angriff war das Ergebnis einer Planungssitzung zwischen dem Generalfeldmarschall der Luftwaffe, Albert Kesselring, und seinen Untergebenen. Bei dieser wurden zunächst Flugplätze der Alliierten bei Foggia als mögliche Ziele ins Auge gefasst, aber die Ressourcen der Luftwaffe reichten nicht aus, um einen solch großen Zielkomplex erfolgreich bombardieren zu können.

Es war Generalfeldmarschall Wolfram von Richthofen, Kommandant der Luftflotte 2, der Bari als Alternative vorschlug. Wolfram von Richthofen, ein Cousin des berühmten Flieger-Asses Manfred von Richthofen aus dem Ersten Weltkrieg, war ein erfahrener Offizier, der in Polen und der Sowjetunion sowie in der Schlacht um Großbritannien gedient hatte. Sein Rat, so wusste Kesselring, war fundiert. Richthofen glaubte, dass, wenn der Hafen lahmgelegt würde, der Vormarsch der Britischen Achten Armee verlangsamt werden könnte und die Bomberoffensive der ihre Tätigkeit beginnenden Fünfzehnten Luftwaffe verzögert würde. Richthofen informierte Kesselring, dass die einzigen seiner Meinung nach für eine solche Aufgabe verfügbaren Flugzeuge seine Junkers-Ju-88-A-4-Bomber seien. Mit etwas Glück könnte er 150 dieser Maschinen für die Angriff zusammenstellen.

Was diesen Angriff priorisierte, war der Umstand, dass die deutsche Aufklärung Hinweise erhalten hatte, denen zufolge sich an Bord der in Bari anlandenden Schiffe chemische Kampfstoffe befanden.

Letztlich standen für die Attacke auf Bari zwar keine 150, sondern lediglich 105 Ju-88-Maschinen zur Verfügung. Die

Verantwortlichen auf deutscher Seite meinten allerdings, dass einerseits das Überraschungsmoment und andererseits der Angriff, wenn er in der Abenddämmerung durchgeführt würde, gute Chancen böte. Darüber hinaus wollte man die britische Luftabwehr in die Irre führen, indem man den Eindruck erweckte, die Hauptmasse der deutschen Flugzeuge käme statt aus nördlicher aus westlicher Richtung. Die Ju-88 wurden auch mit Düppeln versehen, verschieden langen, dünnen Streifen aus Aluminiumfolie, die nach ihrem Abwurf die britischen Radarsysteme störten, indem sie eine Vielzahl von Phantomzielen produzierten.

Die Deutschen kamen mit ihren Flugzeugen gegen 19.30 Uhr in Bari an. Oberleutnant Gustav Teuber, der die erste Welle anführte, konnte seinen Augen kaum trauen: Die Docks waren brillant beleuchtet, und man konnte ohne Schwierigkeiten Details wie geöffnete Schiffsladeräumen erkennen.

Die ersten Bomben trafen Bari selbst, doch die deutschen Piloten reagierten zügig und widmeten sich ihrem eigentlichen Ziel: den circa 30 im Hafen liegenden Schiffen. Die Überraschung war eine vernichtend-totale, und man konnte den Eindruck gewinnen, hier sei ein zweites, wenn auch kleineres, Pearl Harbor im Entstehen. Einige Schiffsgeschützbesatzungen feuerten ihre Geschosse in den Himmel und schlossen sich damit dem Sperrfeuer an, das die Uferbatterien eröffnet hatten. Die Leuchtspurgeschosse durchzuckten den Himmel, waren aber recht wirkungslos.

Dafür war das deutsche Bombardement umso erfolgreicher. Ein Schiff nach dem anderen wurde getroffen. Der Hafen verwandelte sich in eine Hölle: überall Flammen, Rauch, Explosionen.

Die Besatzung der *John Harvey* versuchte ihr Möglichstes, um das Schiff zu retten. Es war noch relativ intakt, da es keinen direkten Bombentreffer erhalten hatte. Es hatte aber Feuer gefangen. Ohne die geringste Vorwarnung explodierte die *John Harvey* schließlich, um in einem gewaltigen Feuerball zu verschwinden, aus dem Teile des Schiffes und der Ladung herausgeschleudert wurden. Alle, die an Bord waren, wurden sofort getötet, während die Druckwelle Personen, die im Bereich des Hafens aus der Katastrophe zu fliehen versuchten, wie Pappfiguren umwarf.

Wäre es nur diese Druckwelle gewesen, die die Menschen verletzte, hätte man den Angriff auf Bari in der Geschichtsschreibung als einen Fall von vielen eingeordnet. Doch nun bemerkten einige in unmittelbarer Nähe befindliche Personen, dass sie Atembeschwerden bekamen. Ein Betroffener sagte: »Ich rieche Knoblauch« – ein verräterisches Zeichen für das Auftreten von Senfgas, von dem schließlich Hunderte, wenn nicht gar Tausende betroffen sein sollten.

Der deutsche Angriff, der unter nur geringen Verlusten vorgetragen wurde, dauerte etwa 20 Minuten und übertraf alle Erwartungen. Siebzehn Schiffe wurden versenkt und weitere acht wurden beschädigt. Die Amerikaner erlitten dabei die höchsten Verluste. Die Briten büßten vier Schiffe ein, die Italiener drei, die Norweger ebenfalls drei und die Polen zwei.

Erst am nächsten Morgen zeigte sich, wie schwer das deutsche Bombardement gewesen war – überall herrschten Chaos und Verwüstung. Große Teile von Bari waren in Schutt und Asche gelegt worden, insbesondere die mittelalterliche Altstadt. Teile dieser und des Hafens brannten noch immer, und eine dicke Wand aus schwarzem Rauch hing am Himmel. Die Verluste an Toten und Verwundeten unter dem Militärpersonal und den Seeleuten belief sich auf mindestens tausend. Drei Viertel von ihnen, also 800, wurden in umliegende Krankenhäuser gebracht. Welchen Blutzoll die Zivilbevölkerung zu bezahlen hatte, ist nie genau ermittelt worden. Vorsichtige Schätzungen gehen von etwa tausend Opfern aus. Wahrscheinlich aber waren es mehr.

Dabei hatte man – so schien es jedenfalls zunächst – noch Glück im Unglück. Bari war nämlich der Standort mehrerer Militärkrankenhäuser und mit ihnen verbundener Hilfseinrichtungen. Hier befanden sich zum Beispiel das 98th British General Hospital und das 3rd New Zealand Hospital. Diese nahmen viele der Senfgasopfer auf, wobei die behandelnden Ärzte allerdings keinerlei Ahnung hatten, dass die Eingelieferten durch Senfgas geschädigt worden waren. Deren Zustand verschlechte sich zusehends: Die Augen schwollen an, es bildeten sich Hautveränderungen, und die Patienten litten unter massiven Atembeschwerden. Das Krankenhauspersonal schien angesichts dieser unbekannten Krankheit hilflos. Als die ersten Opfer zu sterben begannen, vermuteten die Ärzte zwar, dass die Ursache eine Art chemischer Wirk- oder Kampfstoff sei, aber Genaues wussten sie nicht. Einige Mediziner spekulierten, dass die Deutschen doch auf chemische Kriegsführung zurückgegriffen hätten. Eine entsprechende Nachricht wurde an das Hauptquartier der Alliierten in Algier geschickt und informierte den stellvertretenden Generalarzt Fred Blesse, dass die Patienten an einer »mysteriösen Krankheit« starben. Blesse schickte daraufhin Lieutnant Colonel Stewart Francis Alexander, einen Experten für chemische Kriegsführungsmedizin, nach Bari.

Alexander untersuchte die Patienten und befragte sie, so weit das möglich war. Nach und nach fanden sich immer mehr Indizien, die für eine Vergiftung durch Senfgas sprachen, aber der Arzt war sich nicht ganz sicher. Sein Verdacht erhärtete sich erst, als das Fragment einer Bombenhülle im Bereich des Hafens gefunden werden konnte, das als Rest einer amerikanische M47A1-Bombe identifiziert wurde, die für die Lieferung von Senfgas bestimmt war. Die Deutschen mussten somit als

Verdächtige ausscheiden, die Verantwortung für den Vorfall trugen demnach die Alliierten.

Alexander hatte, als das verräterische Bombenfragment auftauchte, aber noch immer keine Information, woher, das heißt: von welchem Schiff, die Senfgasbomben stammten. Deshalb erfasste der Arzt die Zahl der Senfgastoten für jedes Schiff und zeichnete anschließend die Position aller Schiffe im Hafen auf. Wie er schließlich herausfand, stammten die meisten Opfer von Schiffen, die in der Nähe der *John Harvey* geankert hatten. Die britischen Hafenbehörden gaben schließlich zu, dass sie wussten, dass die *John Harvey* Giftgas transportierte. Alexander erstellte einen Bericht, in dem er seine Ergebnisse darlegte und der vom Oberbefehlshaber der Alliierten, General Dwight D. Eisenhower, genehmigt wurde.

Wer aber glaubt, dass die Öffentlichkeit nunmehr über den Vorfall wahrheitsgemäß informiert wurde, irrt: Die Geheimhaltung blieb in Bezug auf den wichtigsten Aspekt des Desasters bestehen. Das britische wie amerikanische Volk wurde zwar von dem verheerenden Bari-Angriff unterrichtet, aber alle Aspekte, die mit dem tödlichen Senfgas zu tun hatten, wurden unterdrückt. Der britische Premierminister Winston S. Churchill spielte dabei eine besonders üble Rolle: Er bestand energisch darauf, dass dieser Aspekt der Tragödie ein Geheimnis bleiben müsse. Für ihn war es schon extrem peinlich, dass die deutsche Luftwaffenattacke in einem Hafen, der britischer Gerichtsbarkeit unterstand, geschah. Churchill war der Auffassung, dass, wenn man alle Umstände der Katastrophe veröffentlichen würde, dies von der deutschen Propaganda nach allen Regeln der Kunst ausgeschlachtet werden könnte.

Erlauben Sie uns an dieser Stelle einen Exkurs: Wenn der britische Premier Winston Churchill bereits in einem Fall wie dem deutschen Angriff auf Bari entscheidende Umstände verschleierte (die Geheimhaltung in Bezug auf die Senfgasbomben wurde erst Jahre später aufgehoben), was ist dann an Klassifizierungsmaßnahmen zu erwarten, wenn die Alliierten nach dem Krieg in deutschen Untertageeinrichtungen jene Waffen fanden, mit denen ihnen vielleicht Ende 1945, Anfang 1946 der Garaus gemacht worden wäre? Würden sie das zugeben? Wir meinen: nein, denn das wäre für die deutsche Seite im Nachhinein ein (indirekter Propaganda-)Sieg gewesen, der nur aufgrund von fehlender Zeit nicht zustande kam, nicht aber wegen der – von der Geschichtsschreibung der Alliierten und den ihnen sich freiwillig unterwerfenden deutschen Establishment-Historikern postulierten – mangelnden wirtschaftlichen, finanziellen und wissenschaftlich-technischen Leistungsfähigkeit. Wir meinen, dass die Beuteteams der Alliierten nach dem Krieg beim Anblick der deutschen Wunderwaffen der zweiten Generation und ihrer meist unterirdisch angelegten Produktionseinrichtungen einen derart heftigen Schrecken bekamen, dass sie beschlossen, ihre Propaganda müsse auf Jahrzehnte hinaus den unterlegenen Deutschen vermitteln, dass sie – wie wir das bereits in einem unserer früheren Bücher erwähnten – »total, total besiegt« wurden und die Erwähnung einer den Kriegsverlauf noch ändernden Wunderwaffe (haltlose) Goebbelsche Propaganda war. Die Alliierten wollten damit gleichzeitig die Entstehung einer (andernfalls zu Recht auftretenden) Dolchstoßlegende verhindern, die unter anderem auf dem Aspekt beruht hätte, dass es im Deutschen Reich Kräfte gab, die Verrat und Sabotage in einem Maße verübten, das in der Weltgeschichte bisher einmalig war. Wenn wir das hier so formulieren, wollen wir immer im Auge behalten, dass durch das verräterische Treiben des Widerstands auch viele Unschuldige, das heißt: Zivilisten (Kinder, Frauen, ältere Menschen), zu Tode kamen, die – man darf sich wundern – in den zeitgeschichtlichen Betrachtungen diesbezüglich für gewöhnlich keine Rolle spielen. Weshalb eigentlich nicht? Wann wird einmal eine (staatlich finanzierte?) Studie auf den Weg gebracht, die die Zahl der Opfer eruiert, die durch den deutschen Widerstand zu verantworten sind? – Uns ist natürlich klar, dass so etwas niemals geschehen wird in einem Land, in dem links-grün Ausgerichtete ungestraft »Bomber Harris, do it again«* fordern dürfen.

Die Perversitäten kennen keine Grenzen: Wir müssen uns fragen, was in Köpfen vor sich geht (wenn denn in ihnen überhaupt etwas vor sich geht), die Derartiges verlautbaren. Schlagen sich Militärs gegenseitig die Schädel ein, so ist das deren Problem. Werden aber Zivilisten Opfer von kriegerischer Gewalt, ist das nicht hinnehmbar. Die Anhänger des »Bomber Harris, do it again«-Slogans vergessen zudem, dass durch die Flächenbombardements der Alliierten im Zweiten Weltkrieg auch viele Deutsche starben, die erklärtermaßen oder heimlich Gegner des Nationalsozialismus und Hitlers waren. Bomben machten keinen Unterschied. Aber vielleicht hofft man hierzulande innerhalb bestimmter Strukturen, dass die Nachfolger von Bomber-Harris künftig Bomben mit Künstlicher Intelligenz einsetzen, die nur diejenigen töten, die Gegner des staatlich verordneten Weltbildes, Freidenker oder ganz allgemein Opponenten sind.

Damit zurück zum Fall »Bari« und zu den Churchillschen Machenschaften: Obwohl das Senfgas in offiziellen amerikanischen Aufzeichnungen erwähnt wurde, bestand der britische Premierminister darauf, dass britische Krankenakten bereinigt und die Senfgastodesfälle als Folge von Verbrennungen

---

* Siehe hierzu: *https://www.focus.de/politik/deutschland/bomber-harris-do-it-again-dieser-nackt-protest-gegen-pegida-schockt-dresden_id_4420184.html* (abgerufen am 25. April 2019).

aufgelistet werden mussten. Das Ganze war insofern besonders perfide, als man durch die Verschleierung der wahren Umstände weitere Todesopfer provozierte, da beispielsweise italienische Zivilisten, die von dem Giftgas ebenfalls betroffen waren, danach keine angemessene Behandlung erhalten konnten. Wie wollte ein Arzt, der über keinerlei Spezialausbildung in Sachen »Wirkung von Kampfstoffen« verfügte, die Symptome seiner Patienten aus Bari richtig einordnen?

Den offiziellen Darstellungen zufolge wurden mehr als 600 Militärangehörige und Seeleute Opfer des freigesetzten Senfgases. Fast siebzig von ihnen starben, während die anderen nach teils langer, quälender Behandlung wiederhergestellt werden konnten. Unbekannt blieb die Zahl der betroffenen Zivilisten, die der tödlichen Chemikalie ausgesetzt waren. Nach dem Angriff der deutschen Luftwaffe auf Bari flohen viele von ihnen aus der Stadt, um bei Verwandten und Freunden im Umland Unterschlupf zu finden. Niemand hat die Zahl derjenigen erfasst, die aufgrund des Kontaktes mit dem Senfgas starben oder erkrankten.

Der Fall »Bari« zeigt exemplarisch, dass Menschenleben keine Rolle spielten, wenn es um die Geheimhaltungsinteressen von Vertretern der sogenannten Elite ging. Er hatte aber, auch wenn das im ersten Moment zynisch klingen mag, etwas Gutes, denn die Angloamerikaner wurden im Anschluss, was den Umgang mit Giftgasen anging, deutlich vorsichtiger, fürchteten sie doch eine Wiederholung des Bari-Desasters. Und wahrscheinlich trug es dazu bei, Planungen der US-Militärs für einen sogenannten G-Day (Gas-Tag) in Anlehnung an den D-Day nicht in die Tat umzusetzen.

Worüber wir schreiben? Nun, in Deutschland wurde relativ wenig zum Angriff auf Bari und zu den damit verbundenen Hintergründen bekannt. Kein Wunder, denn die dahinterstehenden Planungen lassen einem den Atem stocken, wenn man von ihnen erfährt, widerlegen sie doch die Saga vom moralisch überlegenen US-Militär mit eindeutigen Zahlen. Niemand Geringeres als das damalige Nachrichtenmagazin *Der Spiegel*, in den 1980er-Jahren noch als »Speerspitze der Demokratie« bekannt und mit Journalisten versehen, denen es, zumindest in weiten Teilen, um die Darstellung der Fakten ging, berichtete über das, was der Bari-Angriff zu verhindern vermochte.

In dem Artikel »Vom Himmel hoch. Ein geheimer Plan enthüllt, dass die Amerikaner gegen Kriegsende bereit waren, einen großen Teil der deutschen Bevölkerung mit Giftgas zu vernichten«* ließ *Der Spiegel* am 24. Oktober 1988 wissen, welches Schicksal das Deutsche Reich und seine Menschen ereilen sollte. Der Artikel ist einerseits der Beweis für die Hitlerschen Ängste (in Bezug auf einen durch welche Massenvernichtungswaffe auch immer provozierten Gegenschlag der Alliierten) und andererseits ein Beleg dafür, mit welchen brutalen Mitteln die Alliierten gedachten, Deutschland niederzuwerfen – mit Millionen Toten als Kollateralschaden.

Der Spiegel-Artikel ging zunächst auf die Ereignisse in Bari ein, die wir auf den vorhergehenden Seiten ausführlich darstellten, um hernach auf die damit verbundenen Geheimhaltungsmaßnahmen Bezug zu nehmen. Er informierte anschließend darüber, dass die Hintergründe der »Katastrophe von Bari« ein strenggehütetes Geheimnis seien, und bezog sich dabei auf den Historiker und Giftgasexperten Günther Gellermann. Erwähnt wurde auch hier – wir hatten das bereits dargestellt –, dass die sich mit dem Fall beschäftigenden Militärhistoriker davon ausgegangen seien, die Anlandung von Giftgas in den Hafen von Bari sollte dem Zweck dienen,

---

* Der Artikel ist im Internet unter *https://www.spiegel.de/spiegel/print/d-13531696.html* verfügbar (abgerufen am 29. März 2019).

einem eventuellen deutschen Giftgasschlag wirkungsvoll zu begegnen.

Wie sich zeigen sollte, war diese Annahme jedoch kaum mit den Tatsachen in Übereinstimmung zu bringen. *Der Spiegel* schrieb:

> »Erst ein Zufallsfund des württembergischen Privatforschers und Fachautors Fritz Hahn*, 66, in einem Washingtoner Archiv enthüllt die Dramatik eines Planes, den die US-Kriegführung unmittelbar nach dem ›Ersteinsatz von Gas durch die Achsenmächte‹ (›G-Day‹) verwirklichen wollte. Danach sollten, von Italien und England aus, Tausende Flugzeuge ›in einer 15-Tage-Operation‹
> • 30 deutsche Großstädte mit Senfgas und/oder dem noch giftigeren Phosgen einnebeln,
> • alle wichtigen Industrie- und Fabrikationsanlagen zerbomben und so den Zweiten Weltkrieg in Europa mit einem Schlag beenden.«

Wie weiter berichtet wurde, hätte ein solcher massierter Angriff natürlich schreckliche Folgen gehabt. US-Spezialisten für die chemische Kriegsführung hätten, so *Der Spiegel*, die Zahl der Opfer berechnet und 5 600 000 Tote (»direkt beeinträchtigt«) und 12 Millionen Verletzte (»würden dem vorgeschlagenen Angriff indirekt ausgesetzt«) angegeben.

Lesen Sie den letzten Satz noch einmal und denken Sie über ihn nach: Über 17 Millionen Deutsche wären von den Folgen des G-Day-Projektes betroffen gewesen!

---

* Fritz Hahn wurde bekannt als Autor des Buches *Waffen und Geheimwaffen des deutschen Heeres 1933–1945*, 2 Bände, Bernard & Graefe Verlag, Koblenz 1987.

Vergegenwärtigt man sich die Größenordnung, die im Zusammenhang mit dem G-Day vonseiten der Alliierten geplant war, so muss man feststellen, dass das wohl wirksamste Waffensystem des Zweiten Weltkrieges im Falle eines Falles eben chemische Kampfstoffe gewesen wären. Um auf die für die Operation G-Day angegebenen Opferzahlen zu kommen, hätten zahlreiche Atomwaffen eingesetzt werden müssen. Umso seltsamer erscheint es auf den ersten Blick, dass es sowohl in den USA als auch im Deutschen Reich Bemühungen gab, diese zu entwickeln.

Dieser Widerspruch ist allerdings nur ein scheinbarer, denn Atombomben hätten bei ihrem Einsatz nicht nur Leben vernichtet, sondern auch die Infrastruktur schwer geschädigt, wobei diese bei einem Giftgaseinsatz erhalten geblieben wäre. Ergo wäre eine Nuklearwaffe das Mittel der Wahl gewesen, um besonders viel Schrecken zu verbreiten, denn gegen sie gab es so gut wie keinen Schutz, und die Folgen für eine größere städtische Ansiedlung wären, nicht zuletzt aufgrund der freigesetzten Strahlung und des Fallouts, katastrophal gewesen. Zudem hätte man diese todbringende Waffe mit einem einzigen Flugzeug oder – »besser« noch – mit einer schwer oder nicht abfangbaren Rakete ins Ziel transportieren können.

Glücklicherweise blieben die Berechnungen zum G-Day nur Planspiele. Weder die Deutschen noch die Angloamerikaner setzten ihre Giftgasbestände – Zehntausende von Tonnen – ein. Genau genommen muss man schon für die Jahre 1944 und 1945 – und nicht erst für die Zeit, ab der sowohl Amerikaner als auch Russen Atombomben besaßen – von einem Gleichgewicht des Schreckens sprechen. Allerdings ist davon auszugehen, dass, wenn die Deutschen wirklich eine Atomwaffe gegen London gerichtet hätten, Churchill das Giftgas bedenkenlos über deutschem Gebiet hätte abregnen lassen. In einem auf den 6. Juli 1944 datierten Brief an General Ismay (für den

Ausschuss der Vereinigten Stabschefs) schrieb Churchill nieder, was er für den Fall vorhatte, dass die Briten im weiteren Verlauf des Krieges in Bedrängnis geraten würden: »[…] Ich wünsche, dass Sie sehr ernsthaft über das Problem einer Gasanwendung nachdenken. […] Es ist absurd, das Thema von der moralischen Seite her zu betrachten, […]. Ich wünsche, dass eine kaltblütige Einschätzung darüber vorgenommen wird, ob es günstig für uns wäre, Giftgas einzusetzen […].«*

Unter Punkt 7 seines Briefes an den britischen General stellte Churchill klar, dass, wenn es dazu komme, »Deutschland mit Giftgas zu durchtränken«, dies dann »hundertprozentig sein« sollte. Und: »Ich wünsche, dass die Angelegenheit in der Zwischenzeit von vernünftigen Leuten kaltblütig durchdacht wird, und nicht von diesen psalmodierenden uniformierten Defätisten, die einem hin und wieder über den Weg laufen […].«**

Wie *Der Spiegel* schreibt, hätten sich Churchills Militärs allerdings zurückgehalten. Vielleicht meinten sie auch, und das ist unsere Vermutung, dass man einem Premierminister, der den Alkohol liebte,*** nicht die letzte Entscheidung überlassen dürfe.

Ganz allgemein hat man den Eindruck, dass im Zweiten Weltkrieg aufseiten der Achsenmächte wie auch aufseiten der Alliierten die Militärs die Einzigen waren, die einen kühlen Kopf behielten. Hätten sie den Vorstellungen der Politiker nachgegeben, wäre Europa möglicherweise in weiten Teilen unbewohnbar geworden.

---

* Günther W. Gellermann: *Der Krieg, der nicht stattfand*, Bernard & Graefe Verlag, Koblenz 1986, Seite 169/170.

** Ebenda, Seite 170.

*** *https://www.alk-info.com/portraets/914-winston-churchill-und-alkohol-depressionen-britischer-premierminister-durchhaltereden-zweiter-weltkrieg-alliierte-zitate-victory-zeichen-nobelpreis-whisky-soda-champagner-zigarren* (abgerufen am 2. Mai 2019).

»Und lispeln englisch, wenn sie lügen.«

Johann Wolfgang von Goethe

Resistent gegen neue Fakten: Establishment-Medien machen weiter wie bisher

Um das Thema »deutsche Atombombe« zu bearbeiten, bedarf es manchmal auch etwas Ironie: Wir können uns glücklich schätzen und unserem Schöpfer dafür danken, dass wir die Amerikaner zu Freunden haben. Ansonsten wüssten wir vielleicht gar nicht, dass die Deutschen während des Zweiten Weltkrieges nur Zweite im Rennen um die Reaktortechnik und die Nuklearwaffe wurden. Damit wir das auch ja nicht vergessen, rühren die deutschen Establishment-Medien immer mal wieder den (k)alten, längst überholten Informationsbrei auf, der viel mit Propaganda, aber kaum etwas mit der Wahrheit zu tun hat, wobei sie manchmal tatkräftig von wissenschaftlichen Experten aus God's own Country, den USA also, unterstützt werden.

Eines der aktuellsten Beispiele hierfür findet sich auf der Internetseite von n-tv und war am 6. Mai 2019 wie folgt betitelt: »Erkenntnis von US-Forschern. Nazis hätten Atomreaktor bauen können.«

Potztausend! Welch grandiose Neuigkeit!!! Wir staunten nicht schlecht, wobei es nicht diese alte Kamelle war, die uns zum Staunen brachte, sondern die Tatsache, dass etwas, das seit Jahrzehnten hinlänglich bekannt ist, als Neuigkeit verkauft wurde: der bei Kriegsende (geplante) Reaktorversuch im schwäbischen Haigerloch, die dort verwendeten Uranwürfel und das Schwere Wasser sowie die seit langer Zeit gesicherte Tatsache, dass dieser Reaktor, hätte er über mehr dieser Metallwürfel und auch eine größere Menge des Moderators

Schweres Wasser verfügt, kritisch geworden wäre. Weil die beiden genannten Materialien aber nicht in ausreichenden Mengen zur Verfügung standen, wurde es mit dem Reaktorversuch nichts – vielleicht zum Glück für Haigerloch und seine Bewohner.

n-tv berichtete hoch exklusiv zum Hintergrund der US-Experten-Recherchen:

> »Alles fing mit einem kleinen, dunklen und ungewöhnlich schweren Würfel aus Metall an, der im Jahr 2013 auf dem Schreibtisch des US-Forschers Timothy Koeth von der Universität in Maryland landete. Eine beiliegende, mysteriöse Botschaft lautete: ›Aus dem Reaktor, den Hitler zu bauen versucht hatte.‹ Dies setzte eine Recherchearbeit in Gang, an deren Ende Koeth und seine Kollegin Miriam Hiebert zu dem Schluss kamen: ›Die Deutschen hätten einen Atomreaktor bauen können‹, berichten sie in dem Magazin *Physics Today**.«**

Dass man so etwas Unsinniges noch in einem Physikjournal veröffentlicht, lässt tief blicken, zumal die Aussage »Die Deutschen hätten einen Atomreaktor bauen können« an sich schon völlig falsch ist: Natürlich haben die Deutschen einen Reaktor gebaut (sogar mehrere), nur haben sie den in Haigerloch nicht zum Laufen bringen können, weil, wie wir bereits feststellten, nicht genügend Material in Form von Uranwürfeln und Schwerem Wasser vorhanden war.

Der Artikel bemühte in der Folge wieder die alten, bekannten Klischees: Während die Amerikaner alle Kräfte bündelten,

---

* *https://www.n-tv.de/wissen/Nazis-haetten-Atomreaktor-bauen-koennen-article21006598.html* (abgerufen am 8. Mai 2019).

** *https://physicstoday.scitation.org/doi/10.1063/PT.3.4202* (abgerufen am 8. Mai 2019).

um a) einen funktionierenden Atomreaktor und b) dann auch ihre Atombombe zu entwickeln, arbeiteten die Deutschen in verschiedenen Gruppen (es werden drei genannt), die in Berlin, bei Gottow und in Leipzig wirkten. (Wobei man seltsamerweise die Aktivitäten in Böhmen-Mähren, Schlesien, Thüringen, Norddeutschland und andernorts zu erwähnen vergaß.)

Aufgrund dieser Zersplitterung der Kräfte und aus anderen – ebenso oft beschriebenen angeblichen – Gründen sei es mit dem Bau eines deutschen Atomreaktors nur äußerst langsam vorangegangen. Das Modell in Haigerloch hätte vielleicht kritisch werden können, wenn, ja wenn, neben den dort verwendeten 660 Uranwürfeln noch 400 weitere geliefert worden wären, für deren Existenz die oben genannten Amerikaner in Akten, die im US-Nationalarchiv entdeckt worden waren, einen Hinweis fanden (die einzige, wenn überhaupt erwähnenswerte, Neuigkeit).

Man kann nur den Kopf schütteln angesichts solcher Bemühungen und Darstellungen, deren Urheber immer noch nicht begriffen haben, dass die ganze Haigerloch-Geschichte nichts weiter als ein Ablenkungsmanöver war und zudem seit Jahrzehnten keine Neuigkeiten bietet. Der bekannte Schriftsteller Franz Kurowski äußerte sich – und dabei war er keineswegs der Erste – vor mehr als 35 Jahren in seinem Buch *Bedingungslose Kapitulation. Inferno in Deutschland 1945** auf Seite 289 wie folgt zu dem Thema:

> »[…] Prof. Dr. Gerlach begab sich nun nach Haigerloch, um sich dort vom Stand der Dinge zu überzeugen. Danach kehrte er nach Stadtilm zurück und gab Weisungen, alles Material auf Kraftwagen zu verladen und

* Druffel-Verlag, Leoni am Starnberger See 1983.

nach Haigerloch zu schaffen. Mit der Führung dieses Konvois wurde Dr. Erich Bagge beauftragt. Dr. Wirtz fuhr ebenfalls mit dem Materialtransport nach Haigerloch. Die Kolonne traf Ende Februar dort ein. Damit standen Heisenberg in Haigerloch 1,5 Tonnen Uranwürfel, 1,5 Tonnen Schweres Wasser und 10 Tonnen Graphitwürfel zur Verfügung. Diese wurden schließlich in den neuen Atommeiler B VIII eingefüllt. Er war in einer Höhle bei Haigerloch eingebaut. Ende Februar war dann die Uranmeileranordnung für den letzten Großversuch bereit. Prof. Dr. Heisenberg und Dr. Wirtz leiteten diesen Versuch.

Es zeigte sich, dass dieser Uranmeiler alle bisher durchgeführten Versuche weit übertraf. Man konnte nunmehr jenen entscheidenden Punkt ausrechnen, an dem der Reaktor kritisch wurde, das heißt: selbstständig Energie erzeugen könnte. Eine Kettenreaktion stand durchaus im Bereich des Möglichen. Aber dann wurde der Meiler doch nicht kritisch, zum Glück für die beteiligten Wissenschaftler. Die Schutzvorrichtungen entsprachen in keiner Weise den Gefahren, die sich ergeben hätten.

Man musste mehr Schweres Wasser und mehr Uran in den Meiler einbringen, damit er endgültig kritisch wurde.

So weit kam man aber in Haigerloch nicht, denn die benötigte doppelte Menge an Schwerem Wasser und Uran stand nicht mehr zur Verfügung.«

Demnach war bereits im Jahr 1983 schon all das bekannt, was der n-tv-Artikel und die beiden US-Experten jetzt als Ergebnisse ihrer Recherche als Neuigkeit darzustellen versuchten. Die Frage darf erlaubt sein: Was soll das Ganze, außer man geht davon aus, dass die alte falsche, etablierte

Geschichtsschreibung in Bezug auf die deutsche Atom(waffen) forschung wieder aufpoliert werden soll, damit die sich dafür Interessierenden nicht auf seltsame Gedanken kommen und unseren Darstellungen Glauben schenken.

Wie wir schon schrieben, hat die Vorgehensweise, das Alte, Falsche immer wieder aufzupolieren, um so zu tun, als handele es sich dabei um »gesichertes Wissen«, in Deutschland eine jahrzehntelange Tradition.

Vor 10 Jahren, am 19. März 2009, hatte *Der Spiegel* in Bezug auf die während des Zweiten Weltkrieges betriebene deutsche Atom(waffen)forschung ebenfalls einen Artikel publiziert, der die deutsche Leistung zu diskreditieren versuchte, indem man einfach behauptete, die Amerikaner hätten die möglichen deutschen Fortschritte auf dem Gebiet der Physik völlig überschätzt. Und wieder ging es um einen Uranwürfel beziehungsweise ein Fragment davon und zudem um eine Uranmetallplatte.

Die Artikelüberschrift lautete »Nuklear-Forensik. ›Heisenberg-Würfel‹ verrät Details über Hitlers Atomprogramm«,* und die den Artikel zusammenfassende Erklärung meinte: »Karlsruher Forscher haben neue Erkenntnisse darüber gewonnen, wie weit das Atomprogramm des Dritten Reichs wirklich fortgeschritten war. Uranproben aus dem letzten Labor erzählen die erstaunliche Geschichte des Projekts – die USA lagen in ihrer Einschätzung über Hitlers Wissenschaftler falsch.« Sollte heißen: Die Amerikaner standen umsonst Ängste in Bezug auf eine deutsche Atombombe aus. Diese gab es nicht, weil es den deutschen Wissenschaftlern nicht einmal gelang, einen Reaktor kritisch werden zu lassen.

---

* *https://www.spiegel.de/wissenschaft/mensch/nuklear-forensik-heisenberg-wuerfel-verraet-details-ueber-hitlers-atomprogramm-a-614227.html* (abgerufen am 2. Mai 2019).

Thema der vom *Spiegel*-Artikel diskutierten Untersuchungen war, wir erwähnten es bereits, ein Uranwürfel und eine Uranmetallplatte aus dem Heisenbergschen Bestand, die allerdings nie Gegenstand eines laufenden Reaktors waren:

> »Der intakte Würfel und das Fragment wurden demnach spätestens im Herbst 1943, die Uranplatte schon Mitte 1940 hergestellt. Anhand der chemischen Verunreinigungen konnten die Forscher die Proben der Uranmine Joachimsthal zuordnen. Das wichtigste Ergebnis aber: ›Der Würfel hat kaum Neutronen abbekommen‹, so Mayer [einer der beteiligten Wissenschaftler]. Das lege nahe, dass der Uranverein ›weit davon entfernt war, eine selbsterhaltende Kettenreaktion zu erschaffen‹.«

Deshalb kam der Artikel auch zu dem Ergebnis:

> »Die Analysen brachten auch eine zentrale historische Erkenntnis: Heisenberg und seinen Kollegen ist, soweit es das untersuchte Material verrät, keine Plutonium-Herstellung gelungen. Hätten die Wissenschaftler eine Atomwaffe herstellen wollen, wäre es technisch leichter gewesen, sie auf Basis dieses Stoffs zu bauen. Doch in den Proben suchten die Karlsruher Wissenschaftler vergebens nach Plutonium, das aus einem Reaktorbetrieb stammte.«

Genau genommen war das alles nichts Neues, sondern schon Altbekanntes. Für die Masse der Menschen, die diesen Artikel las, war damit klar, was sie ohnehin schon seit Jahrzehnten wussten: Es gab keine deutsche Atombombe, die deutsche Wissenschaft hatte zwar die Grundlagen dafür geschaffen, war aber anschließend weit hinter das Niveau der US-amerikanischen Entwicklungen zurückgefallen. Indes wurde bei dieser Schlussfolgerung vergessen zu erwähnen, dass Heisenberg nicht die Kapazität im Deutschen Reich war, der man ein solches Projekt anvertraut hätte. Es gab andere, die es schafften und die unter strengster Geheimhaltung und mit falschen Identitäten den Erfolg generierten.

Freilich mussten derlei Darstellungen, wie sie *Spiegel Online* publizierte und wie sie auch bei *Welt Online* am 25. März 2009 in dem Artikel »Wie weit war Hitler auf dem Weg zur Atombombe?« wiederholt wurden,* Widerspruch erzeugen. Einer von uns veröffentlichte bei *Kopp Online* am 28. März 2009 eine Entgegnung,** die hier aufgezeigt werden soll:

»UNSERETÄGLICHEVERDUMMUNGDURCHQUALITÄTSMEDIEN: WISSENSCHAFTLICHEUNTERSUCHUNGEN,FALSCHESCHLUSSFOLGERUNGENUNDDERKRAMPFHAFTEVERSUCH,EINEUNRICHTIGE ZEITGESCHICHTS-SCHREIBUNG AUFRECHTZUERHALTEN

[von] Thomas Mehner

Deutschland war im Zweiten Weltkrieg meilenweit von einem laufenden Atomreaktor entfernt. An eine nukleare Waffe war nicht zu denken und die Amerikaner irrten sich in Bezug auf ein solches deutsches Waffensystem total – so die (erneuten falschen) Schlussfolgerungen deutscher Qualitätsmedien, die jüngst zu lesen waren, nachdem zwei deutsche Uranmetallproben aus den

---

* *https://www.welt.de/debatte/kolumnen/Fuenf-Minuten-Physik/article3441564/Wie-weit-war-Hitler-auf-dem-Weg-zur-Atombombe.html* (abgerufen am 7. Mai 2019)

** Die Internetpräsenz existiert nicht mehr, der Artikel ist aber beispielsweise noch hier zu finden: *http://wahrheitskrieg.blogspot.com/2009/05/der-krampfhafte-versuch-eine-unrichtige.html?m=1* (abgerufen am 7. Mai 2019).

1940er-Jahren durch das Institut für Transurane (ITU), Karlsruhe, untersucht worden waren.

Vor einigen Tagen war bei *Spiegel Online* oder auch bei *Welt Online* zu lesen – und der Bericht wurde von anderen (Qualitäts-)Medien übernommen –, dass man anhand von Untersuchungen an Relikten des einstigen, bei Kriegsende im Aufbau befindlichen ›Atomreaktors‹ in Haigerloch sowie anhand einer bereits früher hergestellten Uranmetallplatte nunmehr den wissenschaftlichen Nachweis erbracht habe, dass das deutsche Atomwaffenprojekt quasi ein Hirngespinst amerikanischer Institutionen gewesen sei. Der Reaktor in Haigerloch sei niemals kritisch geworden; genauso wenig deute die Untersuchung einer bereits früher hergestellten Uranmetallplatte darauf hin, dass Plutonium produziert werden konnte.

Die wissenschaftlichen Untersuchungsergebnisse an sich (und nur diese) sind nicht zu kritisieren. Was dann aber *Spiegel Online* und andere daraus machten, war erstaunlich – und ist allemal geeignet, Kritik hervorzurufen und hinterfragt zu werden. Die eben genannte Internetquelle ließ gleich zu Beginn ihres Artikels wissen: ›Karlsruher Forscher haben neue Erkenntnisse darüber gewonnen, wie weit das Atomprogramm des Dritten Reichs wirklich fortgeschritten war. Uranproben aus dem letzten Labor erzählen die erstaunliche Geschichte des Projekts – die USA lagen in ihrer Einschätzung über Hitlers Wissenschaftler falsch.‹

Interessant: Zwei winzige Materialproben gaben Aufschluss darüber, dass der Stand der Dinge im Zweiten Weltkrieg auf deutscher Seite also derjenige war, den die Establishment-Historiker schon immer postuliert hatten. Welche Schmach für die amerikanischen Geheimdienste! Diese hatten, folgt man der *Spiegel-Online*-Deutung, also auf Basis eines Gerüchts von der deutschen Atomwaffe ihr irrsinniges eigenes Projekt zum Bau einer amerikanischen Atombombe – das so bezeichnete Manhattan District Project – aus dem Boden gestampft und dafür eine gewaltige Summe ausgegeben sowie zahllose Ressourcen verplempert. Wie schrecklich dumm, wie unqualifiziert! Aber ernsthaft: So einfach ist die Sache keineswegs. Was beweisen die wissenschaftlichen Untersuchungsergebnisse wirklich? Sie zeigen nur, dass das Atomlabor in Haigerloch keinen kritisch gewordenen Reaktor beinhaltete und dass auch die Uranmetallplatte, die um 1940 hergestellt worden sein soll, keinem Prozess ausgesetzt war, bei dem man von einer Kritikalität sprechen kann. Das ist alles.

Bemerkenswert ist, dass vonseiten der Medien immer noch und immer nur auf die Heisenberg-Gruppe beziehungsweise auf die Forschungen beim Kaiser-Wilhelm-Institut (KWI) Bezug genommen wird, um ja nicht andere, zwischenzeitlich bekannt gewordene Informationen in die Betrachtungen einbeziehen zu müssen, wobei mittlerweile offensichtlich ist, dass Heisenberg als Theoretiker eine völlig untergeordnete Rolle spielte.

Sein Projekt in Haigerloch war die für die Alliierten gedachte Ablenkung: unfertig, unbedeutend, irreführend. Die ›Bombe‹ wurde von anderen Experten realisiert, deren Namen teils unbekannt blieben, teils heute so gut wie vergessen sind. Im Übrigen: Was ist mit dem Versuchsreaktor in Gottow bei Berlin, was ist mit dem von Stadtilm, was ist mit anderen (in Thüringen) gelegenen Standorten, die einer genauen Betrachtung und Untersuchung unterzogen werden müssten? Warum wird der Gruppe um Dr. Diebner, der in Gottow und Thüringen arbeitete beziehungsweise arbeiten ließ, so wenig Beachtung geschenkt? Weshalb interessiert sich niemand für die mit der deutschen Atomforschung und der Atomwaffe verbundenen Projekte, die durch die Großindustrie realisiert wurden, beispielsweise bei Skoda, das seinerzeit zum Krupp-Konzern gehörte? Wieso recherchiert kein Vertreter der Qualitätsmedien zu den Arbeiten der Deutschen Reichspost unter ihrem Minister Dr. Ohnesorge, der selbst ausgebildeter Physiker war und spätestens ab dem Jahr 1943 mit Reichs-

Der Versuchsreaktor im schwäbischen Haigerloch, der durch Spezialisten der ALSOS-Mission demontiert wurde. Er war aufgrund fehlenden Materials nie kritisch geworden.

(Public Domain, Wikimedia Commons)

In dieser Betonkonstruktion bei Gottow befand sich einst der Diebnersche Versuchsreaktor, der kritisch wurde.
(Foto: Archiv Autoren)

führer SS Heinrich Himmler und dessen Schutzstaffel daran arbeitete, die Atomwaffe zu realisieren? Weshalb wurden Nachforschungen (Bohrungen) im Bereich des thüringischen Jonastals und eines Gebietes westlich von Arnstadt blockiert, indem man das Gebiet mit Wirkung vom Dezember 2007 zur Trinkwasserschutzzone, Stufe 2, machte, woraufhin derartige Explorationen unterbleiben mussten?

Die Vertreter des Qualitätsjournalismus wischen solche Fragen mit einer Handbewegung weg, sprechen nur von ›Gerüchten‹, offenbar weil sie ahnen, dass sie selbst seit Jahrzehnten der Desinformation der Alliierten aufgesessen sind. Kritisch denkende Zeitgenossen wissen allerdings, dass die Reaktion der Journalisten ein reiner Schutzmechanismus ist, der immer dann zum Einsatz kommt, wenn die Establishment-Vertreter –

und die meisten Journalisten gehören mittlerweile dazu – befürchten müssen, dass ihr Weltbild Risse bekommen könnte. Es geht schon längst nicht mehr um das Suchen nach der Wahrheit; es geht nur noch darum, dem politischen System nützliche Standpunkte und ›Gewissheiten‹ zu konservieren und ja nicht irgendwo anzuecken, wenn man weiter Karriere machen möchte. Alles muss politisch korrekt sein, was mich, mit Verlaub gesagt, stark an DDR-Zeiten erinnert, wo ›ein klarer Klassenstandpunkt‹ gefordert wurde und andere Meinungen als umstürzlerisch galten. Freilich merkt der interessierte Bürger letztlich den Betrug und spricht in Bezug auf den deutschen Journalismus zu Recht immer häufiger von ›Propaganda‹ und Förderung der ›allgemeinen Verblödung‹. Dass die sogenannten Qualitätsmedien dabei federführend agieren, ist für sich genommen erstaunlich, zeigt aber, wie krank die Zustände sind.

Fakt ist, dass im Raum des thüringischen Truppenübungsplatzes Ohrdruf seit den 1930er-Jahren Bauarbeiten liefen, um Untertageanlagen zu schaffen, die besonderen Forschungen dienen sollten, nachdem bereits in den 1920er-Jahren im Umfeld der Stadt Ilmenau die Reichswehr hoch geheime Maßnahmen ergriffen hatte, um die Bestimmungen des Versailler Diktats zu umgehen. Die deutsche Kriegsmarine entwickelte dort im Untergrund nicht nur die U-Boot-Waffe weiter, sondern betrieb auch andere Untersuchungen im näheren und weiteren Umfeld, die ungewollterweise im Jahr 1924 zu einer Explosion nahe des kleinen Örtchens München (nicht zu verwechseln mit der bayerischen Landeshauptstadt) führten, in deren Folge man sich mit der Atomforschung näher zu beschäftigen begann.

Leider ist hier nicht der Platz, über alles zu berichten. Denjenigen, die dem Thema gegenüber ablehnend eingestellt sind oder skeptisch bleiben, aber auch jenen, die selbst recherchieren, gebe ich einen weiteren Hinweis: Zwischen den thüringischen Gemeinden Luisenthal und Crawinkel liegt – nicht allzu weit vom Truppenübungsplatz Ohrdruf entfernt – der Kienberg. Würde man diesen Berg mit den heute verfügbaren modernsten wissenschaftlichen Ausrüstungen untersuchen, besser noch einen Satelliten-3-D-Scan realisieren, könnte man das finden, was andere und meine Wenigkeit seit Jahren behaupten: eine der Forschungsstätten, die das Material für die deutsche Atomwaffe lieferten. Vor gar nicht allzu langer Zeit stieß ein Bohrteam bereits auf etwas, was es nach offizieller Lesart gar nicht hätte geben dürfen in 30 Metern Tiefe: Beton. (Der entsprechende Bohrbericht liegt vor.) Warum hat man die Arbeiten nicht fortgesetzt? Kein Geld, keine Lust, kein Rückgrat?

Der Kienberg bei Luisental

(Foto: Thomas Mehner)

> Von Skeptikern hört man immer nur Behauptungen, warum etwas nicht so oder so gewesen sein kann. Wann werden sich diese Personen einmal organisieren, Geld beschaffen und umfangreichste Forschungen vornehmen, um das, was andere und ich behaupten, endgültig zu widerlegen? Natürlich werden sie nichts dergleichen tun, denn die Gefahr, doch auf etwas Ungewöhnliches zu stoßen, ist viel zu groß. Zudem ist es viel gemütlicher, vom Schreibtisch aus zu agieren und alle, die etwas Gegenteiliges tun und nach der Wahrheit suchen, in Bausch und Bogen zu verdammen. Indes haben die ›Erbsenzähler‹ neue Informationen, neue Erkenntnisse und damit das, was man allgemein Fortschritt zu nennen pflegt, noch nie verhindern können. Das lässt hoffen, dass es auch diesmal so sein wird – und daran wird auch die Propaganda der Medien nichts ändern, deren Vertreter ohnehin nur zeigen, wie faktenresistent und wahrheitsfürchtend sie sind.«

* * *

Es ist schon merkwürdig, dass für die meisten Journalisten, Historiker und Physiker die deutsche Atomforschung nur in der Form existiert, die man nach dem Krieg in zahlreichen Darstellungen verbreitet hat. Die Entwicklungen der vergangenen 20 Jahre sind an den Damen und Herren völlig vorbeigegangen, und diejenigen, die sich aus der Deckung wagten und andere, sehr viel erfolgreichere Strukturen (Reichspost, Großindustrie, SS/SD) im Zusammenhang mit der deutschen Atom(waffen)forschung aufzeigten, werden mit Ignoranz und Stillschweigen bedacht.

Dabei zeigt sich, dass selbst die Standorte, die seit alters her mit der deutschen Atomwaffenforschung in Verbindung gebracht werden beziehungsweise zu denen es Querverbindungen gibt, wie beispielsweise das thüringische Stadtilm, bis dato kaum die nötige Aufmerksamkeit erfahren haben, die sie verdienen. Dr. Kurt Diebner leitete dort zwei Gruppen, von denen die eine erst bei Kriegsende aufschien, während die andere schon länger vor Ort weilte. Was Diebner vor dem Anrücken der Amerikaner evakuieren ließ, dürfte kaum alles gewesen sein (auch wenn das immer wieder behauptet wird), sodass es nicht verwundert, dass Jahre nach dem Krieg, zu Zeiten der DDR, bestimmte Gerüchte die Runde machten, denen zufolge dort bis zum Kriegsende unterirdisch an Atomwaffen gearbeitet worden war.

Wie sich denken lässt, war dieses Thema brisant, sodass sich das Ministerium für Staatssicherheit der DDR (MfS) mit dem Problem zu befassen hatte, vorwiegend in Form der Kreisdienststelle Arnstadt. Bemerkenswert ist, dass die Recherchen allerdings nicht mit der Vehemenz geführt wurden, die man angesichts eines solchen Problems erwarten würde, sondern dass nach relativ kurzer Zeit der Vorgang abgeschlossen wurde. Das Konvolut von Dokumenten, das uns dazu seitens der Behörde des Bundesbeauftragten für die Unterlagen des Staatssicherheitsdienstes der ehemaligen Deutschen Demokratischen Republik (BStU), verkürzend nach den amtierenden Bundesbeauftragten auch Gauck-, Birthler- beziehungsweise Jahn-Behörde genannt, vorgelegt wurde (Quelle: BStU, MfS, BV Erfurt, AS, Nr. 2/68) und auf das wir uns im Folgenden beziehen, hat nur wenige Seiten Umfang. Diese werden dem Thema deutsche Atombombe und damit verbundene Forschungen kaum gerecht.

In einem Schreiben mit der seltsamen Formulierung »Forschungsstelle des Reichsministeriums Ilm (Schule)«, das vom 8. Juli 1966 datiert, heißt es zunächst (wir beschränken die Nennung von Namen auf die Personen der Zeitgeschichte):

»Seit einigen Wochen führen Mitarbeiter der Presse aus Ilmenau Nachforschungen über die Verbrechen des Bundespräsidenten Lübke u.a. auch in unserem Kreisgebiet durch. Dabei stießen sie auf faschistische Geheimdokumente, die von einer ehemaligen wichtigen Forschungsstelle für Kernspaltung in Stadtilm sprechen. Diese Forschungsstelle befand sich unter der heutigen Schule im Hinterhof des Ratskellers und auf dem Grundstück der jetzigen Lampenfabrik Seeger. Im Keller der Schule ist noch ein 13 Meter tiefer Brunnen erhalten, der zur Aufbewahrung von Schwerem Wasser, welches zur Kernspaltung benötigt wird, diente. Bei Aufräumungsarbeiten auf dem Grundstück Seeger wurde eine Reihe von Bleiplatten in der Größe eines Backsteines sowie kleineren Ausmaßes gefunden, die vermutlich bei den Forschungsarbeiten zum Schutz gegen die Strahlung verwendet wurden. Daraufhin führten einige Angehörige des Luftschutzes in dem bereits angeführten Grundstück Überprüfungen mit dem Geigerzähler durch. Während die Bleiplatten keine Radioaktivität anzeigten, wurde an einigen Stellen des Brunnens ein kleiner Prozentsatz Radioaktivität festgestellt.
Weiter wurde bekannt, dass der Mitarbeiter der ehemaligen Forschungsgruppe, Dr. der Physik Berkei, seit einigen Wochen in der Lungenheilanstalt Bad Berka liegt. Eine Blutuntersuchung von dieser Person hat ergeben, dass diese Zersetzungsanzeichen, wie sie bei Strahlungskrankheiten in Erscheinung treten, aufweist. Nach der Einschätzung der dortigen Ärzte kann dieses jedoch nach 20 Jahren nicht mehr auftreten. Aufgrund dessen besteht der Verdacht, dass angeführte Person in der letzten Zeit noch mit radioaktivem Material zu tun gehabt hat. Die übrigen Mitarbeiter dieser For-

> schungsstelle befinden sich nicht mehr auf dem Gebiet der DDR. So u.a. die Person Geyer, welche Leiter der Firma Laborglas Ilmenau war, welche die DDR vor einigen Jahren illegal verlassen hat.
> Bisher konnten nachfolgende Personen ermittelt werden, die als Hilfsarbeiter in dieser Forschungsstelle tätig waren:
> [...],
> Erich Rundnagel,
> beide wohnhaft in Stadtilm, [...]. Mit diesen Personen wurde bisher noch nicht gesprochen.
>
> [...]
> Feldwebel«*

Der Zweitgenannte wurde am selben Tag (laut einem vom 8. Juli 1966 datierenden Befragungsprotokoll) vernommen – doch dazu später.

Im Weiteren erstellte die MfS-Bezirksverwaltung Suhl, Abteilung II/3-4, mit Datum vom 15. Juli 1966 in der Angelegenheit einen Bericht über einen durchgeführten Treff mit einem GI (Geheimer Informator) am Vortag, der in der Zeit von 17 bis 19 Uhr in einer Kreisstadt des damaligen Bezirkes Suhl stattgefunden hatte. In dem Dokument hieß es:

> »[...]
> Der GI berichtete wie folgt:
> 1. Über den Verdacht der Atombombenproduktion in Stadtilm, Krs. Arnstadt, in den Jahren vor 1945.
> Der [...] brachte Folgendes zum Ausdruck:

---

* Quelle: BStU, MfS, BV Erfurt, AS, Nr. 2/68.

In Stadtilm auf dem Gelände der Schule sind unterirdische Gänge und Räume vorhanden. Dort sollen vor 1945 Atombomben hergestellt worden sein. Als Abdeckung [Tarnung] hätten die Faschisten die Schuhcreme-Herstellung bekannt gegeben beziehungsweise genannt.
Am 5. oder 6. Juli 1966 habe er das Gelände und die Gänge besichtigt. Die Tür zu den unterirdischen Räumen war mit einem Sicherheitsschloss versehen und verschlossen. Tage darauf (1 oder 2 Tage) wurde die Tür vermauert vorgefunden. Das Gelände soll teilweise Eigentum von einem Dr. Bergei [Berkei] o.ä. sein, der es kurz nach 1945 aufgekauft hat. Eingehende Kenntnis über das gesamte Gelände sollen lediglich dieser Dr. Bergei [Berkei] und dessen Sohn haben. Dieser Dr. Bergei [Berkei] soll vor 1945 auf diesem Gelände gearbeitet haben. Heute hat er einen kleinen Betrieb in Besitz. Der Dr. B. soll es abgelehnt haben, bei uns als Atomspezialist mitzuarbeiten. Es wird vermutet, dass B. im Auftrage von westdeutschen Stellen dieses Gelände aufgekauft hat, damit er darüber wacht und kein Zugang ermöglicht wird.
Gleichfalls wird angenommen, dass noch vollständige Produktionsräume und evtl. ein Labor vorhanden sind.
[...] hat einen Geigerzähler in den Gängen benutzt, dieser habe auch angezeigt.
Vor 1945 soll fernerhin der Raketenspezialist Wernher von Braun in Stadtilm gewesen sein. Der Sohn von Dr. Bergei [Berkei] o.ä. soll Gespräche von ihnen abgehört und soll es seinem Vater mitgeteilt haben. Seit einigen Tagen soll der Sohn des Dr. Bergei [Berkei] verschwunden sein.
[...] hat durchblicken lassen, die entsprechenden staatlichen Stellen hätten von all dem noch keine Kenntnis.

> Der [...] selbst will auf diesem Gelände Untersuchungen führen [...].«*

Damit endete das zweiseitige Dokument bereits. Was uns erst in einer zweiten Analyse des Papiers auffiel: Neben dem Punkt 1 musste es **mindestens einen weiteren gegeben haben. Man kann auf der Kopie des MfS-Protokolls deutlich erkennen, dass es eine Fortsetzung gab, diese war jedoch, wie logischerweise auch der darin enthaltene Text, abgedeckt worden.** Allerdings hatte der/die Zensierende nicht sorgfältig genug gearbeitet, denn die oberste Kante des Textes der Fortsetzung wurde mitkopiert. Die Frage, wer diese Abdeckung vornahm (ob MfS oder BStU), konnte gerade noch rechtzeitig vor Drucklegung des Buches geklärt werden (einer von uns stellte eine entsprechende Anfrage an die Stasi-Unterlagenbehörde). Unsere Vermutung, dass hier das MfS zensierend eingegriffen hatte, bestätige sich. Offensichtlich gab es dort ein höheres, übergeordnetes Interesse, einige in diesem Dokument ursprünglich vorhandene Angaben nicht bekannt werden zu lassen, denn wenn die DDR-Geheimdienstler nur ansatzweise begriffen hatten, was ihnen einige Tage zuvor durch den Klempnermeister Erich Rundnagel berichtet worden war – das entsprechende Befragungsprotokoll der MfS-Kreisdienststelle Arnstadt datiert auf den 8. Juli 1966 und folgt gleich –, dann musste ihnen klar sein, dass der Vorgang unmöglich allein auf Kreis- oder Bezirksebene bearbeitet werden konnte.

In dem Befragungsprotokoll heißt es:

> »Mit dem Klempnermeister Erich Rundnagel, wohnh.: Stadtilm, [...], wurde am heutigen Tag eine Aussprache

---

* Quelle: BStU, MfS, BV Erfurt, AS, Nr. 2/68.

betr. ehemalige Forschungsstelle für Kernspaltung in Stadtilm durch Unterzeichnete geführt und Nachfolgendes in Erfahrung gebracht:
Rundnagel wurde im Juli 1944 zum damaligen Bürgermeister Heberlein bestellt. Dort wurde er von zwei Angehörigen der geheimen Staatspolizei mit Installationsarbeiten innerhalb der Forschungsstelle betraut, zum Schweigen verpflichtet und wenige Tage später mit dem leitenden Personal der Forschungsstelle in Verbindung gebracht.
Die Forschungsstelle stand unter der Leitung von Prof. Dr. Diebner [Diebner war ›nur‹ Dr.]. Zu den wissenschaftlichen Mitarbeitern gehörten Dr. Rebłein [Rehbein], Dr. Bergłey [Berkei] sowie Ing. Rackwitz. Dr. Bergłey [Berkei] befand sich nach Angaben des Herrn Rundnagel bis zu seinem Einsatz in Stadtilm in Norwegen, wo er sich mit der Gewinnung Schweren Wassers beschäftigt haben soll. Nach Aussagen des Herrn Rundnagel halten sich Diebner und Rebłein [Rehbein] in WD [Westdeutschland] auf. Berkłey [Berkei] verblieb in der damaligen sowjetischen Besatzungszone und ist heute Inhaber der Lampenfabrik Seeger in Stadtilm. Seeger ist der Schwiegervater von Dr. Bergłey [Berkei].
Bergłey [Berkei] ist schon seit längerer Zeit krank, befand sich in der Heilstätte Bad Berka und soll sich jetzt in der Med. Akademie Erfurt aufhalten. Wie der Herr Rundnagel zum Ausdruck brachte, leidet Bergłey [Berkei] an einer unheilbaren Leberkrankheit.
In der weiteren Befragung des Herrn Rundnagel brachte dieser zum Ausdruck, dass seiner Meinung nach in diesem Objekt Entwicklungen geplant waren, die sich mit der Kernspaltung beschäftigen sollten.

Er behauptet jedoch, dass in der Forschungsstelle bis zum Zusammenbruch des Faschismus 1945 keinerlei Forschungsversuche durchgeführt wurden, da sich das Labor bis zuletzt noch im Aufbau befand und er selbst bis einen Tag vor Einmarsch der Amerikaner mit den Installationsarbeiten beschäftigt war.
Das gesamte Personal der Forschungsstelle verließ zu diesem Zeitpunkt Stadtilm in Richtung Süddeutschland und nahm sämtliches wertvolles Material, was zu Forschungszwecken hätte dienen können und bereits in der Forschungsstelle eingelagert war, auf einem Lkw mit.
Herr Rundnagel erklärte weiterhin, dass ihm die Art dieses Materials nicht bekannt geworden sei, jedoch an verschiedenen Stellen der beiden Kellerräume, abgedeckt mit Stearin und Paraffin, lagerte.
Durch Dr. Rebein [Rehbein] wurde ihm bekannt, dass in einem der zwei großen, in den Kellerräumen aufgestellten Panzerschränke 65,– TDM [65 000 Reichsmark] aufbewahrt wurden. Weiterhin will er Gesprächen mit Dr. Rebein [Rehbein] entnommen haben, dass sich in dem anderen Panzerschrank zwei Atombomben befunden haben sollen, die seiner Vermutung nach später auf Hiroshima und Nagasaki abgeworfen wurden.
In der weiteren Befragung über die auf dem Brandgelände gefundenen Bleisteine brachte Rundnagel zum Ausdruck, dass diese, wo sie gefunden wurden, in dem Raum (ehemalige Werkstatt) zu damaliger Zeit gestapelt abgelagert wurden. Dieses Blei sollte zum Beschweren des Deckels für eine Anlage dienen, in der flüssige Luft hergestellt werden sollte. Diese Anlage stand jedoch bis zum Zusammenbruch auf dem Hof

vor der Forschungsstelle, wurde nie montiert und kam demzufolge nicht zum Einsatz.
In der Unterhaltung über den im Keller befindlichen Brunnen, der 1945 zugeschüttet wurde, brachte Rundnagel zum Ausdruck, dass dieser in der Zeit, wo er selbst in der Forschungsstelle arbeitete, ausgeschachtet und ausgemauert wurde. Seiner Schätzung nach soll dieser Brunnen circa 5 Meter tief gewesen sein und zur Aufbewahrung einer größeren Menge normalen Wassers für Forschungszwecke dienen.
Schweres Wasser ist seinen Angaben nach nie in der Forschungsstelle gelagert worden. Des Weiteren brachte er zum Ausdruck, dass es unwahrscheinlich ist, dass sich in dem Brunnen Schweres Wasser befunden haben könne.
Abschließend brachte Herr Rundnagel zum Ausdruck, dass er aus Gesprächen mit Dr. Rebein [Rehbein] entnommen habe, dass dieser mit den Kräften des 20. Juli 1944 (Anschlag auf Hitler) in Verbindung gestanden habe. In einer Unterhaltung kurz nach dem 20. Juli 1944 brachte Rebein [Rehbein] zum Ausdruck, dass der Krieg für Deutschland verloren sei und die Atombombe von deutscher Seite auch nicht mehr zum Einsatz käme.

[...]
Hauptmann
BV Erfurt, Abt. XVIII

[...]
Feldwebel«*

Einmal abgesehen davon, dass in ihm beinahe alle Namen falsch geschrieben wurden – wir korrigierten diese durch

* Quelle: BStU, MfS, BV Erfurt, AS, Nr. 2/68.

die richtige Schreibweise in eckigen Klammern –, handelt es sich um ein unseres Erachtens wichtiges zeitgeschichtliches Dokument, zumal es aufzeigt, dass nicht erst wir mit der Geschichte um das Vorhandensein einer deutschen Atomwaffe in die Diskussionen um den wahren Stand deutscher Nuklearphysik während des Zweiten Weltkrieges eintraten, sondern dass es bereits lange vorher in diese Richtung gehende »Gerüchte« und Hinweise gab, die allerdings, jedenfalls zu Zeiten der DDR, nicht unbedingt öffentlich kommuniziert wurden.

Etwas seltsam erscheint der Umstand, dass der zur Diebner-Gruppe gehörende Dr. Friedrich Berkei letztlich vor Ort blieb, obwohl einem Fachmann wie ihm im Westen Deutschlands sicherlich ganz andere Möglichkeiten der beruflichen Entwicklung offengestanden hätten. War er einer der Gralshüter? – Sein Tod jedenfalls gibt Rätsel auf. Das MfS behauptete in diesem Zusammenhang, er sei den Folgen einer Strahlenkrankheit erlegen, die er sich während der Kriegsexperimente in Stadtilm respektive danach zugezogen hätte. Nach den vor Jahren von uns realisierten Recherchen entsprach diese Behauptung aber höchstwahrscheinlich nicht den Tatsachen: Dr. Berkei verstarb vielmehr an den Folgen einer sehr seltenen Eiweiß-Stoffwechsel-Krankheit, die jedoch nur durch einen Aspergillus-Pilz verursacht werden kann, wie er unter bestimmten Bedingungen in unterirdischen Hohlräumen (!) vorkommt.

Wir sind der Auffassung, dass Dr. Berkei einen Auftrag hatte – vor Ort zu bleiben, um das, was noch im Stadtilmer Boden steckte, unter Kontrolle zu behalten. Unseres Erachtens deutet unter anderem das seltsame Krankheitsbild seiner Person darauf hin. Dass der Augenzeuge Rundnagel behauptete, dass das beauftragte Labor nie fertiggestellt wurde, ist in diesem Zusammenhang ohne Bedeutung, denn es ging ja lediglich darum, die zweite Diebnersche Arbeitsgruppe in Stadtilm zu etablieren, während die erste längst im Gebiet tätig war. Deren Laborausrüstung war unmöglich durch einen einzelnen Lkw-Einsatz in Sicherheit zu bringen …

In diesem Zusammenhang sei darauf hingewiesen, dass einer von uns vor vielen Jahren das Glück hatte, mit einigen alten Herren aus Stadtilm und seinem Umfeld zusammenzutreffen, die bei Kriegsende einiges mitbekommen hatten. In dem mehrstündigen abendlichen Gespräch ließen die Zeitzeugen wissen, dass die hinter dem Stadtilmer Rathaus befindliche Mittelschule und ihre Kellerräume nur die Spitze des Eisberges seien; es gebe im nahen wie auch ferneren Umfeld zahlreiche weitere Areale, die mit unterirdischen Anlagen durchsetzt seien und von denen nach dem Krieg nicht zu erfahren war, was in ihnen geforscht und produziert wurde. Herr Mehner erfuhr bei diesem Gespräch einige Namen von Personen und Firmen, die bis dato in der zeitgeschichtlichen Berichtserstattung im Zusammenhang mit dem Standort Stadtilm nicht aufgetaucht sind. Zu gegebener Zeit wird darüber ausführlicher zu berichten sein.

Nun aber zu der alles entscheidenden Frage: Ist es vorstellbar, dass in Stadtilm zwei Atombomben gelagert wurden? Bevor wir darauf eine Antwort geben, lassen wir erst einmal den Autor Günter Nagel zu Wort kommen, der in einem detaillierten Buch mit dem Titel *Das geheime deutsche Uranprojekt 1939–1945. Beute der Alliierten** auf diese Frage in der ihm eigenen Art eingegangen ist. Nagel, der in seinem Werk bemüht ist, sich von »unseriösen« Autoren und deren Darstellungen abzugrenzen, schreibt auf Seite 258:

---

* Heinrich-Jung-Verlagsgesellschaft mbH, 1. Auflage, Zella-Mehlis 2016.

> »›*Zwei Atombomben in einem Panzerschrank*‹ – das ist natürlich Unsinn von A bis Z. Im besten Falle könnten es Teile für ein wie auch immer geartetes Versuchsmodell oder geringe Mengen spaltbaren Materials oder eines Zünder-Mechanismus gewesen sein.«

Wir wissen nicht, woher Herr Nagel seine Weisheit bezieht, aber Fakt ist, dass in der *Los Angeles Times* vom 20. Juli 1945 auf Seite 5 Commander Herbert Agar erwähnt wurde, der als »Special Assistant« des US-Botschafters in London tätig war und vor Studenten und Professoren des elitären Clifton-College in Bristol einen Vortrag gehalten hatte, in dem er erwähnte, dass nach Meinung von Experten der Alliierten Deutschland im (Spät-)Sommer 1945 die Nuklearenergie für den Krieg eingesetzt hätte.

Der Bericht ist insofern ein bedeutendes zeitgeschichtliches Dokument, als in ihm auch von einem Wing-Commander A.G. Pither berichtet wird, der zur Royal Australian Air Force (RAAF) gehörte und über genauere Daten verfügte: Seinen Angaben zufolge hätten die Deutschen im Falle eines länger dauernden Krieges ab August 1945 »21-pound uranium desintegration bombs« eingesetzt, die unter anderem auf V-2-Raketen montiert worden wären. Geradezu verblüffend an dieser Angabe ist, dass 21 britische Pfund etwa 9,5 (metrischen) Kilogramm entsprechen. Es handelte sich bei den deutschen »disintegrations bombs« also ganz offensichtlich um kleinere Sprengköpfe (deren Existenz wir ja stets postuliert haben). Doch damit nicht genug: Bemerkenswerterweise entsprechen die 9,5 Kilogramm in etwa der Gewichtsangabe der Stadtilmer Atomwaffen, die circa 8 Kilogramm schwer gewesen sein sollen. (Wir hatten in früheren Büchern dazu berichtet und ersparen uns daher an dieser Stelle weitere Angaben.)

Was die Establishment-Historiker bis heute nicht verstanden haben, ist, dass die im Deutschen Reich entwickelten Kernwaffen der zweiten Generation bereits das Stadium der Miniaturisierung durchlaufen hatten. War die erste Generation noch groß und schwer, so war die zweite schon wesentlich kleiner und leichter. Und sofern die V-2 als Träger für eine Nuklearwaffe vorgesehen war, so konnte sie bei einer Nutzlastkapazität von etwa einer Tonne wohl kaum eine 4,6-Tonnen-Bombe vom Typ »Fat Man« tragen. Logisch, oder?

Freilich kann man sich über die Definition, was eine Bombe ist, streiten. Ganz allgemein handelt es sich dabei um ein Kampfmittel, das eine Explosion verursacht. Präzisiert man das Ganze etwas, so ist eine Bombe ein Sprengkörper, der mit explosivem Material gefüllt ist, das durch einen Zünder zur Detonation gebracht werden kann, um Zerstörung anzurichten beziehungsweise Menschen zu töten (nach *Wikipedia*).

Bei einer Atomwaffe liegen die Dinge etwas anders: Die eigentliche Bombe ist der zentrale Kern, also die Pu-239-, U-233- oder U-235-Ladung, und der Zünder (ohne Zuleitungen etc.). Der Kern wurde mittels »The Core«, auch »Box« genannt, transportiert. Da bekanntermaßen ein Bild mehr sagt als tausend Worte, wollen wir anhand eines historischen Fotos einmal zeigen, wie groß die »Box« bei der »Trinity«-Versuchs-Plutoniumbombe war, die am 16. Juli 1945 im US-Bundesstaat New Mexico gezündet wurde und die ja angeblich US-amerikanischer Produktion (respektive der Produktionslinie deutscher Atomwaffen der ersten Generation) entstammte.

»The Core« war mit Leichtigkeit durch eine einzige Person zu transportieren, wie das Foto auf der gegenüberliegenden Seite beweist. Wenn der zentrale Teil der großen Erste-Generations-Plutoniumbombe (die »Trinity«- und die »Fat Man«-Plutoniumbomben waren ja vom Prinzip her identisch) schon so klein war und nach Angaben der Internetseite *Rare*

Historical Photos gerade einmal 6,2 Kilogramm wog,* dann konnte die »Box« mit dem Zünder sehr wahrscheinlich in einem mannshosen Stahlschrank untergebracht werden.

Sgt. Herbert Lehr mit dem Plutonium-239-Kern für das »Gadget«, die »Trinity«-Versuchsbombe.
(Public Domain, Wikimedia Commons)

---

* Siehe dazu im Internet: *https://rarehistoricalphotos.com/harold-agnew-carrying-plutonum-core-nagasaki-fat-man-bomb-1945/* (abgerufen am 27. April 2019). Die Internetseite zeigt darüber hinaus ein Foto der »Fat Man«-Plutonium-»Box«.

Nun dürfen wir aber nicht vergessen, dass es in Bezug auf die beiden Stadtilmer Atomwaffen ja nicht um eine Erste-Generations-Bombe ging, sondern um eine, die offensichtlich von den Abmaßen her kleiner war und um die 8 Kilogramm gewogen haben soll. Unmöglich? Dieses Wort möchten wir in Bezug auf das, was deutsche Wissenschaftler und Ingenieure während des Zweiten Weltkrieges zu leisten vermochten, aus unserem Wortschatz streichen. Wie wir eben festgestellt haben, ist selbst der zentrale Teil der »Fat Man«-Pu-239-Bombe nicht so groß, dass man ihn nicht in einen großen Stahlschrank hineinbekäme. Was aber ist mit den kleineren Atomwaffen, die ja auch in den 1950er-Jahren in den Vereinigten Staaten entwickelt und dann mit dem Beginn der 1960er-Jahre in den Truppendienst überführt wurden, wie beispielsweise die »Davy Crockett«?

Sicherlich, bei ihr handelt es sich um eine Atomwaffe der untersten Leistungskategorie für den taktischen Gefechtsfeldeinsatz mit einer Detonationsstärke von nur 10 – 20 Tonnen TNT-Äquivalent.* Aber immerhin: Sie ist der Beweis, dass man Nuklearwaffen schon vor Jahrzehnten sehr klein bauen konnte, wiegt doch der komplette Gefechtskopf nur ganze 16 Kilogramm. Zudem vertreten wir die Auffassung, dass den Amerikanern die hohe Kunst der Atomwaffenkonstruktion nie bekannt geworden ist, diese beherrschten nur die Deutschen!

Hätte also nun der Autor Günter Nagel eine Nagelprobe in Bezug auf das, was er zum möglichen Vorhandensein von zwei Atomwaffen in einem Stahlschrank in Stadtilm geschrieben hat, vorgenommen, das heißt: die tatsächlichen, durchaus

---

* Zu Beginn unserer Recherchen vor 20 Jahren mussten wir derartige Informationen noch mühsam ermitteln, heute stehen sie im Internet sogar bei *Wikipedia*: *https://en.wikipedia.org/wiki/Davy_Crockett_(nuclear_device)* (abgerufen am 7. Mai 2019).

Die US-amerikanische »Davy Crockett«. Frage: Passt der rechts zu sehende, an einen Raketentreibsatz angedockte nukleare Gefechtskopf in einen Stahlschrank?
(Public Domain, Wikimedia Commons)

zugänglichen Fakten recherchiert, hätte das Ergebnis anders ausfallen müssen. Man kann sehr wohl zwei Nuklearwaffen (sogar inklusive der Bombenhüllen!) in Stahlschränke packen – wohlgemerkt einsatzfähige Systeme und nicht irgendwelche Versuchskörper oder deren Einzelteile!!!

In diesem Zusammenhang müssen wir leider feststellen, dass deutsche Historiker aus einem für uns nicht nachvollziehbaren Grund enorme Probleme damit zu haben scheinen, dass auch nur der Hauch einer Möglichkeit besteht, dass die Atomexperten des Deutschen Reiches den Wettlauf um funktionierende Nuklearwaffen gewonnen haben könnten. Sobald jemand Derartiges behauptet, noch dazu, wenn diese Person nicht zur erlauchten Gilde der modernen Hofberichterstatter gehört, wird er mit dem Etikett »unseriös« versehen, während die All- und Besserwissenden weiter die Siegergeschichtsschreibung für das einzig Wahre und Relevante halten.

Irgendwie haben die Historiker nicht begriffen, dass in Bezug auf zahlreiche Neuentwicklungen bei Waffensystemen deutsche Ingenieure und Wissenschaftler während des Zweiten Weltkrieges federführend waren (Raketen, Flugbomben, Düsenflugzeuge, Antiradarbeschichtungen und, und, und), während ausgerechnet die US-Amerikaner diejenigen gewesen sein sollen, die erfolgreich eine Atomwaffe entwickeln konnten. Ein Treppenwitz der Weltgeschichte.

Möglicherweise sind die Etablierten auch deshalb etwas begriffsstutzig, weil sie nicht wissen, dass deutsche Wissenschaftler ab dem Jahr 1943 noch in ganz andere physikalische Bereiche vordrangen. Bei den ersten Tests von Kernspaltungsbomben hatte man bemerkt, dass diese in ihrer Wirkung zwar katastrophal waren, aber Waffen, die die von Hitler später so proklamierte »Götterdämmerung« herbeiführen konnten, waren sie nicht. Aus diesem Grund wurde die Forschung fortgesetzt, und das Ergebnis waren einerseits Fusionswaffen, die nicht nur effizienter waren, sondern auch eine höhere Detonationsleistung erzielten, sowie andererseits auf anderen physikalischen Grundlagen basierende ultimative Waffensysteme wie eben das von uns schon erwähnte RADgUM. Eine genügend große Menge davon ist in der Lage, ganze Nationen, ja Kontinente zu vernichten – und als Ultima Ratio sogar den Planeten in Stücke zu reißen. Was wissen die Historiker davon? Nichts!

Genauso wenig wissen sie von dem Umstand, dass deutsche Wissenschaftler Mittel und Wege fanden, die Schwerkraft zu manipulieren und das Energieproblem einer Lösung zu-

zuführen. (Muss man dann heute miterleben, wie die in der Bundesrepublik praktizierte »Energiewende« betrieben wird, dann bleibt nur festzustellen, dass damals Könner am Werke waren, während man zu den heute Tätigen kein Wort verlieren sollte. Eine wirkliche Energiewende ist das, was hierzulande präsentiert wird, jedenfalls nicht.)

Solange die Damen und Herren Experten so uninformiert auftreten, müssen wir uns also nicht wundern, wenn diese – bildlich gesprochen – von »Äpfeln«, wir aber von »Birnen« berichten. Während wir das Licht am Ende des Tunnels schon vor mehr als 10 Jahren gesehen haben respektive sehen durften, sind unsere Kritiker nicht mal am Tunneleingang angekommen. Wie will man mit solch Uninformierten gewinnbringend über das Gesamtthema sprechen? Wir tun das nicht, denn es ist sinnlos. Gewiss: Man mag uns Arroganz vorwerfen. Diese ist aber immer noch besser als die bei unseren Kritikern und den »Experten« zu beobachtende Ignoranz.

Doch zurück zu Stadtilm: Man sollte sich darüber im Klaren sein, dass manche Wissenschaftler der Diebner-Gruppe, die dort weilten, in ihrer Bedeutung ganz anders gesehen werden müssen, als das bisher der Fall war. Eine Person verdient dabei – nach aktuellem Kenntnisstand – unsere ganz besondere Beachtung: Prof. Dr. Karl Wirtz (1910–1994). Die bisherigen Biografien* weisen ihn ganz allgemein als Reaktorspezialisten auf, verschweigen aber mangels Wissen die wichtige Information, dass er im Jahr 1941 ein (Geheim-) Patent beim Reichspatentamt anmeldete, das erst durch die in Südamerika lebende deutsche Journalistin Gaby Weber im Zusammenhang mit ihren Recherchen zur tatsächlichen Herkunft des israelischen Atomprogramms ans Tageslicht

---

* *https://de.wikipedia.org/wiki/Karl_Wirtz_(Physiker)* (abgerufen am 26. April 2019).

befördert werden konnte.* Das Ganze ging nicht ohne anwaltliche Hilfe, denn Frau Weber hatte schon Jahre vorher beim Deutschen Patentamt diesbezüglich nachgefragt, aber eine abschlägige Antwort erhalten. (Uns ging es vor Jahren nicht anders, wir hatten aber dennoch eine Reihe von Patenten auffinden können, die, als die bundesdeutsche Wissenschaft wieder auf dem Sektor der Atomforschung arbeiten durfte, von ehemaligen reichsdeutschen Atomspezialisten [erneut] angemeldet worden waren und einen Stand der Dinge ver-

---

* Gaby Webers Filmdokumentation zum Thema »Israels Atombombe – aus dem Nazi-Schoß gekrochen?« ist im Internet erreichbar unter *https://www.youtube.com/watch?v=rJClsenkrgA* (abgerufen am 2. Mai 2019). Sie zeigt nicht nur, dass in Bezug auf das deutsche Atomprogramm während der Zeit des Zweiten Weltkrieges viele Darstellungen aufgrund ihrer Lückenhaftigkeit und der daraus resultierenden Fehleinschätzungen massiv infrage zu stellen sind (um das einmal höflich zu formulieren; wir könnten auch von der Verbreitung von Lügen sprechen), sondern auch, dass die damaligen deutschen Nuklearexperten die Atombombe wollten und dass die Behauptung, sie hätten Hitler eine solche Waffe nicht an die Hand geben wollen, wahrheitswidrig ist. Weiterhin wird aufgezeigt, dass mindestens zwei unterschiedliche Atomforschungsebenen existierten, wobei diejenige mit der geringeren Priorität von derjenigen mit der höheren nichts wissen durfte. Auch wird dokumentiert, dass US-amerikanische wie wohl auch deutsche Behörden das Wissen um den Stand der deutschen Atomforschung bis 1945 filtern, das heißt auf ein der bisherigen Geschichtsschreibung entsprechendes Maß beschränken. Das ist aber noch nicht alles: Nach dem Krieg wurden die deutschen Atomwissenschaftler und ihr Wissen dazu benutzt, dem israelischen Staat in aller Heimlichkeit und Stille ein Atomwaffenarsenal zu ermöglichen, wobei die Bundesrepublik Deutschland das Projekt zusätzlich durch (damals) enorme Geldbeträge unterstützte. Die Webersche Dokumentation beweist, dass die wahre Geschichte der deutschen atomaren Forschung in der Zeit des Nationalsozialismus wie auch in den Jahrzehnten danach bisher *nicht* berichtet worden ist, sondern die deutsche wie auch die Weltöffentlichkeit – und diese Formulierung ist die einzig korrekte – nach allen Regeln der Kunst belogen wurde.

rieten, den diese Fachleute nur während des Krieges erlangt haben konnten.)

Man darf sich wundern: Vor Jahren entdeckte Dr. Rainer Karlsch das von Carl Friedrich von Weizsäcker im Jahr 1941 angemeldete Patent zum Bau einer Plutoniumbombe, und nun identifizierte Gaby Weber das Patent der Wirtzschen Reaktoranmeldung, das aus demselben Jahr stammt. Wer jetzt immer noch nicht merkt, was gespielt wird, dem ist nicht mehr zu helfen: Indem die Alliierten die grundlegenden Informationen zur deutschen Nuklearforschung, eben beispielsweise in Form bedeutender Patentanmeldungen, zurückhielten, machten sie es später zu dem Thema Arbeitenden schwer, die damalige Situation korrekt einzuschätzen. Hätten vor Jahrzehnten arbeitende Historiker zum Beispiel über diese Patente Bescheid gewusst und dazu Physikfachleute konsultiert, hätten Letztere sicherlich den Hinweis gegeben, dass eine weitere Nachforschung allemal lohnenswert sei (und die Behauptungen der Vertreter der Geschichtsschreibung der Alliierten mit der nötigen Vorsicht bewertet werden müssen). Diese weiteren Recherchen hätten dann sehr wahrscheinlich aufgezeigt, dass die Deutschen in puncto Atom(waffen)forschung sehr viel weiter waren, als das die Weltkriegs-Zwei-Sieger behaupteten ...

Genau das aber wollten die Alliierten verhindern. Wobei wir die Auffassung vertreten, dass, wenn sie schon bei den grundlegenden Dokumenten zum Mittel der Zensur und Geheimhaltung griffen, offensichtlich noch ganz andere Dinge existieren müssen, die so brisant sind, dass sie zurückgehalten werden mussten.

Es gab nämlich möglicherweise noch einen anderen Grund für die Vertuschungs- und Geheimhaltungs-Manie. Man stelle sich einmal vor, dass die Amerikaner deutsche Beutebomben benutzten oder, wenn man es allgemeiner formulieren will, deutsche Beutetechnologie verwendeten, die zur erfolgreichen Beendigung des Pazifik-Krieges führte und die beiden japanischen Städte Hiroshima und Nagasaki auslöschte, wobei, wenn man die Spätfolgen einrechnet, Hunderttausende Zivilisten ums Leben kamen. Man stelle sich weiter vor, dass sie keine Skrupel hatten, diejenigen Waffensysteme einzusetzen, die durch die SS kontrolliert wurden, die ihrerseits verantwortlich war für den Tod Tausender, die aufgrund von heute kaum mehr vorstellbaren Bedingungen untertage Hohlräume für die geheimen Entwicklungs- und Produktionseinrichtungen schaffen mussten und/oder bei der Waffenentwicklung und -produktion eingesetzt waren und die letztlich, als Mitwisser der Geheimprojekte, bei Kriegsende in den unterirdischen Anlagen eingesprengt oder anderweitig getötet wurden. Sofern man dieses hier vorgetragene spekulative Szenario überdenkt, wird man wenigstens ansatzweise nachvollziehen können, weshalb die Alliierten um keinen Preis der Welt – gesetzt den Fall, wir hätten die Situation korrekt erfasst – zugeben werden, was wirklich während der Phase des Kriegsendes und in der Zeit danach gelaufen ist, denn dann müssten alle, die von den deutschen Technologieentwicklungen profitierten, sich den Vorwurf gefallen lassen, dass das Blut der ums Leben Gekommenen auch an ihren Händen klebt.

Freilich: Die Alliierten hatten zum Beispiel keinerlei Probleme damit, die erbeutete V-2 als Grundlage ihrer eigenen, späteren Raketentechnologie zu verwenden und die beteiligten deutschen Wissenschaftler und Ingenieure in ihren Diensten arbeiten zu lassen, obwohl sie genau wussten, dass zum Beispiel bei der unterirdischen Produktion des V-2-Systems in Mittelbau-Dora (bei Nordhausen, Thüringen) Tausende Häftlinge zum Einsatz gelangten, von denen viele zu Tode kamen. Doch möglicherweise ist das, was in Bezug auf die Ergebnisse der deutschen Atom(waffen)forschung gelaufen ist, von einer Dimension, die für Menschen mit Anstand und Moral nicht mehr vorstellbar ist.

Dass an dieser unserer Annahme – um es salopp zu formulieren – etwas dran sein muss, beweisen unseres Erachtens die teils überlangen Geheimhaltungsfristen von bis zu 100 Jahren, die, um ein aktuelles Beispiel zu bemühen, nur noch von der 120-Jahres-Klassifizierung bestimmter Verfassungsschutz-Akten zum Thema »Nationalsozialistischer Untergrund (NSU)« übertroffen werden. In beiden Fällen dürfte unserer unmaßgeblichen Meinung nach ein Augiasstall ungeahntes Ausmaßes dahinterstecken!

Dass die vom MfS zum Thema »Stadtilm« gesammelten Informationen besonderer Art waren, steht außer Frage. Wir gehen zudem davon aus, dass dies den Verantwortlichen beim DDR-Geheimdienst auch bewusst war. Denn hätte man – und diese Betrachtungsweise muss hier einmal diskutiert werden, weil sie bis dato komplett übersehen wurde – den von Klempnermeister Erich Rundnagel erwähnten Zusammenhang des einstigen Vorhandenseins von zwei Atombomben und den späteren US-Abwürfen solcher Waffen über Hiroshima und Nagasaki beweisen können, wäre dies ein ungeheurer propagandistischer Erfolg gewesen: Die DDR-Staatsführung hätte den Klassenfeind USA bis auf die Knochen blamieren können, wenn sie Beweise präsentiert hätte, die zeigten, dass die Verantwortlichen der Vereinigten Staaten von Amerika, die sich gern als Moralapostel aufspielten, Beute-Atombomben »aus faschistischer deutscher Produktion« – um den DDR-Duktus zu bemühen – auf zwei japanische Städte abgeworfen hatten.

Die zugänglichen Unterlagen zum Fall »Stadtilm« zeigen zwar, dass man sich um das Thema seitens des MfS kümmerte, hinterließen aber bei uns den Eindruck, dass auf Kreis- beziehungsweise Bezirksebene zu wenig getan wurde, um den Informationen, die man durch Befragungen erhalten und die der Geheime Informator (GI) geliefert hatte, mit Nachdruck nachzugehen. Möglicherweise wurde der Fall jedoch »höheren Orts« bearbeitet, worauf die von uns auf Seite 161 aufgezeigte Manipulation bei einem der Protokolle hinweisen könnte.

Am 27. August 1968 wurde von der MfS-Bezirksverwaltung Suhl an die MfS-Kreisdienststelle Arnstadt noch eine Reihe von Fotos übermittelt. (Diese präsentieren wir auf den Seiten 180–188.) In dem betreffenden Schreiben heißt es:

> »In der Anlage übersenden wir Ihnen 12 Fotos, die ein IM [Inoffizieller Mitarbeiter] unserer Abteilung im Auftrage eines Zeitungsreporters anfertigte.
> Auf den Fotos 1–3 sind ehemalige Maueröffnungen zu erkennen, die der Besitzer nach dem ersten Besuch des Zeitungsreporters vermauern ließ (außer 3).
> Die Bilder 4 und 5 zeigen scheinbar vermauerte Öffnungen in der Kellersohle und auf den Bildern 6–8 sind Einrichtungen zu erkennen, deren Sinn und Aufgabe der IM nicht deuten konnte. [...]
>
> Anlage: 12 Bilder
>
> [...] [...]
> Major Major«*

Enttäuschend war der Abschlussbericht, der am 6. Mai 1968 verfasst wurde und in dem es hieß:

* Quelle: BStU, MfS, BV Erfurt, AS, Nr. 2/68.

»Im vorliegenden Material wurde der Hinweis betr. ehemaliger Forschungsstelle für Kernspaltung in Stadtilm überprüft. Die Ermittlungen wurden mit dem Gen. [...] von der Abteilung XVIIII der BV [Bezirksverwaltung] geführt und erbrachten keine Bestätigung.
Es wurde lediglich ermittelt, dass eine Forschungsstelle im Aufbau war, aber durch den Einmarsch der Amerikaner nicht fertiggestellt werden konnte.
Forschungsarbeiten wurden nach Aussagen des Klempners Rundnagel, er arbeitete bis zuletzt an diesem Objekt, nicht durchgeführt.
Die Hauptperson, Dr. Bergey [Berkei], ist vor wenigen Wochen verstorben. Die anderen beteiligten Mitglieder der Forschungsstelle befinden sich in Westdeutschland.
Da aus angeführten Gründen keine Möglichkeit einer weiteren Aufklärung besteht, wird das Material in der allgemeinen Sachablage der Abt. XII abgelegt.

[...]	Bestätigt:
Oberfeldwebel	[...]
	Hauptmann«*

Uns erstaunt dieser Abschlussbericht insofern, als das Ministerium für Staatssicherheit der DDR bei weitaus weniger bedeutsamen beziehungsweise in unproblematischeren Fällen deutlich mehr Aktivitäten an den Tag legte. Besonders merkwürdig ist der Umstand, dass die vom GI genannten Vermauerungen nicht überprüft beziehungsweise geöffnet wurden, zumal bei Auftreten ionisierender Strahlung (und diese wurde ja gemessen) ganz allgemein mit der Begrün-

* Quelle: BStU, MfS, BV Erfurt, AS, Nr. 2/68.

Das Gebäude der einstigen Mittelschule in Stadtilm (Foto 1), in deren Keller (Fotos 2–12) das Atomforschungslabor der Diebner-Gruppe untergebracht werden sollte. (Quelle für alle Fotos: BStU, MfS, BV Erfurt, AS, Nr. 2/68).

BStU
000023
3

BStU
4

BStU

BStU
000020
6

BStU
000017
7

BStU

BStU

BStU
000019
10

BStU
11

BStU
12

dung »Gefahr in Verzug«, auch unter Hinzuziehung anderer behördlicher Strukturen, hätte gehandelt werden können.

Da wir nicht wissen, welche übergeordneten Dienststellen in diesen Fall miteinbezogen wurden beziehungsweise ob man nicht gar bei den Russen in dieser Sache anfragte, die mit Sicherheit einiges zu berichten wussten, ist eine abschließende Beurteilung schwierig.

Wir gehen derzeit davon aus, dass das eigentliche »Geheimnis Stadtilm« bis heute nicht aufgeklärt worden ist und dass aus diesem Grunde diese thüringische Stadt wie auch ihr Umfeld künftig nicht nur für unsere Betrachtungen interessant sind, sondern dass es dort irgendwann – wir sehen das jedenfalls so – zu Problemen besonderer Art kommen kann. Auf einer Karte, die infolge russischer Aufklärungsaktivitäten entstand und die uns vorliegt, ist nicht nur Stadtilm markiert (unter anderem mit dem Vermerk »Atomlabor« in kyrillischen Buchstaben), sondern die Russen haben auch das südwestlich davon gelegene Griesheim, in dem einige deutsche Atomforscher untergebracht waren, gekennzeichnet. Südlich beziehungsweise leicht südwestlich von Griesheim liegt Cottendorf, dessen südwestliches bis südöstliches Umfeld ebenfalls mehrfach markiert wurde (teils mit konkreten Vermerken, teils in Form von schraffiert dargestellten Verdachtsflächen). Besonders augenfällig sind hier zwei Markierungen, die zum einen einen Totenkopf mit darunter befindlichen gekreuzten Knochen darstellen, und zum anderen ein Symbol zeigen, das »Strahlung« bedeutet. Ein solches Symbol ist auch auf halbem Wege zwischen Stadtilm und Griesheim vermerkt – südöstlich von Niederwillingen.

Aus der Karte ist leider nicht ersichtlich, ob die Russen die Verdachts- und Gefahrenstellen angingen oder ob sie diese unangetastet ließen und lediglich einen Vermerk erstellten. Die Eintragungsdichte ist jedenfalls hoch.

»Große Geister haben stets heftige Gegnerschaft in den Mittelmäßigen gefunden. Die Letzteren können es nicht verstehen, wenn ein Mensch sich nicht gedankenlos ererbten Vorurteilen unterwirft, sondern ehrlich und mutig seine Intelligenz gebraucht und die Pflicht erfüllt, die Ergebnisse seines Denkens in klarer Form auszusprechen.«

ALBERT EINSTEIN

DAS KNARREN IM GEBÄLK DES KAPITALISTISCHEN SYSTEMS UND DIE LÖSUNG DES ENERGIEPROBLEMS

Man erlaube uns in einem Buch wie diesem, das sich vorwiegend mit der Frage des wahren Standes der deutschen Hochtechnologie, und hier besonders der Atombombe, während der Zeit des Zweiten Weltkrieges befasst, auch einmal auf das heutige naturgesetzwidrige menschliche Gesellschaftssystem des Raubtierkapitalismus einzugehen, das für die Probleme der (einfachen) Menschen keine Lösungen hat. Wenn wir uns an dieser Stelle in mehr oder weniger philosophischer Form einmal dazu äußern wollen, so hat das seinen Grund, der für den Leser zum Ende des Kapitels hin ersichtlich werden wird.

Inbesondere in der Bundesrepublik Deutschland scheint man jetzt an einem Punkt angekommen zu sein, wo sich die Widersprüche innerhalb des Systems so verstärken, dass man befürchten muss, das sich ein Gordischer Knoten bildet, der künftig nur mittels eines scharfen Schwertes zu lösen sein wird.

Einerseits huldigt die bundesdeutsche Führung dem Klimawandel und will durch eine von ihr betriebene Energiewende dem Rest der Welt (circa 97 – 98 Prozent in Bezug auf den weltweiten menschengemachten Kohlendioxidausstoß) ihre Vorreiterrolle demonstrieren, andererseits nimmt die Zahl derjenigen, die unter den hierzulande ständig steigenden Energiepreisen leiden – und das ist nicht nur Otto Normalverbraucher, sondern das sind auch zahlreiche mittelständische Industrie- und Dienstleistungsunternehmen –, ständig zu.

Denkt man diese Entwicklung zu Ende, werden die Deutschen ihr Landesmikroklima vielleicht eines schönen Tages gerettet haben, aber dafür wieder mit Pfeil und Bogen durch die Wälder irren, um ihr Leben abzusichern, weil Energie aus der Steckdose unbezahlbar geworden ist und damit die Segnungen der Zivilisation nicht mehr genutzt werden können. Die politischen Entscheidungsträger haben nicht nur das Problem, dass sie in ihren Kreisen selbst unter dem größten Fachkräftemangel leiden, den dieses Land je gesehen hat, sondern dass sie offensichtlich einfachste Zusammenhänge nicht verstehen, die da nämlich zum Beispiel lauten, dass eine hoch entwickelte Zivilisation Energie braucht, die *billig* ist.

Nachfolgend seien daher einige Gedanken zu unserem System und dem Energiethema geäußert.

* * *

Grau ist alle Theorie – wie die Praktiker wissen. Und mancher Umschwung kommt schneller als gedacht – das ist nicht nur Revolutionären bekannt. In den zurückliegenden zehn Jahren begann eine Entwicklung, die das bisher gewohnte (sorglose) Leben der Bewohner der westlichen Welt noch gehörig durcheinanderwirbeln wird. Es knarrt bereits hörbar im Gebälk des (kapitalistischen) Systems, nicht nur, weil Anspruch und Wahrheit immer weiter auseinanderklaffen, sondern weil nunmehr eine Bedrohung heraufzieht, die zwar nicht neu, in dieser Größenordnung aber zu spät erkannt wurde. Nein, gemeint sind nicht die (jetzt wiederkehrende) Finanzkrise, die Migrationskatastrophe oder der vermeintliche Klimawandel, die allesamt nur die Ouvertüre ganz anderer Erscheinungen sind. Es geht um die Überbevölkerung und den fatalen, ja geradezu wahnhaften Wunsch bestimmter Ideologen, jedem Menschen ein Leben zu ermöglichen, das dem des modernen Westlers gleicht, wofür wir – was völlig übersehen wird – mindestens zwei weitere Planeten vom Typ Erde benötigen.

Wir haben zu keiner Zeit verstehen (besser: nachvollziehen) können, dass in einer Welt, deren Ressourcen endlich sind, die wirtschaftlich und politisch Verantwortlichen einer *völlig irren* Idee anhängen – der des ständigen Wachstums nämlich. Die Protagonisten der Auffassung, dass fortgesetztes Wachstum nötig sei (womit sie genau genommen nur in das Horn der unersättlichen Hochfinanzstrukturen und ihrer Ausbeutungsmethode über den Zins blasen), sind die besten Beispiele dafür, wenn es darum geht aufzuzeigen, wie weit sich der Mensch von der Natur entfernt hat. Doch keine Sorge: Die Herren und Damen werden in historisch überschaubarer Zeit auf den Boden der Tatsachen zurückgeführt werden, vielleicht schneller und härter, als sie das je für möglich gehalten haben.

Eine der Hauptgrundlagen des Wachstums der westlichen Welt besteht im Verbrauch von (billiger) Energie. Kraftwerke produzieren durch Verbrennen von Kohle, Gas, Öl oder durch Kernreaktionen Strom; Erdöl und Kohle werden zudem zu Grundstoffen der chemischen Industrie und zu Treibstoff verarbeitet. Egal ob diejenigen recht haben, die behaupten, dass der Ölfördergipfel (der sogenannte »Oil Peak«) bereits erreicht oder überschritten sei und wir uns alle darauf einstellen müssen, das sich verknappende Öl immer teurer zu bezahlen, oder ob jene richtig liegen, die meinen, es gebe noch genügend Öl, das jedoch nicht mehr so leicht zu erschließen sei – Fakt ist, dass der schwarze Saft des kapitalistischen Lebens zum Problem wird, weil er seine Fließgeschwindigkeit herabzusetzen droht. Man hat das Problem zwar allerorten erkannt, aber alle derzeit infrage kommenden Alternativen – Windkraft, Biokraft, Solarkraft, Kernkraft – sind prozentual betrachtet in zahlreichen Staaten nicht groß und umfassend genug ausgebaut worden, um das Öl vollständig als Energielieferant zu ersetzen. Das wissen auch die in der Ölindustrie Verantwortlichen. Vertreter der europäischen Energiebehörde meinten vor Jahren gar, die Ölkonzerne hätten sie bewusst ausmanövriert – das heißt nicht wissen lassen, wie schlimm es um die Probleme mit dem Erdöl stünde. Nun, selbst schuld: Man kann dem Fuchs nicht glauben, wenn er berichtet, dass noch alle Hühner vollzählig im Stall sein würden ...

Sicherlich hat es keinen Sinn, in Panik zu verfallen. Aber der Energiehunger der Weltbevölkerung lässt Schlimmes erahnen. Westeuropäer und Amerikaner wollen ihren Lebensstandard halten, niemand ist bereit, freiwillig auf etwas zu verzichten. Im Gegenteil: Die vor Jahren erfolgte Invasion der USA im Irak zeigte ganz deutlich, dass sich die (noch) führende Weltmacht dieses Planeten ohne Rücksicht auf Verluste den Zugriff auf die überlebenswichtige Ressource Öl sichert. Nicht genug damit: Als nächstes Ziel ist der Iran anvisiert, der – glücklicherweise für die westliche politische Propaganda (von ausgewogener Information kann ja keine Rede sein) – bestimmt, möglicherweise oder auch gar nicht an einer Atomwaffe arbeitet, was Herrn Trump und Frau Merkel sowie all den anderen, die zu ihnen gehören, ein Dorn im Auge ist. Genau genommen geht es aber gar nicht um die Bombe, sondern um das Erdöl im Iran. Hätten die USA direkten Zugriff auf dieses Schwarze Gold, wäre der schwerkranke Patient (die auf Erdöl aufbauende westliche Wirtschaft) per Eilfusion noch etwas länger am Leben zu halten. Eine Nahost-Nation aber, die aufgrund ihrer Souveränität das Recht für sich in Anspruch nimmt, militärisch-technologisch mit dem Westen gleichzuziehen, ist für die Vereinigten Staaten und ihre Verbündeten ein Problem: Ein quasi zweitklassiger Staat, der früher in bestimmten neokolonialen Abhängigkeiten gehalten werden konnte, lässt sich nicht mehr alles gefallen. Es ist logisch, dass solcherlei Bestrebungen unterbunden werden müssen und man ihn nunmehr mit der Sanktionsmethode zum Einlenken zwingen will.

Nun ist es aber so, dass nicht nur die USA und Westeuropa einen ausgeprägten Energiehunger entwickelt haben, sondern auch China und Indien auf dem Weg sind, dem Westen zu folgen. Was man insbesondere in China in den vergangenen 20 Jahren erleben konnte, ist ungeheuerlich: Viele Menschen machten innerhalb dieser Zeit eine Entwicklung vom Reisfeldbauern zum Bewohner einer Hightech-Stadt durch, der ohne sein Smartphone nicht mehr leben kann. Das Ganze wird dann noch als Fortschritt bezeichnet, obwohl es genau genommen das ganze Gegenteil ist. Der chinesische Großstadtmensch ist kaum mehr als eine menschliche Ameise – eingesperrt in eine 40-Quadratmeter-Wohnung und von seiner Regierung nach allen Regeln der Kunst überwacht. Und selbstverständlich verbraucht er nun sehr viel mehr Energie, um seine Existenz aufrechtzuerhalten, als noch vor 20 Jahren.

Ein weiteres Problem: Alle Wissenschaft und Technik nutzen wenig bis nichts, wenn man nicht in der Lage ist, die anstehenden Probleme zu analysieren und nach Auswegen zu suchen, die eine *langfristige* Lösung darstellen. Zudem: Dies erst jetzt zu tun ist mit hoher Wahrscheinlichkeit zu spät. Bereits vor Jahrzehnten hätte man damit beginnen müssen, die Energiesicherheit der Welt auf mehrere tragfeste Säulen zu stellen – vor allem auf solche, die als wirklich fortschrittlich zu bezeichnen sind. Gewiss: Erdöl, Kohle und Gas sind Geschenke, weil sie so »einfach« zu fördern und zu verarbeiten sind. Aber sie tragen einen Fluch in sich, der irgendwann zum Tragen kommen wird, da die Fördermengen künftig möglicherweise stagnieren, vielleicht sogar zurückgehen werden und mit diesen Energieträgern Schindluder – das heißt: Spekulation in Größenordnungen – betrieben wird.

In Deutschland meint man aktuell vielleicht, dass die eingeleitete Energiewende die Rettung wäre, verkennt dabei aber, dass die Abschaltung aller konventionellen Energielieferanten ein sehr schwieriges Unterfangen werden dürfte und dass die so bezeichnete »alternative Technologie« in Form von Solaranlagen und Windrädern nicht die endgültige Lösung sein kann. Genau genommen handelt es sich dabei um eine Technik, die nur *unterstützend* zum Einsatz gelangen sollte; den großen Energiebedarf müssen andere Verfahren decken, die aber aufgrund mangelnder Forschung nicht vorhanden sind.

Man darf gespannt sein, was Europa und die USA auszuhalten imstande sind, wenn sie sich in Zukunft dem immer größer werdenden Energiehunger der Chinesen und Inder werden stellen müssen. Das System dürfte erschüttert werden. Schon in den vergangenen 30 Jahren geschah Unerhörtes: Man betrachte nur einmal die Preissteigerungen für Strom, Gas, Benzin, Diesel, Heizöl und dergleichen mehr. Das Geld, das Otto Normalverbraucher für die Aufrechterhaltung seiner nackten Existenz ausgeben muss, fehlt für den Konsum. Wann schlägt dieser Effekt auf die Wirtschaft durch? Freilich, noch tut man so, als sei das alles nicht so schlimm, solange zum Beispiel hierzulande der Export boomt, was ja in den zurückliegenden zehn fetten Jahren der Fall war. Aber auch das kann irgendwann schiefgehen: Deutschland liefert Ausrüstungen, Technologien, Maschinen und Fahrzeuge für jene Nationen und Wirtschaftsräume, die jetzt auch endlich ein Stück vom (Welt-)Kuchen abhaben wollen. Das freut die Unternehmer hierzulande zwar, vergessen wird dabei aber, dass diejenigen, die mit den Segnungen der modernen Zivilisation beglückt werden, auch bald nur noch den Strom aus der Steckdose kennen und Benzin beziehungsweise Diesel für ihr Auto haben wollen. Der Wahnsinn hat nicht nur Methode, sondern er nimmt nunmehr erst richtig Fahrt auf und geht – einer Exponentialfunktionskurve gleich – zum steilen Anstieg über. Es beginnt eine »Himmelfahrt ins Nichts«, diese aber mit Pauken und Trompeten.

Und wer da glaubt, dass die chinesische Masche, auf Elektromobiltät zu setzen, eine Lösung darstellt, irrt ebenso. Für die Batterieproduktion sind viele seltene Stoffe vonnöten, die irgendwann – wenn sie alle haben wollen oder brauchen – ebenfalls ein Grund für militärische Auseinandersetzungen werden können, wie es das Erdöl ist.

Es stellt sich letztlich die alles entscheidende und grundlegende Frage, ob der Blaue Planet eine Acht-, Neun- oder Zehn-Milliarden-Menschen-Bevölkerung überhaupt tragen kann, deren Individuen allesamt wie der durchschnittliche Bundesdeutsche leben wollen? Wir denken nicht. Schon jetzt hat man die Lage nicht im Griff: Täglich verhungern Tausende von Kindern, und die vor Jahren des Öfteren zu verzeichnenden Hungerrevolten – längst vergessen zwar, aber dennoch aufgetreten und entstanden durch die verbrecherische Nutzung von Getreide für die Kraftstoffproduktion – signalisierten, dass da etwas in Bewegung gekommen ist, das böse enden wird. Zyniker meinen mittlerweile, die einzige Lösung für die Probleme dieser »Zivilisation« sei der rote Knopf.

Und tatsächlich: Wachsender Energiebedarf, steigende Bevölkerungszahlen, sich verknappende Energie- und Rohstoffressourcen, aufstrebende große östliche Nationen, die zusammen nicht 100 Millionen Menschen repräsentieren, sondern knapp 2000 Millionen!, ein besseres Leben für alle Bewohner dieses Planeten – wie soll das zusammengehen? Freilich, bisher haben Menschen immer irgendeine Lösung gefunden. Doch wird vergessen, dass die Probleme früher in der Regel eher regionaler Natur waren. Das 20. Jahrhundert wurde durch kontinental ausgeprägte Probleme charakterisiert. Und jetzt braut sich ein globales Desaster zusammen, das in einem großen Knall (oder in vielen kleinen) enden wird.

Man muss sich der Tatsache bewusst sein, dass die Probleme, die wir heute haben, eine direkte Folge der Globalisierung sind. Freilich versuchen das ihre Protagonisten zu kaschieren, indem sie behaupten, dass (jetzt, wo alles zu spät ist) nur ein globales Anpacken dieser Probleme zu einer Lösung führen könne. Freilich: Die Pyromanen haben mit dem Löschen des Feuers so lange gewartet, bis nunmehr das ganze Haus in Flammen steht und nur durch einen Feuerwehrgroßeinsatz zu löschen ist (wobei niemand weiß, ob überhaupt genügend Löschwasser vorhanden ist). All diejenigen, die vor Jahr(zehnt)en darauf hinwiesen, dass es in diesem oder jenem Zimmer des Hauses einen kleinen Schwelbrand gebe, wurden tapfer ignoriert.

Was wir damit sagen wollen, ist Folgendes: Als die Probleme noch klein waren, wurden sie nicht beachtet; jetzt, da sie sich potenziert haben, rufen die Verantwortlichen nach einer großen, globalen Lösung, die letztlich für alle Beteiligten sehr schmerzlich werden dürfte und unseres Erachtens in einem Öko-Gulag mit Totalüberwachung enden wird. Wobei wir darüber hinaus meinen, dass es den Bankstern und Polit-Gangstern gar nicht um die Rettung der Umwelt und der Menschheit geht, sondern um ein neues Geschäftsmodell, mit dem man über Jahrzehnte hinweg jährlich Milliarden-, ja vielleicht sogar Billionenbeträge generieren kann. Dazu muss man natürlich wissen, dass das hiesige System keine Demokratie ist, sondern eine lupenreine Plutokratie mit dem immer deutlicher zu erkennenden Hang zur Kleptokratie. Der Bürger ist nicht mehr als eine auszupressende Zitrone.

Das wichtigste Thema überhaupt, das wir immer wieder erörtert haben, ist das der billigen Energie mit all ihren Facetten. Im Gegensatz zu den Grünen, die Energie verteuern wollen, meinen wir, dass eine hochentwickelte Zivilisation, die die Menschheit ja ihrem eigenen Anspruch nach sein will, nur dann all ihre Aufgaben und Herausforderungen bewältigen kann, wenn sie über extrem billige Energie im Überfluss verfügt, die noch dazu in naturverträglicher Weise erzeugt werden muss. Wenn wir dann hören und lesen müssen, dass im bundesdeutschen Einflussgebiet von »Energiesparen« die Rede ist, dann fragen wir uns, ob die Insassen der Irrenanstalt Freigang haben.

Dass man weltweit bei der Lösung des Energieproblems geschlafen hat, ist kein Geheimnis. Da nützt auch das seit Jahren zu vernehmende Gerede von alternativen beziehungsweise erneuerbaren Energien nichts. Seit zwei Dekaden beobachten wir genau, was in allgemeiner Verzweiflung getan wird, um die Energiekrise als solche zu verniedlichen. Einige Zeit hat das funktioniert, nunmehr aber nicht mehr. Die Preisspirale dreht sich, dass einem schwindelig wird. Und man darf gespannt sein, was geschieht, wenn (hierzulande) erst noch die Kohlendioxidabgabe eingepreist wird. Interessanterweise gibt es Zeitgenossen, die können dieser Entwicklung sogar noch etwas Positives abgewinnen, frei nach dem Motto: Die steigenden Öl- und Gaspreise retten das Weltklima! Das stimmt natürlich nur dann, wenn man bereit ist, an das aktuelle Klimakatastrophen-Szenario zu glauben.

Und während niemand weiß, wo und wann der ganze Irrsinn ein Ende finden wird, soll sich Otto Normalverbraucher laut Auskunft unserer Volksvertreter mit dem bescheiden, was er verdient. Nun ja, die lächerlichen Erhöhungen bei Löhnen und/oder Gehältern von zwei, drei oder auch mal fünf Prozent sind ohnehin nicht der Rede wert, weil sie nicht einmal die galoppierende Inflation zu deckeln vermögen. Ganz zu schweigen von dem Umstand, dass fünf Prozent brutto mehr manchmal sieben Prozent netto weniger bedeuten. Das deutsche Steuerrecht macht's möglich – Stichwort: kalte Progression! Wann kümmern sich mal unsere Damen und Herren Politiker um das, was das Volk bedrückt, ängstigt und aufregt?!

Die letztgenannten Probleme sind freilich nur die Schwierigkeiten im Kleinen, für die sich die hierzulande Verantwortlichen nicht interessieren. Die Schwierigkeiten im Großen darf man nicht übersehen: Wie sich zeigt, wird seit zehn Jahren aufgerüstet, was das Zeug hält. Möglicherweise auch deshalb, weil alle merken, dass »irgendetwas« nicht mehr stimmt. (Dieses Irgendetwas ist der Energie- und Rohstoffhunger der entwickelten wie auch aufstrebenden Nationen.) Glaubt man den veröffentlichten Zahlen, so wurden im Jahr 2007 über 1 Billion Dollar für die Rüstung ausgegeben, 2018 waren es schon 1,8 Billionen! Jeder hat vor jedem Angst, jeder droht jedem mit Gewalt. Der Iran will Israel von der Landkarte tilgen, Israel den Iran nuklear angreifen, ja Hillary Clinton, die einst erfolglos gegen Donald Trump antrat, wollte gar den Iran komplett »auslöschen«.

Auf welch niedriges moralisches Niveau muss man gesunken sein, um nach den Erfahrungen von Hiroshima und Nagasaki und der glücklich überwundenen Phase des Kalten Krieges zwischen Ost und West einem Gegner mit der vollständigen »Auslöschung« zu drohen? Wir meinen, dass diejenigen, die solcherlei Drohungen öffentlich aussprechen, ohne Ansehen der Person vor ein Tribunal gestellt und abgeurteilt werden müssen. Wehret den Anfängen! Stattdessen lässt man den geistigen Brandstiftern (hier trifft der Begriff endlich einmal zu!) freien Lauf. Das Ende ist absehbar. Damit es aber noch etwas schneller kommt, rüstet man nun auch im erdnahen Raum auf. Von einem »Krieg der Sterne« kann glücklicherweise noch nicht die Rede sein, denn die fliegenden, luftdichten Blechbüchsen, mit denen man sich in die Erdumlaufbahn wagt, sind noch keine Gefahr für fremde Sternen- und Planetensysteme, sondern stellen in erster Linie ein Risiko für jene dar, die in ihnen sitzen. (Man erinnere sich nur an die US-Raumfähren, die regelmäßig ihre Hitzeschutzkacheln verloren haben!) Dennoch wird man auch diese Probleme überwinden, denn wenn es darum geht, sich immer neue, perversere Methoden der gegenseitigen Vernichtung auszudenken, sind der menschlichen Fantasie und dem Forschergeist keine Grenzen gesetzt.

Was wir damit sagen wollen, ist: Hätte man nur zehn Prozent der technisch-wissenschaftlichen Kapazitäten, die in die Rüstung gehen, in die Lösung des anstehenden Energieproblems gesteckt, könnte die Menschheit heute wahrscheinlich in einem energetischen Paradies leben. Doch das ist nicht gewollt. Diese Welt wird mit Angst und immer größer werdenden Abhängigkeiten regiert. Und das Ganze nennt man dann auch noch Fortschritt. Halleluja!

Der Fortschrittsglaube, der innerhalb dieses Systems wohl eher ein Wahn ist, wird dazu führen, dass sich das System selbst eliminiert – so wie ein Krebsgeschwür den Körper, in dem es sich ausbreitet, zerstört. Immer höher organisierte Materie löscht sich irgendwann selbst aus – was wohl einige Neunmalkluge im Silicon Valley künftig dadurch zu verhindern versuchen, dass sie den Menschen mit Maschinen zu sogenannten Cyborgs verschmelzen lassen wollen. Diese Irren nennen das dann Transhumanismus. Auf eine solche Zukunft können wir getrost verzichten.

Angesichts der seit Jahrzehnten zu beobachtenden erschreckenden Entwicklung der Menschheit ist es kein Wunder, dass es schon vor geraumer Zeit Menschen gab, die vor ihr warnten (aber, wie sich denken lässt, nicht gehört wurden). Oscar Kiss Maerth ist solch ein (längst vergessenes) Beispiel. Dass wir ihn hier erwähnen und auch zu Wort kommen lassen, hat einen einfachen Grund: Unserer Meinung nach ist er einer der wenigen Menschen, die aufgrund ihrer eigenen Entwicklung zu grundlegenden Erkenntnissen gelangten und diese ohne Rücksicht auf bestehende Konventionen artikulierten. Oscar Kiss Maerth hatte das menschliche (Gesellschafts-)System bis auf den Grund durchschaut. Er schrieb 1971 in seinem Buch *Der Anfang war das Ende* (Econ-Verlag) auf Seite 240:

> »Der Urheber dieses auf die Dauer unhaltbaren Systems ist eine weltfremde und geistig verwirrte Macht: die Vereinigten Staaten von Amerika. Die 200 Millionen Bewohner dieses Landes machen weniger als sechs Prozent der Erdbevölkerung aus, und doch besitzen sie etwa 50 Prozent aller lebenswichtigen materiellen Güter der Erde auf allen Kontinenten, die sie durch List, Erpressung und Gewalt an sich gerissen haben. [...]
> Der größte Kontinent der Erde ist Asien, wo zwei Drittel der Erdbevölkerung leben. Die westliche Halbinsel dieses Kontinents, die sich Europa nennt und sich einbildet, ein Kontinent zu sein, hatte den Mut, der zehnmal größeren Bevölkerung im Osten des Kontinents den Rücken zu kehren, sich in die Dienste der größten Plündermacht aller Zeiten zu stellen und deren menschenfeindliches Wirtschaftssystem zu übernehmen. Diese Allianz ist ein Verrat an der Menschheit ...«

Wahre Worte. Oscar Kiss Maerth musste sich den Vorwurf gefallen lassen, ein Pseudowissenschaftler zu sein, weil er es wagte, den Menschen und seine westlich dominierte Gesellschaft als das zu analysieren, was beide sind: Irrläufer der Entwicklungsgeschichte. So etwas tut man nicht. Die Wissenschaft von heute ist schließlich fortschrittsgläubig und meint einer Religion gleich, alle Probleme lösen zu können. Tatsache aber ist, dass sie zur Selbstreflexion nicht fähig ist und auf die wesentlichen Fragen, die das Überleben der Menschheit betreffen, keine Antwort hat.

Oscar Kiss Maerth schrieb weiter:

> »Jeder einzelne Mensch, zu welcher Rasse oder Gesellschaft er auch gehört, muss sich radikal umstellen, indem er nur seine echten materiellen Bedürfnisse befriedigt, nur für diese arbeitet und auf eine einfache, gesunde und so weit wie noch möglich naturverbundene Lebensweise übergeht; das gilt in erster Linie für den Menschen des Westens.
> Der Mensch wird erkennen, dass er damit kein Opfer bringt, sondern im Gegenteil: Er befreit sich von allen ihm aufgezwungenen unechten Bedürfnissen, für die er bisher sinnlos gearbeitet und sein Leben unnötig erschwert hat.«

Diese Sätze verhallten ungehört – und das genaue Gegenteil geschah: Mittlerweile sind sogar die sogenannten Schwellenländer wie China, Indien und Brasilien auf dem fatalen und falschen Weg, es dem Westen gleichzutun. Der Irrsinn hat fürwahr Methode! Das Ende wird also noch schneller kommen, als es Oscar Kiss Maerth (und andere) voraussehen konnten. Die Rohstoffausbeutung nimmt zu, der Energiehunger wächst. Kriege werden um all das geführt (werden), was noch übrig ist. Und niemand wird es mehr durchsetzen können, dass Menschen, die in einer Zwölf-Millionen-Stadt (wie beispielsweise London) leben, zu einem naturkonformen Lebensstil zurückfinden. Das ist reine Illusion! Also: Auf zum letzten Gefecht!

Es gab vor einigen Jahrzehnten eigentlich nur eine Lösung, so jedenfalls nach Auffassung des von uns hier vorgestellten

Autors, die uns vor dem totalen Untergang hätte bewahren können, nunmehr aber für die meisten Menschen der Gegenwart nicht mehr gangbar ist, weil alle Chancen für eine Umkehr vertan wurden. Oscar Kiss Maerth dazu auf Seite 239 seines Buches:

> »Die neue Welt, die der Menschheit die einzige Chance für das Überleben bietet, kann nur auf den Trümmern der gegenwärtigen philosophielosen, materialistischen und verbrecherischen Plünderzivilisation des Westens aufgebaut werden, die nur durch weitere Selbstversklavung und intensivierte Zerstörung des Planeten weitergeführt werden kann. Sie muss daher bis zu den Grundmauern abgerissen werden.«

Denkt man tiefgründig über dieses Zitat nach, so muss man dem Autor recht geben: Wir leben in einem Sklavensystem, das sich letztlich selbst strangulieren wird, der Kopf steckt bereits in der Schlinge. Zu diesem Sklavensystem, das sei hier nochmals unmissverständlich klargestellt, gehören auch die sogenannten Grünen, die für uns – um im Bild zu bleiben – Sklaventreiber ganz besonderer Art sind, da sie die Ketten noch fester zurren wollen. Auch sie haben keine wirklichen Lösungen parat, vielmehr sind sie Teil des Problems. Wäre es anders, würden sie zum Beispiel den Windrad-Wahnsinn nicht mittragen, dem nicht nur zahlreiche Vögel zum Opfer fallen, sondern auch Milliarden von Fluginsekten.

Dass man von Windrad-Wahnsinn sprechen muss, beweist ein aktuelles Beispiel aus unserem direkten Umfeld. Nach einem Bericht der Südthüringer Regionalzeitung *Freies Wort* vom 11. Mai 2019 (Seite 7) unter dem Titel »Stadt tritt zum Kampf gegen Windmühlen an« ist im südthüringischen Areal zwischen der sogenannten »Langen Bahn« und der Ortschaft

Oberstadt die Installation von bis zu 14 Windrädern geplant, wobei 250-Meter-Giganten im Gespräch seien!

Auf der Internetseite der Thüringer CDU-Landtagsabgeordneten Kristin Floßmann war dazu ergänzend zu lesen:

> »Dass die rot-rot-grüne Landesregierung sich zum Ziel gesetzt hat, ein Prozent der Fläche des Freistaates Thüringen für Windkraft zur Verfügung zu stellen, ist nicht neu. [...]
> Schaut man sich die Planskizze für den Landkreis Hildburghausen an, sticht [...] ein [...] Gebiet unmittelbar ins Auge. Es wird mit W-6 Oberstadt bezeichnet und [umfasst eine Größe [von] 414 Hektar mitten im ›kleinen Thüringer Wald‹ als einzigartigem Natur- und Lebensraum für eine artenreiche Tier- und Pflanzenwelt.«*

Es stellt sich immer wieder heraus, dass die Grünlackierten nichts anderes als Heuchler sind (von den Roten ganz zu schweigen). Wer diese Leute wählt, rettet die Umwelt keineswegs, sondern er sorgt dafür, dass diese noch viel schneller zerstört wird. Wenn man weiß, dass ein 250 Meter hohes Windrad, das im Übrigen eine Primitivtechnologie darstellt, eine bis zu 30 Meter tief reichende Verankerung im Boden in Form eines Betonfundaments erfordert, dann kann ein derartiges System kaum als umweltfreundlich bezeichnet werden.

Interessant ist Folgendes: Nachdem es die Alliierten durch ihre Flächenbombardements im Zweiten Weltkrieg geschafft

---

* *https://www.kristin-flossmann.de/aktuelles/2019/windkraft*. Siehe in diesem Zusammenhang auch *https://www.insuedthueringen.de/region/thueringen/thuefwthuedeu/Regionalplan-Suedwestthueringen-Rotieren-um-die-Windkraft;art83467,6701977* (beide Quellen abgerufen am 14. Mai 2019).

hatten, die über Jahrhunderte hinweg gewachsene deutsche Stadt- und Baustruktur in zahlreichen Fällen zu zerstören, wurden nach dem Krieg in der Phase des Wiederaufbaus allzu oft Gebäude errichtet, die kalt und seelenlos wirken. Schaut man sich einmal an, was da hingestellt und wie es ausgeführt wurde, muss man sich die Frage stellen, wozu hierzulande tätige Architekten, Bauingenieure und Städteplaner überhaupt ein Studium benötigen, wenn sie seit Jahrzehnten nur noch »Stahl, Glas, Beton« können. Nun, auch so kann man die Seele eines Volkes zerstören.

Und als ob das alles noch nicht schlimm genug ist, wird jetzt auch noch die deutsche Naturlandschaft zerstört, indem man Windräder in die Wälder stellt. Das Ganze ist ein deutliches Zeichen dafür, dass es sich bei der sogenannten Energiewende um ein von Anfang an völlig unüberlegtes und dümmliches Unterfangen handelt. Intelligenz äußert sich anders.

Wir sind ehrlich: Wir haben mittlerweile jegliche Hoffnung in Bezug auf die Menschheit fahren lassen und stimmen mit Oscar Kiss Mearth darin überein, dass in dem Moment, in dem der Affe vom Baum stieg und seine Entwicklung hin zum Menschen begann, sein Ende schon programmiert war. Genau genommen sind wir froh, beide in einem Alter zu sein, das es uns erlaubt, so über diese Dinge zu schreiben und das gesamte (satanische) System, mit dem wir es ja zweifelsohne zu tun haben, weil es in jeder Hinsicht schöpfungswidrig ist, zum Teufel zu wünschen – dahin also, wo es herkommt. Wir wollen nur hoffen, dass uns die »Segnungen« der Zukunft erspart bleiben, die mit Digitalisierung, Künstlicher Intelligenz, Transhumanismus und anderen irren Ausformungen menschlichen Denkunvermögens zusammenhängen. Diese Entwicklungen braucht kein Mensch. Sklaven brauchen sie hingegen schon. Und glückliche Sklaven offensichtlich ganz besonders.

Lassen Sie uns nun noch etwas Positives berichten nach dem Motto: Wie hätte eine Lösung der irdisch-menschlichen Probleme aussehen müssen? (Wenn Sie wollen, können Sie das nun Folgende als unerfüllbare Science Fiction betrachten.) Nun, zunächst einmal hätte das Wachstum der Menschheit schon vor Jahrzehnten begrenzt werden müssen, als man erkannte, dass die Zahl der Köpfe einer unkontrollierten Kettenreaktion gleich zunahm. Wo das hinführt, wissen wir doch: Bei einer Atombombe führt eine unkontrollierte Kettenreaktion zur Zerstörung des Gesamtsystems und der Freisetzung von gewaltigen Energiemengen innerhalb kürzester Zeit, die alles im Umfeld Befindliche vernichten.

Als Nächstes wäre es vonnöten gewesen, das Zinssystem abzuschaffen, das ja auch nichts anderes als eine unkontrollierte Kettenreaktion darstellt, bei der die Geldmenge immer weiter aufgebläht wird, bis es zur Detonation in Form eines massiven Crashs kommt. Alles, was mit einem krebsgeschwürartigen Wachstum verbunden ist, hat keine Überlebenschance. Die Menschheit hat schon anhand zahlreicher Beispiele in den vergangenen Jahrhunderten erleben müssen, was ein zinsbehaftetes Geldsystem bedeutet, jedoch nichts daraus gelernt, was für die von uns vertretene Auffassung spricht, dass es endlich an der Zeit ist, die menschliche Intelligenz zu entwickeln, statt einer künstlichen das Wort zu reden.

Ein sehr wichtiger Punkt, den man hätte schon vor langer Zeit angehen müssen – und damit sind wir dann wieder beim Thema – wäre die Lösung des Energieproblems gewesen. Dass es ein Problem ist, steht außer Frage angesichts der weltweiten Auseinandersetzungen um die Ressourcen, vor allem in Form des Schwarzen Goldes. Und dass die heutigen alternativen Erzeugungstechnologien diesen Namen nicht verdienen, hatten wir schon erwähnt, weil sie allenfalls als Unterstützungstechnik taugen.

Die einzig gangbare Lösung stellt die sogenannte »Freie Energie« dar, über die bereits seit Jahrzehnten diskutiert und spekuliert wird. Augenscheinlich haben aber jene Mächte, die einst das Ölkartell schufen und das Schwarze Gold wie auch andere konventionelle Energieträger wie Kohle und Gas als das Nonplusultra erst des westlichen und später des globalen Wirtschaftssystems propagierten, auf diesem Sektor nichts getan beziehungsweise erste, positiv anmutende Ergebnisse diverser Erfinder, Forscher und Tüftler aufgekauft und weggeschlossen. Sie taten das einerseits, um ihr hochprofitables (Monopol-)System am Leben zu erhalten, und andererseits, um damit Macht und Kontrolle über einen immer größer werdenden Teil der Weltbevölkerung ausüben zu können. Menschen, die an externe Energielieferungen gebunden sind, hängen an einem unsichtbaren Faden, der sich – wenn nötig – auch als Strick eines Galgens erweisen kann. Wir wollen an dieser Stelle keine Wiederholungen vortragen, sondern verweisen stattdessen auf das Standardwerk des Amerikaners F. William Engdahl mit dem Titel *Mit der Ölwaffe zur Weltmacht. Der Weg zur neuen Weltordnung*, das die Hintergründe der Ölpolitik, die geostrategischen Charakter hat, allgemeinverständlich aufzeigt.

Im Zusammenhang mit den seit rund 20 Jahren andauernden Recherchen zur deutschen Atomwaffe haben einige Partner und wir deutliche Hinweise zur (Lösung der) Energieproblematik erhalten, die weitaus brisanter erscheinen, als es die Atomwaffenentwicklung unter den Nationalsozialisten je sein kann. Für uns steht mittlerweile – das wollen wir an dieser Stelle nochmals betonen – außer Frage, dass die deutschen Atombomben fertig waren (und das nicht nur in Form von Kleinstwaffen), sondern für uns gilt auch als gesichert, dass im Zusammenhang mit den waffentechnischen Forschungen andere Projekte betrieben wurden, die zuerst das deutsche und dann auch das weltweite Energieproblem lösen sollten – und ganz offensichtlich von Erfolg gekrönt waren.

Und nun wird es kompliziert – nicht, weil es das Thema an sich ist –, sondern weil die heutige Öffentlichkeit die Zusammenhänge nicht versteht – und damit auch die sich daraus ergebenden Möglichkeiten und Konsequenzen. Wir mussten das in den zurückliegenden Jahren immer wieder feststellen, wurden wir doch häufig gefragt, weshalb wir dem Thema, ob das Deutsche Reich (einsatzbereite) Atomwaffen hatte, überhaupt nachgingen. Das sei doch alles längst Geschichte – und ohne Relevanz beziehungsweise uninteressant für die Gegenwart.

Von wegen! Fakt ist doch, dass sich so mancher Zeitgenosse über das wundert, was heutzutage in Politik und Wirtschaft geschieht – und insbesondere Deutschland betrifft. Die Ursachen dafür sind aber nicht nur in gegenwärtigen Entwicklungen zu suchen, sondern haben auch etwas damit zu tun, dass Deutschland bei Kriegsende über Waffensysteme verfügte, die, hätte der Krieg nur wenige Wochen länger gedauert, die Alliierten vor unlösbare Probleme gestellt hätte. Dass diese Darstellung keine Erfindung unsererseits ist, wurde bereits mehrfach auch durch militärische und politische Kreise der Alliierten aufgezeigt, beispielsweise durch den US-Generalstabschef George C. Marshall, der gar behauptete, die Normandie-Invasion des Jahres 1944 sei notwendig geworden, um den Einsatz neuer deutscher Waffen mit »Atomsprengstoff« gegen die USA zu verhindern. Das, was die Alliierten nach der Niederwerfung Deutschlands vorwiegend in unterirdischen Entwicklungs- und Produktionseinrichtungen fanden, ist bis heute nicht vollständig offengelegt worden. Viele der wichtigsten Informationen sind immer noch »Top Secret« und scheinen den Verantwortlichen in den USA, Großbritannien und auch Russland große Bauschmerzen zu bereiten.

Man mag es kaum glauben – es ist aber dennoch Tatsache: In Kew/London, wo sich das National Archive Großbritanniens befindet (frühere Bezeichnung: Public Record Office), existieren Befragungsprotokolle von an der geheimen deutschen Atomforschung beteiligten SS-Offizieren, die für 100 (in Worten: einhundert) Jahre gesperrt sind! Ein unglaublicher Umstand. Offensichtlich gibt es Dinge, die der mündige, in einer sogenannten Demokratie lebende Bürger auf gar keinen Fall wissen darf – jedenfalls nicht bevor alle infrage kommenden Zeugen das Zeitliche gesegnet haben. Man kann davon ausgehen, dass, wenn etwas 100 Jahre vor der Öffentlichkeit verborgen wird, dies ganz erstaunliche Dinge sein müssen, die im Falle ihrer Freigabe bestimmte, das System stützende, zeitgeschichtliche Thesen – wie sie von Historikern aufgestellt wurden – auf den Müllhaufen der Geschichte befördern würden. Nicht nur der Teufel fürchtet die Wahrheit wie das Weihwasser, nein, auch anderen, oberirdisch lebenden Personen scheint es nicht anders zu gehen.

Was es mit der abnormen Geheimhaltung zu schützen gilt, ist – für uns jedenfalls – ziemlich klar: dass die Alliierten-Streitkräfte in Deutschland das fanden, was ihnen den Sieg im Pazifik-Krieg gegen Japan sicherte und sie anschließend zu militärischen Supermächten aufsteigen ließ. Entweder wurden komplette Atomwaffen geborgen oder aber entscheidende Teile davon, zum Beispiel in Form von Zündern, über die die Vereinigten Staaten von Amerika noch nicht einmal im April 1945 verfügten, weswegen sie ihrer Technologieaufspürgruppe ALSOS während des Vormarsches in Deutschland die Weisung erteilten, nach hiesigen Zünderspezialisten Ausschau zu halten. Das ist aber nicht alles. Es wurden wahrscheinlich auch Entwicklungen identifiziert, die die Alliierten in ihren Grundlagen und in ihrer Funktionsweise nicht verstanden – und wahrscheinlich bis heute nicht begriffen haben.

Für die Feinde Deutschlands wurde im Verlaufe der ersten zwei Jahre nach dem Kriegsende klar, dass das Deutsche Reich trotz seines Kampfes an zahlreichen Fronten und der schwindenden Möglichkeiten streng geheim und unterirdisch an neuartigen Waffensystemen arbeitete, die eine Wende im Krieg hätten herbeiführen können. Den Alliierten wurde bewusst: Ein Volk, das so gut wie als besiegt galt, bereitete den Knockout für seine Gegner vor. Die daraus resultierende, einzig mögliche Handhabungsweise in Bezug auf die Deutschen war, sie künftig unter Kontrolle zu behalten, sie umzuerziehen und ihre vor allem wirtschaftliche Leistungsfähigkeit zu kanalisieren. Nicht umsonst gehen heute Milliardenbeträge ins Ausland, wo sie meist ohne jeglichen Nutzen versickern.

Die Suche nach der deutschen Atomwaffe (und anderen Geheimwaffen der zweiten Generation) hat also 1) etwas mit der Richtigstellung der (deutschen) Geschichte sowie der Erklärung der gegenwärtigen Situation zu tun. Ihr Vorhandensein würde 2) auch Sinn und Zweck des Einsatzes Tausender KZ-Häftlinge und Zwangsarbeiter erklären, die heute oftmals vergessen sind, jedoch die Untertage-Produktionsstätten errichten mussten, in denen an dem geforscht wurde, was es bis heute in der veröffentlichten Geschichtsschreibung nicht geben darf. Darüber hinaus ergibt sich 3) ein Bedrohungsszenario für all jene Teile Deutschlands, in denen unterirdisch an derartigen Waffensystemen gearbeitet wurde, wie beispielsweise bestimmte Areale in Thüringen. Zeitzeugen meinten immer wieder, dass die wichtigsten unterirdischen Anlagen bis heute nicht gefunden worden seien. Was also steckt im Boden, was rostet vor sich hin, was wird möglicherweise für uns heute Lebende oder nachfolgende Generationen gefährlich? Das offiziell demonstrierte Desinteresse an diesen Dingen ist in Deutschland mehr als augenfällig. Seltsam, wo doch angenommen werden müsste, dass jeder souveräne Staat über die im Boden liegenden Altlasten informiert sein sollte – schon aus Gründen der Gefahrenabwehr und Staatshaftung.

Aber auch die soeben aufgezeigten Aspekte decken noch nicht alle Facetten unserer Recherchen ab. Bekanntermaßen – und wir verweisen hier auf entsprechende Darstellungen aus den 1930er- und 1940er-Jahren, die keiner Geheimhaltung unterliegen, sondern in den deutschen Archiven allgemein zugänglich sind – war eines der Hauptziele der deutschen Führung, das Land von ausländischen Energielieferungen unabhängig zu machen. Was immer wieder gern vergessen wird: Es handelte sich dabei um kein langfristiges, sondern um ein kurz- bis mittelfristiges Ziel, bei dem auch die kernphysikalischen Forschungen eine bestimmte, wegbereitende Rolle spielten. Zum Zwecke der Realisierung dieser Aufgabe wurde seitens der wissenschaftlich-technischen Experten aber auch über den berühmten Tellerrand geschaut, also nach für die damalige Zeit ganz unkonventionellen Lösungen gesucht. Und diese wurden, das dürfen wir feststellen, auch gefunden.

Wenn wir uns im Moment vorsichtig-zurückhaltend zu bestimmten Dingen äußern, so hat das seinen Grund: Manche der vorliegenden Informationen unterminieren das derzeit bestehende Weltbild vollkommen, weil sie aufzeigen, dass bei Kriegsende deutscherseits Aspekte einer neuen Physik realisiert wurden, die beim Zusammenbruch des Deutschen Reiches allerdings fast vollständig verschwanden. Interessanterweise gelangten nicht nur unsere Wenigkeiten zu diesem Schluss, sondern auch andere Rechercheure, wie beispielsweise der Pole Igor Witkowski, vertreten diese Auffassung (wobei zu betonen ist, dass wir völlig unabhängig voneinander arbeiten). So viel aber sei gesagt: Das Energieproblem wurde Ende 1944 von deutscher Seite aus als gelöst betrachtet!

In einem Dokument, von dem uns ein früherer Recherchepartner berichtete, der vorgab, es publizieren zu wollen, es dann aber doch nicht tat, heißt es denn auch sinngemäß, dass nach dem Ende des Krieges (der Verfasser ging – illusorischerweise? – von einem deutschen »Endsieg« aus) kein deutsches Flugzeug, keine deutsche Lokomotive, kein deutsches Schiff und mittelfristig auch sonst kein anderes deutsches Transportmittel mehr mit konventioneller Energie angetrieben würde. Stattdessen komme eine beliebig verfügbare Energieform zum Einsatz, die nicht nur das Transportwesen, sondern auch die Energieversorgung revolutionieren würde. Besonders interessant: Der Verfasser des Papiers, das er an eine hohe deutsche Dienststelle richtete, ließ wissen, dass die Prototypen, mit denen die Experimente realisiert wurden, ohne Probleme funktionieren würden und nach dem Ende des Krieges daher mit einer Großserienfertigung begonnen werden könnte …

Nun wird man natürlich die Frage stellen, in welcher Richtung diese Technik zu suchen ist – sofern man das Geschriebene überhaupt zur Kenntnis nehmen will, ist der geBILDete Deutsche von heute doch in der Regel davon überzeugt, dass nur das gut, überlegen und fortschrittlich ist, was aktuell erfunden und produziert wird. Diese Auffassung ist aber schon im Ansatz falsch. Vieles von dem, was als »moderne Technik« bezeichnet wird, hatte seine Grundlagen im Deutschland der Kriegszeit. Danach gab es Weiterentwicklungen der Basiserfindungen und jede Menge Detailverbesserungen. Wo aber blieben die entscheidenden technologischen Durchbrüche? Was nützt das beste Auto, das im Innenraum, was die Bequemlichkeit angeht, beinahe einem Wohnzimmer gleicht, wenn unter der Motorhaube immer noch ein umweltverschmutzendes Antriebsaggregat vor sich hinwerkelt? Warum sind bis heute keine Nurflügel-Passagierflugzeuge oder gar solche in Scheibenform entwickelt worden, die eindeutig über bessere aerodynamische Eigenschaften verfügen? Kann man nicht?

Oder will man nicht? Oder: Will man, kann aber nicht?! Oder befassen sich unsere Wissenschaftler und Ingenieure nur mit dem, was sie verstehen? Wo bleiben die Visionäre? Sind diese ausgestorben?

Was nun die angewendeten Techniken zur Lösung des Energieproblems anbetrifft, so sei dazu gesagt, dass bisher nur ein Bruchteil dessen offengelegt wurde, was zum Verständnis der damaligen (energietechnischen) Gesamtsituation und daraus resultierenden Forschungsanstrengungen notwendig ist. Wir können hier also im Moment auch nur bruchstückhafte Hinweise geben.

So wurde – das ist aber nur eine Art Zwischenschritt gewesen – an einem effizienten Katalyseverfahren gearbeitet, das es ermöglichen sollte, energie- und kostengünstig Wasser in seine elementaren Bestandteile Wasserstoff und Sauerstoff zu zerlegen, die dann wiederum in Motoren (zum Antrieb bestimmter Anlagen) gemeinsam verbrannt werden sollten, wobei es zur Bildung von Wasser kam, das wiederum in den Katalyseprozess einging. Kein Perpetuum mobile, aber ein Kreislauf.

Wir dürfen an dieser Stelle darauf verweisen, dass auch hierzulande seit Jahren nach Katalysatoren gesucht wird, die es erlauben, Wasser zu zerlegen – und zwar mit Methoden, die nicht mit denen vergleichbar sind, die bisher genutzt wurden und werden. Offensichtlich wurde das vor Jahren anhand einer zweiseitigen Anzeige, die im *Spiegel*, Ausgabe 18/2008, unter der Überschrift »Die Spaltung von Wasser könnte unser Energieproblem lösen« erschien. Dort äußerte sich der Leibnitz-Preisträger Prof. Dr. Matthias Beller zu den Chancen der Katalyse. Als wir diese Anzeige entdeckten, konnten wir uns ein gewisses Schmunzeln nicht verkneifen, wussten wir doch, dass die betreffenden Katalysatoren längst schon gefunden worden waren – wovon unsere heutige Forschung allerdings nichts weiß. Wie gesagt: Die Katalyseforschung war in den 1940er-Jahren erfolgreich, wurde aber, was die Lösung der Energiefrage betraf, nicht mehr als eine unterstützende oder Übergangsvariante betrachtet.

Als Ergänzung zum Thema »Katalyse« – und weil es zum Inhalt dieses Buches passt – noch so viel: Etwa im Herbst 1944 wurde auf Basis eines solchen Verfahrens auch ein Herstellungsmodus (kein Anreicherungsverfahren!) für die »Bombenstoffe« entwickelt, mit dem es letztlich beinahe ein Kinderspiel war, die deutschen Atomwaffen mit ihrem »Betriebsstoff« zu versehen (im Vergleich zu den bisher bekannten Verfahren: Ultrazentrifuge, Diffusion, Erbrütung im Reaktor, Bestrahlung und so weiter). Heutige Physiker, mit denen wir über diesen Sachverhalt sprachen, behaupteten, dass dieses Verfahren theoretisch machbar sei, eine praktische Umsetzung sei in Ermangelung geeigneter (chemischer) Katalysatoren aber noch nicht geglückt und liege wohl auch noch in weiter Ferne. Um etwas mehr Licht in die Angelegenheit zu bringen, geben wir folgenden Tipp: Man befasse sich mit der deutschen Silikatforschung während der 1930er- und 1940er-Jahre, untersuche die (teils geheime) Nutzung von Kieselgur-Vorkommen im Deutschen Reich und recherchiere außerdem zu den streng geheimen Forschungen der Sprengstofffabrik Alfred Nobels in Geesthacht bei Hamburg – jenem Standort also, an dem nach dem Krieg die Firma GKSS und das Kernkraftwerk Krümmel entstanden. Möglicherweise wird dann manches klarer (oder – angesichts des eingeschränkten Blickwinkels der heutigen Wissenschaft – auch nicht).

Nach weiteren vorliegenden Informationen gelang es – und das ist das eigentlich Erstaunliche, weil der Durchbruch –, die sogenannte Nullpunktenergie (mitunter auch Gravitationsfeldenergie genannt) nutzbar zu machen, wobei es sich, und das soll nicht verschwiegen werden, um eine Zufallsentdeckung handelte. Sowohl was den zivilen als auch den militärischen Bereich anging, waren die Ergebnisse dieser Entdeckung im wahrsten Sinne des Wortes von durchschlagender Natur, und man kann von Glück reden, dass die militärische Komponente von dem Wissenschaftsteam, das sie entwickelte, bei Kriegsende zurückgehalten wurde. Es handelte sich dabei um die dritte Wunderwaffe des Reiches, deren Bezeichnung wir schon genannt haben und mit der Hitlers »Götterdämmerung« im Falle ihres Einsatzes Realität geworden wäre – und gegen die eine gewöhnliche Kernspaltungswaffe ein Spielzeug war.

Was aus den zivilen Anwendungen wurde, ist zum Großteil bisher nicht bekannt geworden, nicht, weil es dazu keine weiteren Informationen gibt, sondern weil die Personen, die schon vor Jahren dazu befragt wurden und die diese Informationen haben, sie nicht preisgeben wollten. Nach den Gründen für dieses Verhalten befragt, erhielten wir keinerlei Antwort. Was muss das für ein Gefühl für einen »Wissenden« sein, die Lösung für das »Weltproblem Energie« zu kennen, diese aber der »modernen Zivilisation« vorzuenthalten? Hat das Ganze mit später Rache zu tun oder gibt es einen, noch in der Zukunft der Menschheit liegenden Grund, der uns unbekannt ist beziehungsweise uns vorenthalten wird? (Wir kommen gleich noch einmal darauf zurück.)

Wie immer die Antwort auf die letzte von uns gestellte Frage auch lauten mag, es existieren nunmehr Hinweise, dass eine Lösung für das Energieproblem, die Wissenschaftler und Ingenieure noch zu finden hoffen, in der Vergangenheit schon längst geliefert wurde. Eine groteskere Situation ist kaum vorstellbar: Während die einen nach dem Schlüssel suchen und im Dunkel der Nacht umherirren, haben ihn die anderen längst gefunden und ins Schloss gesteckt, um die Tür in eine neue energetische, lichtüberflutete Welt zu öffnen – sind aber unter keinen Umständen bereit, das öffentlich zuzugeben.

Dass dieser Zustand so grotesk erscheinen muss, hat etwas mit der Eingleisigkeit des heutigen Wissenschaftssystems zu tun. Statt das unmöglich Erscheinende anzupacken, um daraus das Maximum an Möglichkeiten zu extrahieren, befasst man sich in weiten Teilen mit der Verbesserung von Verfahren, Geräten und Methoden, die man schon lange kennt. Das ist nichts weiter als Erbsenzählerei und Nabelschau.

An dieser Stelle nun eine (erklärende) Überlegung unsererseits, warum das Wissen zu bestimmten technischen Entwicklungen zurückgehalten wird: In schon vor Jahren geführten Gesprächen wurde uns mitgeteilt, dass einige der »Wunderwaffen«-Teams im Chaos des Kriegsendes entschieden, bestimmte Dinge niemals offenzulegen bis zu dem Tag, an dem die Menschheit geistig-moralisch so weit gereift sei, dass sie die richtigen Lehren aus dem Vorhandensein alles zerstörender Waffensysteme ziehen könne.

Gewiss: Das klingt wie ein Widerspruch in sich angesichts der Ankündigungen einiger NS-Protagonisten, Deutschland nur vollkommen zerstört den Feinden zu überlassen. Man muss in diesem Zusammenhang allerdings wissen, dass bestimmte Entwicklungen der nationalsozialistischen Führung, was ihren *tatsächlichen* Forschungs- beziehungsweise Entwicklungsstand anging, unbekannt blieben, beispielsweise solche, die in Böhmen-Mähren, im Umfeld von Prag und Pilsen, angesiedelt waren. Möglicherweise ist der moralische Abstieg der Menschheit seit den 1940er-Jahren, der besonders in den Rüstungsausgaben nach 1945 bis heute gut zu erkennen ist, ein Grund, warum die »Wissenden« auch weiterhin schwiegen und schweigen. Genau genommen würde nämlich die komplette Offenlegung neuartiger, revolutionärer Energiegewinnungstechnologien auch sofort dazu führen, dass in den militärischen Forschungslaboratorien der Welt genügend verrückte »Dr. Seltsams« waffentechnische Nutzanwendungen entwickeln würden – ist die Angst vor tatsächlichen oder eingebildeten Feinden mittlerweile doch so groß, dass überall Gespenster und Bedrohungen gesehen werden. Die Stufe der Zerstörung, die über den Kernspaltungs- und Fusionswaffen – die ja bereits Großstädte bis hin zu Teilen von Nationen vernichten können – rangiert, wäre die der kompletten Auslöschung des Planeten. Sind wir Menschen des beginnenden 21. Jahrhunderts reif genug, das seit den 1940er-Jahren existierende Wissen friedlich anzuwenden? Nein, wir sind es nicht – im Gegenteil, wir sind weiter denn je vom Idealbild des modernen Menschen als Vertreter einer moralisch-ethisch hochstehenden Zivilisation, die wir heute eigentlich haben sollten, entfernt. Man werfe nur einen Blick in Richtung der Vereinigten Staaten, um zu verstehen, was wir meinen. Wäre diese Führungsnation, wie sie sich selbst gern bezeichnet, im Besitz des von uns erwähnten Wissens – wir würden wohl längst als Staubpartikel in unserem um den Planeten Erde reduzierten Sonnensystem kreisen.

Doch damit erst noch einmal zurück zu den Alltagsproblemen, die mit dem Nichtvorhandensein billiger Energie verbunden sind. Ein in diesem Land existentes Dauerthema sind die Benzin- und Dieselpreise, bei denen es sich um staatlich geduldeten Terror an der Tankstelle handelt. Wenn man bedenkt, dass in der ersten Hälfte der 1990er-Jahre der Preis für einen Liter Diesel noch bei 90 Pfennigen pro Liter lag, heute aber Preise von über 1,30 Euro (also rund 2,50 D-Mark) keine Seltenheit sind, dann muss man feststellen, dass hier eine Entwicklung eingesetzt hat, die einfach nur als irre zu bezeichnen ist. Dieser Effekt des Irreseins wird noch durch Äußerungen bestimmter grün und rot lackierter Politiker verstärkt, die behaupten, dass teure Energie der Umwelt nutze, die sich aber selbst mit ihren 6-Zylinder-Bonzenschleudern Zigtausende Kilometer pro Jahr durch die Gegend fahren lassen und die Umwelt in einem Maße verpesten, das unerträglich ist.

Man darf gespannt sein, was geschieht, wenn erst noch die Pläne zur Einführung einer Kohlendioxidabgabe (manche nennen sie auch -steuer) umgesetzt werden. Viele Autofahrer schäumten schon in den vergangenen Jahren vor Wut angesichts der hohen Spritpreise, vor allem jene, die aus beruflichen Gründen gezwungen sind, jeden Tag viele Kilometer zwischen ihrem Arbeitsplatz und ihrem Wohnort hin- und herzupendeln. Die Bundesregierung reibt sich derweil die Hände, denn jeder Cent, um den der Kraftstoff teurer wird, lässt auch die auf ihn aufgeschlagenen Steuern steigen – und damit die Staatskasse kräftig klingeln.

Wir würden vielleicht etwas zurückhaltender agieren, wenn die Steuereinnahmen auch dem Land, seinem Volk und der Infrastruktur in ausreichendem Maße zugutekämen, was aber eindeutig nicht der Fall ist. Im Gegenteil: Die Zahl von defekten Brücken, Straßen und Schulgebäuden nimmt zu.

Unsere Bundespolitiker leisten zwar einen Amtseid, in dem sie schwören, Schaden vom deutschen Volk abzuwenden, doch in den vergangenen Jahren war eindeutig zu erkennen, dass genau das Gegenteil geschieht: Die Karre wird, bildlich gesprochen, immer weiter in den Dreck hineingestoßen, weil diejenigen, die sie eigentlich herausziehen sollten, weder über Durchblick noch über Können verfügen. Und das in der Vergangenheit oft zu vernehmende Geschwätz einiger Politiker, dass sie gegen steigende Preise an der Zapfsäule vorgehen wollen, war ja, wie sich zeigte, kaum ernst zu nehmen, sondern hatte nur Ventilfunktion. Der (ver)dumm(t)e deutsche Michel wurde mal wieder hinters Licht geführt – wie so oft in seiner jüngeren Geschichte.

Man stelle sich einmal vor, morgen würde nicht nur die Kohlendioxidabgabe Realität, sondern auch der von vielen befürchtete Krieg gegen den Iran beginnen. Was wären die Folgen? Darüber lassen sich gewiss zahlreiche theoretische Planspielereien anstellen, eines wäre aber wohl sicher: ein explodierender Ölpreis, der weitere Preissteigerungen automatisch nach sich zöge. Und wenn wir hier von »explodieren« schreiben, dann ist das auch so gemeint. Der Liter Benzin oder Diesel dürfte dann, die verkappte Atem-Kohlendioxid-Steuer mit einbezogen, kaum mehr unter zwei Euro zu haben sein; wenn die Angelegenheit eskaliert, dürften sogar die abartigen Spinnereien der Grünen, die dereinst von fünf D-Mark sprachen, von der Realität eingeholt werden. Wir haben mittlerweile den Eindruck, dass das alles gewollt ist und dass die Verantwortlichen den Bürger bis auf den letzten Bluts- und Schweißtropfen auszupressen gedenken. Was danach geschieht, bleibt abzuwarten. Auch wenn die Deutschen keine Revolutionäre sind, so werden sie doch in Notwehr reagieren müssen. Auf diesen Tag sind wir heute schon gespannt, ja wir fiebern ihm geradezu entgegen, denn – und diesbezüglich sollte man sich keinen falschen Vorstellungen hingeben – das herrschende System ist nur noch der pure Wahnsinn, nicht zukunftsfähig und frisst sich und seine Kinder selbst. Während die Franzosen bereits wegen gestiegener Energiekosten ihrem Präsidenten Macron die Hölle heiß machen und seit Monaten protestieren, ist es hierzulande noch ruhig. Noch. Wir haben nichts dagegen, wenn wir demnächst französische Zustände bekämen. Die gelben Westen liegen bereit.

Kaum zu fassen: In Deutschland wurde und wird aufgrund der ständig kletternden Energiepreise einer sechsstelligen Zahl von Menschen jährlich der Strom abgestellt, weil diese ihre Rechnungen nicht bezahlen können. Nach Schätzungen von Verbraucherschützern waren es 2017 rund 300 000. Was für ein Fortschritt – und das zu Beginn des 21. Jahrhunderts! Es gibt zwar Elektroenergie, aber man kann sie sich schlichtweg nicht mehr leisten. Da sind wir doch in unserer zivilisatorischen Entwicklung weit gekommen, so weit, dass manche gezwungen sind, über die Heiz- und Beleuchtungsmethoden unserer Vorfahren nachzudenken.

In diesem Zusammenhang darf man nicht vergessen, wer diese Tendenz zu steigenden Preisen zusätzlich verstärkt hat: Frau Merkel, von allen guten Geistern längst verlassen, verabschiedete sich mit einer einsamen Entscheidung im Eilverfahren von der Kernenergie, hatte aber keinen Plan für eine wirkliche kostengünstige Alternative. Freilich: Wir werden künftig von deutschen AKWs kaum mehr verstrahlt werden können. Dafür dürften sich dann aber vielleicht in Kürze die Fälle häufen, in denen Menschen im Winter hierzulande erfrieren – vor allem dann, wenn die Angaben russischer Forscher stimmen, die für die Zukunft eine deutliche Klimaabkühlung und eiskalte Winter voraussagen. In Verbindung mit den links-grünen Plänen zur Einführung der Kohlendioxidabgabe ist das fürwahr eine tödliche Kombination.

Da beneidet man (Satire Anfang) doch glattweg den einst in Höhlen lebenden und am warmen Feuer sitzenden Urmenschen, der noch Selbstversorger war und jedem, der ihm dumm in seine Angelegenheiten hineinredete, einen Scheitel zog – mit der bereitstehenden Keule. Das waren noch Zeiten!

Und was waren das noch für Zeiten, als Wegelagerer, Räuber und Strauchdiebe, die unvorsichtige Reisende überfielen und sie von ihrem Hab und Gut »befreiten«, als vogelfrei galten und von jedermann zur Strecke gebracht werden durften. Heute reist man ebenfalls von A nach B und wird dabei unterwegs genauso ausgeplündert. Der einzige Unterschied: Der Raubüberfall ereignet sich bei jeder Fahrt, und der so Heimgesuchte hat keine Möglichkeit der Gegenwehr, weil der Staat der Räuber ist (Satire Ende).

Wir meinen: Vorwärts in die Vergangenheit, da war vieles einfacher, besser – und die Menschen waren geradliniger. Heute hingegen findet man gerade hierzulande vielerorts nur noch Feiglinge, Duckmäuser, Realitätsverdränger, Berufsoptimisten, Wahrheits- und Beratungsresistente sowie diejenigen, denen bereits unmittelbar nach der Geburt das Rückgrat entfernt wurde. Schande über diese Gesellschaft, die sich offen nennt, vor lauter Offenheit aber nicht mehr ganz dicht ist, den EU- und anderen Rattenfängern hinterherläuft und keine Lösungen für die anstehenden Probleme hat. Eine hochtechnisierte Gesellschaft, die Hunderttausende Menschen im Dunkeln sitzen lässt, ist das beste Beispiel für den perfekt inszenierten und bürokratisch verwalteten Irrsinn, der vor unser aller Augen abläuft und immer schlimmer wird. Es wird höchste Zeit, sich dagegen zur Wehr zu setzen oder, wenn man das nicht will oder kann, sich dem System weitgehend zu entziehen.

Der Hauptprofiteur der hohen Sprit- und Energiepreise ist, und das müssen wir an dieser Stelle besonders betonen, der Staat. Es heißt zwar, wir (die Bürger) seien der Staat, aber so etwas glauben nur noch Südseeinsulaner auf ihren fernen Inseln. Frau Merkel kommt seit Jahren vor Lachen nicht in den Schlaf. Man kann davon ausgehen, dass sie nicht einen einzigen Gedanken an diejenigen verschwendet, die unter diesen hohen Preisen zu leiden haben – und das sind viele Menschen in diesem Land. Und wer glaubt, man könne die gestiegenen Spritkosten in Form einer höheren Kilometerpauschale vielleicht (teilweise) von der Steuer absetzen, wird ohnehin enttäuscht. Die bundesdeutsche Regierung ist nicht gewillt, auch nur einen Cent mehr herauszurücken.

Interessant: Selbst in einigen Entwicklungsländern wird Kraftstoff staatlich subventioniert, um den betreffenden Völkern wenigstens eine kleine Wohltat zu erweisen, damit diese merken, dass die Regierungen etwas für sie zu tun bereit sind. Hierzulande wird nur noch abgezockt, was das Zeug hält. Insbesondere die Leistungsträger, also diejenigen, die früh aufstehen und ihren Tag mit Arbeit verbringen (müssen), können ein Lied davon singen.

Wir haben einen guten Bekannten, der über einen scharfen Verstand verfügt und nur »Mr. Spock« genannt wird, weil er Zustände rein logisch analysiert. Er meint, dass die Deutschen bei einer weiteren Anhebung der Kosten ohne Ausgleich allesamt die Arbeit verweigern sollten. Wo keine Arbeit, da keine Produktion und Dienstleistung. Und natürlich auch kein Umsatz und Gewinn, ergo keine Steuern. Schon eine Woche totale Arbeitsverweigerung würde das System zur Raison bringen, denn ohne Steuereinnahmen ist Frau Merkel so hilflos wie ein Frosch in der Wüste.

Natürlich wird sich ein solches Szenario »Stell dir vor, es ist Arbeit – und keiner geht hin« nicht ereignen, denn durch die Teile-und-herrsche-Manipulationstechniken werden stets eine Vielzahl von Zeitgenossen aus der Reihe tanzen und den Erfolg solcher Boykottmaßnahmen torpedieren. Wir kennen das ja aus der deutschen Geschichte: Seit Arminius gab es immer wieder Verräter, die für fremde Mächte arbeiteten und anderen Interessen dienten. Sie dürften bis heute in der Hölle schmoren.

Mancher unserer Leser schrieb uns in der Vergangenheit, man solle bestimmte große Erdölkonzerne einem Boykott aussetzen. Niemand solle mehr an die teuren Tankstellen fahren, sondern nur noch billigere Zapfstationen frequentieren, damit die Großen gezwungen seien, ihre Preise zu senken, um wieder Kunden anzulocken und den Wettbewerb anzukurbeln. Darüber hinaus müsse der entsprechende Boykott landesweit per E-Mail und Internet verbreitet werden. Jeder habe ja schließlich Verwandte, Bekannte, Freunde und Kollegen, die er informieren könne, sodass eine Art Kettenreaktion erfolge, wenn die Aufrufe auf offene Ohren stießen.

In diesem Zusammenhang wird mancher Zeitgenosse nun meinen, dass er ja leider in einem Umfeld wohne, wo es eben nur Markentankstellen gebe. Dann gilt: In diesem Falle muss der Betroffene eben einmal ein paar Kilometer weiter fahren, einen Zehn-Liter-Kanister mitnehmen und diesen auch gleich volltanken, um die Frequenz der Tankstellenbesuche wenigstens etwas herabzusetzen. Vielleicht tut das auch Ihr Nachbar für Sie, fragen kostet ja nichts. Ein Boykott erfordert Bewusstsein, Flexibilität im Denken, Zusammenarbeit und manchmal auch eigene Opfer für einen bestimmten Zeitraum. Es gibt in Deutschland jede Menge Bürgerinitiativen. Wieso gibt es keine BRD-weite Initiative gegen die Abzockerei an den Zapfsäulen oder die unverschämten Strompreise? Und wo bleiben die ganzen Automobilklubs? Schon vor Jahren schlugen wir dem ADAC in einem Schreiben vor, eine Fahrt nach Berlin zu organisieren und dort mittels Massenprotest die Infrastruktur lahmzulegen. Die Antwort war typisch systemkonform und verdient hier keine Erwähnung. Für uns gilt seither: ADAC, nein danke!

Unsere persönliche Meinung ist die, dass eine wirklich intelligente, mittelfristig bis langfristig orientierte Lösung viel weiter gehen muss und ganz anders aussehen sollte. Sie muss sich so darstellen, dass man die Multis, die am Energiewende-Chaos Verdienenden und ihre Politiklobbyisten langsam, aber sicher am langen Arm verhungern lässt, indem man ihnen ihre Lizenz zum Gelddrucken durch Erdölförderung und -vermarktung beziehungsweise Bereitstellung der Technik für die Nutzung sogenannter alternativer Energien, die in Wirklichkeit keine sind, entzieht und jene Technologien einführt, die mindestens seit den 1940er-Jahren existent sind und – zum Beispiel – sicher versteckt im deutschen Boden liegen.

Wie wir bereits weiter oben wissen ließen, schufen deutsche Wissenschaftler und Ingenieure während der Zeit des Zweiten Weltkrieges Lösungen zur Energieautarkie, die für den Normalverbraucher von heute jenseits seines Vorstellungsvermögens liegen, dessen ungeachtet aber bereits in Prototypenform existierten. Nun wird natürlich gleich wieder jeder politisch Korrekte »Igitt!« schreien, weil wir Bezug auf das Tausendjährige Reich, das ganze zwölf Jahre existierte, genommen haben. Indes: Selbst die eifrigsten Gutmenschen, Grünen, Linken und Antifaschisten hat man – wie zu hören ist – schon auf deutschen Autobahnen fahren sehen, deren ursprüngliche Trassen in jener Zeit geschaffen wurden. Also wozu irgendwelche fiktiven Berührungsprobleme thematisieren. Hier ist keine Ideologie gefragt, sondern hier geht es um Lösungssuche!

Wir wollen einmal etwas aus dem Nähkästchen plaudern: Haben Sie, als zeitgeschichtlich, wissenschaftlich und/oder technisch interessierter Mensch, je von Schwerer Luft gehört? Nein? Nun, uns wundert das nicht. Niemand ist ja bereit, zuzuhören, weil die meisten Mitmenschen glauben, im Besitz des allseligmachenden Wissens zu sein, das allerdings nur das »Wissen« ist, das man ihnen zuteilwerden lässt, damit sie weiterhin im modernen Sklavenstatuts verharren. Schwere Luft ist keine flüssige Luft, sondern ein Treibstoff besonderer Art, beruhend auf einer wirklichen (neuen) Physik, von dem wenige Liter ausreichen, spezielle Maschinen einmal rund um die Erde fliegen zu lassen.

Haben Sie jemals in Ihrem Leben von einem Gerät mit der Bezeichnung »Theophil« gehört, das seinen eigenen Treibstoff produziert? Nein? Dann haben Sie aber eine gewaltige Bildungslücke!

Oder kennen Sie die Kammler-Batterien, die so groß sind wie eine Monozelle für Stabtaschenlampen, bis zu 100 Jahre funktionieren und – das ist das Tollste! – sich selbsttätig aufladen können?! Wieder nicht? Dann müssen Sie zur Kenntnis nehmen, dass Sie nicht nur schlecht informiert sind, sondern dass Sie leider nicht einmal wissen, dass es eine naturkonforme Technologie gibt, die bereits in den 1940er-Jahren angewandt wurde und deren herausragendster Vertreter Nicola Tesla war (den Sie nun aber vielleicht doch kennen). Die Deutschen entwickelten aus den Verfahren, die Herr Tesla schuf, Nutzanwendungen, weil sie ihr Land von Energie- und später auch Rohstofflieferungen gleich welcher Art weitestgehend unabhängig machen wollten – womit sie, nebenbei bemerkt, für die angloamerikanische Hochfinanz und ihre Steigbügelhalter einen weiteren Grund lieferten, das Deutsche Reich zu vernichten.

Würde diese Technologie verstanden, weiter untersucht und konsequent umgesetzt werden, könnte so gut wie die gesamte Öl-, Gas- und Kohleinfrastruktur auf den Müllhaufen der Geschichte geworfen werden – dorthin, wo sie logischerweise schon lange liegen müsste. Und als gute Nachricht für diejenigen, die die Landschaftsverschandelung durch Windräder kritisieren: Auch diese Vogelschredder- und Insektenvernichtungsanlagen würden entsorgt werden können. Vorher sollte man aber noch ein paar Bilder von ihnen machen, damit man in späteren Geschichtsbüchern (so es noch jemanden gibt, der sie verfasst) ein Beispiel für Unverstand und Dummheit zu Beginn des 21. Jahrhunderts auch noch anhand einiger Fotos dokumentieren kann.

Mit der Abschaffung von Öl, Gas und anderen konventionellen Energielieferanten würden zudem diejenigen Sümpfe trockengelegt werden, die jetzt von laut quakenden Fröschen bevölkert werden, die allesamt meinen, dass sie und ihre Art der Energiewirtschaft alternativlos seien, die aber eigentlich mit jedem Wort, das sie aussprechen, zeigen, dass sie noch immer nicht begriffen haben, dass wir von einem Meer von Energie umgeben sind, das nur auf seine Nutzung wartet. Die Solarenergie ist der Einstieg dazu, aber noch lange nicht das Nonplusultra.

Wir meinen, dass die Zeit für die neuen Technologien, die ja so neu nicht sind, weil sie aus den 1940er-Jahren stammen, überreif ist, da mit ihnen auch eine wirkliche (Bewusstseins-) Entwicklung der Menschheit einsetzen würde. Zudem würde eine umweltkonforme (!) Technik benutzt werden, nicht dieser schöpfungszerstörerische Albtraum, zu denen auch die Windräder gehören, den manche Zeitgenossen allen Ernstes als »Fortschritt« bezeichnen. Falls es irgendjemand nicht begreifen sollte, worum es geht, dann hier nochmals klar und deutlich zum Mitschreiben: Was die heute Herrschenden wirklich wollen, ist eine totale Kontrolle des Individuums, weil dieses – entgegen allen Aussagen – mächtiger ist als die Regierung. Diese Kontrolle kann erreicht werden, indem man es abhängig macht – von Nahrung, Wohnung und vor allem von Energie, ohne die in einer modernen Gesellschaft nichts mehr geht. Stellen Sie sich nun aber einmal vor, Sie besäßen ein Gerät in Ihrem Keller oder in Ihrer Wohnung, das in etwa die Größe eines kleinen Kühlschrankes hätte und die gesamte Energie für Ihr Leben liefern würde, indem es diese aus dem das Gerät umgebenden Raum aufnimmt. Würden Sie sich dann noch von Monopolisten »irgendwas vom Pferd« erzählen lassen? Nein, denn Sie wären in dieser Hinsicht frei und unabhängig. Und wer einmal die wahre Freiheit erfahren hat, wird bestrebt sein, diese auch auf andere Gebiete des Lebens auszudehnen. Der Bürger würde so mächtig werden, dass jede Regierung vor ihm Angst hätte – und das wäre auch gut so! Dann müsste Politik nämlich im Namen des Volkes und des bewussten (!) Bürgers gemacht werden – und nicht im Namen einiger »elitärer« Strukturen in Form einer Konzern- und Finanzoligarchie mitsamt ihren Lobbyisten und Propagandisten, die uns in die Katastrophe führen werden.

Natürlich hätte die neue Technik auch gewaltige Auswirkungen auf die Gesellschaft allgemein, denn alle Verhaltens- und Lebensmuster, unser teils bestialischer Umgang mit den Mitgeschöpfen, die nur als »Ding« oder »Sache« deklariert werden (ein Schwerverbrechen besonders perfider Art, das unseres Erachtens mit allen denkbaren Mitteln bekämpft werden muss), müssten auf den Prüfstand gestellt respektive geändert werden. Erst dann könnte man von den Anfängen einer Zivilisation in Bezug auf die derzeit existierende menschliche Barbarengesellschaft (Ausnahmen bestätigen die Regel) gesprochen werden. Die Unkultur, die auf einer auf konventionellen Energien aufbauenden Wirtschaft fußt, muss endgültig und alternativlos (hier passt das Wort, Frau Merkel!) beseitigt werden.

Wenn Sie uns konkret fragen, was der Anfangspreis dieser beginnenden Umgestaltung sei, so ist die Antwort eine relativ einfache, die einer von uns vor Jahren schon einmal gab und in der Folge jede Menge Zuschriften von Personen erhielt, die unterstützend tätig werden wollten. Wobei Herr Mehner seinerzeit nicht in der Lage war, alle Wortmeldungen zu beantworten, und durch andere, unvorhergesehene Umstände das Thema zunächst einmal auf Eis legen musste – unter anderem aufgrund der Tatsache, dass ein Wissenschaftlerteam, das zunächst sehr optimistisch war, eine der schon erwähnten Kammler-Batterien in ihrer Funktionsweise analysieren und verstehen zu können, letztlich scheiterte. Die in ihr ablaufenden Prozesse blieben bis zum heutigen Tag unverstanden. (Manche Zeitgenossen würden meinen, die Zeit sei noch nicht reif gewesen.)

Die damalige Antwort von Herrn Mehner, die vom Prinzip her auch heute noch gültig ist, lautete:

»Es reicht zunächst eine niedrige sechsstellige Summe aus, um bestimmte Dinge in Gang zu setzen. Hinweise gibt es genug, Verbindungen sind geknüpft. Und das Angebot steht. Um voranzukommen, sind gute Verbündete vonnöten, die willens und entschlossen sind, das Thema anzugehen. Feiglinge und Bedenkenträger sind genauso ungeeignet wie Personen, die für bestimmte Einrichtungen arbeiten (die sind schnell enttarnt dank jahrelanger Erfahrungen im Umgang mit den ›Möchtegern-Schlapphüten‹.)

Noch etwas: Viele Menschen haben Angst vor dem Wandel, weil sie nicht wissen, was auf sie zukommt. Ich sage: Wenn man die Dinge so weiterlaufen lässt, wie sie sich derzeit darstellen, wird Deutschland ausgeplündert werden – und dann brauchen Sie sich überhaupt keine Sorgen mehr zu machen; Ihr Leben ist dann eine einzige Sorge. In Europa sitzen nur noch Pleitegeier auf den Bäumen, und die Wut derjenigen, die durch die Schulden- und Systemkrise unter die Räder kommen, wird sich letztlich gegen die Deutschen richten. Schlauere Menschen als ich behaupten, dass genau das der Plan sei, um uns unserer Wirtschaftsstärke zu berauben und uns nach der Niederlage in zwei Weltkriegen noch die dritte, alles entscheidende beizubringen.

Sieht man die Dinge unter diesem eben geschilderten Blickwinkel, wird manch abstruse politische Erscheinung vollauf verständlich. Wir sollten uns daher jeden Tag dreimal fragen, wem unsere politischen ›Eliten‹ dienen. Dem deutschen Volk? Oder ganz anderen Interessen? Ich kenne die Antwort. Kennen Sie sie auch?

Fest steht, dass es jetzt um die Freiheit jedes Einzelnen geht. Jeder Cent, der für Benzin und Diesel mehr ausgegeben werden muss und unsere Lebensqualität

> schmälert, drückt uns tiefer unter die Knute der uns Beherrschenden. Wehren wir uns, indem wir die alten Wege, die allesamt nur Holzwege sind, verlassen und nach neuen Lösungen suchen. Der Anfang ist gemacht. Kommen Sie mit?«

Waren wir seinerzeit noch recht optimistisch, die alte, neue Technologie verstehen und unters Volk bringen zu können, zerstoben die Hoffnungen aufgrund des bereits erwähnten Scheiterns einiger Experten, die zunächst der felsenfesten Überzeugung gewesen waren, hinter das Funktionsprinzip der Batterien zu kommen. Letztlich mussten auch sie einsehen, dass all ihre Kenntnisse und Erfahrungen nicht ausreichten, um das Batteriegeheimnis zu entschlüsseln. Indes standen sie damit nicht allein: Schon Jahre vorher hatten Experten der Firma Skoda wie auch eines deutschen Automobilbauers ratlos vor den Batterien und den Messprotokollen gestanden. Einige sperrten sich sogar, die von ihnen ermittelten Werte zu akzeptieren, das heißt, sie verweigerten die Unterschrift unter den Abschlussuntersuchungsberichten, die uns vorliegen. Das Ganze ist ein Beispiel für die Tatsache, dass sich manch heutiger Ingenieur und Wissenschaftler benimmt wie eine vollgestopfte Gans, die keinen Bissen mehr herunterbekommt.

Zum Schluss dieses Kapitels wollen wir noch ein paar Eckdaten darlegen, die die alten, neuen Technologien, konkret in Form der Kammler-Batterien, betreffen. Dabei wollen wir uns auf die wichtigsten Aspekte beschränken und auf ein Schriftstück zurückgreifen, das unsererseits bereits vorbereitend verfasst wurde für einige wenige speziell interessierte Personen:

> »[...] Zahlreiche Interessenten wollten wissen, weshalb man bisher von solchen Dingen wie Schwerer Luft, dem

seinen eigenen Treibstoff produzierenden Gerät ›Theophil‹ wie auch von den sogenannten Kammler- (oder Ewigen) Batterien nichts gehört habe. Die Antwort ist einfach: weil zu bestimmten geschichtlichen Sachverhalten und Tatsachen lange Zeit kein Zugang bestand – und erst durch die Recherchen zum Thema ›deutsche Atombombe‹ Hinweise gefunden werden konnten, denen zufolge sich deutsche Wissenschaftler und Ingenieure bis zum Ende des Krieges im Mai 1945 in streng geheim gehaltenen und abgeschirmten Projekten mit verschiedensten Fragen befassten, die unter anderem die Lösung des Energieproblems betrafen.

[...]

Wir können hier nicht im Detail darlegen, was zu diesem Thema alles berichtenswert wäre [...], sodass wir uns beispielhaft auf die sogenannten Kammler-Batterien beschränken möchten. Fakt ist: Man wird zu diesen Entwicklungen kaum etwas im Internet finden können, da sie bisher nicht thematisiert wurden. Hier nur so viel: Eine Reihe von streng geheimen deutschen Projekten, die sich während des Zweiten Weltkrieges mit postatomaren Entwicklungen befassten, wurden den Alliierten nicht oder nur als Gerücht offenbar. Die SS sorgte bei Kriegsende nämlich dafür, dass die Prototypen und Unterlagen in geheimen Depots unter die Erde verschwanden, wo die meisten von ihnen bis heute liegen dürften. Der Versuch der Alliierten, einige der Beteiligten nach dem Krieg durch lange Haft (und Folter) zum Sprechen zu bringen, schlug in den meisten Fällen fehl, so unter anderem auch bei SS-Oberführer Emil Klein, der beinahe 20 Jahre lang in der damaligen Tschecheslowakei gefangen gehalten wurde, um ihm sein Wissen zu entlocken. Klein war Kommandant eines

Truppenübungsplatzes im damaligen Reichsprotektorat Böhmen und Mähren und als solcher für die Sicherheit bestimmter Wissenschaftler verantwortlich, die dort an neuen Verfahren arbeiteten, die der Schaffung eines Supersprengstoffes sowie der Lösung des Treibstoff- und Energieproblem dienten. Bei Kriegsende wurden die Forschungsergebnisse der Wissenschaftler durch das von Klein befehligte SS-Pionierbataillon unter anderem in einen künstlich geschaffenen Hohlraum [...] verborgen, der bis heute nicht geöffnet wurde (vermint; Lebensgefahr), der jedoch die tschechoslowakischen Sicherheitsbehörden nach dem Krieg jahrelang stark interessierte.

Aufgrund von in den 1990er-Jahren erstmals aufgetauchten Unterlagen, die ein Filmproduzent in den Archiven des Innenministeriums in Prag fand, wurde das eben Berichtete zunächst einem kleinen Kreis von Personen bekannt, in seiner Bedeutung allerdings (noch) nicht komplett verstanden, zumal es bei den Recherchen vor allem um den Verbleib des Bernsteinzimmers gegangen war und die technologische Komponente erst während der Arbeiten an einem Film ins Blickfeld der Betrachtungen rückte, als plötzlich von sogenannten »Sonderwaffen« und »-entwicklungen« die Rede war.

Darüber hinaus muss man wissen, dass – um beim Beispiel der Batterien zu bleiben – ein tschechischer Schatzsucher in den 1960er-Jahren bei Stechovitz, das sich im weiteren Umfeld von Prag befindet, auf ein unterirdisches System stieß, in dem er einen Koffer mit diesen fand. Die Batterien trugen keinerlei Beschriftung und schienen zunächst ganz normale Monozellen zu sein. Bei ihrer Verwendung (sie wurden benutzt, um

Eine der Kammler-Batterien, die in den 1960er-Jahren bei Stechovitze gefunden wurden und deren Funktionsprinzip bis heute nicht geklärt werden konnte. Sie benötigen kein Ladegerät und funktionieren über Jahrzehnte hinweg problemlos.

(Fotos: Thomas Mehner)

VÚET 8563 l. č. 3

Pro porovnání charakteristických hodnot obou rozměrově odlišných baterií, t.j. zatěžovacího proudu pro konečné napětí 2 V, vnitřního odporu a zkratového proudu, bylo vytvořeno jednoduché kriterium. Charakteristické hodnoty rozměrově menšího litiového článku jsou přepočteny v poměru ploch elektrody, kterou tvoří vnější plášť článku, t.j. plocha elektrody měřené baterie - $\pi \cdot 32{,}7 \cdot 58 = 5958$ mm^2
plocha elektrody litiového článku - $\pi \cdot 18 \cdot 34 = 1923$ mm^2
takže poměr ploch je - 5958 / 1923 = 3,1

Výsledky měření

1) Baterie dodaná zlepšovateli

- zatěžovací proud pro napětí 2 V	...	9,2 A
- vnitřní odpor	...	0,083 Ω
- zkratový proud	...	30 A / 1 s
		26 A / 5 s

2) Litiový článek DURACELL DL 123 A
naměřené hodnoty:

- zatěžovací proud (2 V)	...	2,56 A
- vnitřní odpor	...	0,286 Ω
- zkratový proud	...	10,2 A / 1 s
		9,1 A / 5 s

přepočtené hodnoty v poměru ploch elektrody:

- zatěžovací proud (2 V)	...	7,94 A
- vnitřní odpor	...	0,092 Ω
- zkratový proud	...	32 A / 1 s
		28 A / 5 s

Eine Seite aus einem 1996 erstellten Untersuchungsprotokoll.

Ein Beiblatt zum 1996er-Untersuchungsprotokoll informiert:

»DEUTSCHE BATTERIEN [...]

Herstellungsdatum: 1943–44
Testreihe: 1996

[...]

Getestet wurden hierbei:
a) Verhalten unter Last
b) Entladungsverhalten
c) Kurzschlussverhalten

Die Tests wurden am 01.03.1996 durchgeführt.

[...]

Bei diesen Tests wurde die oben genannte Batterieart mit einer Batterie der Marke Duracell Size DL 123A (Lithium-Mangandioxid-Batterie) verglichen, hergestellt 1996.

Bei den Batterien deutscher Produktion (1943–44) handelt es sich [jeweils] um eine Monozelle mit einem flüssigen Elektrolyten in einem Mantel aus Stahl, Durchmesser 32,7 Millimeter, Höhe 58 Millimeter.

Die Zusammensetzung der Elektroden und des Elektrolyten ist nicht bekannt.

[...]

Zum Vergießen wurde ein Kunststoff benutzt – eine Art Epoxydharz, das sich auch bei Temperaturen über 280 Grad Celsius nicht verformt.

Der Stahlmantel widersteht auch sehr hohen Druckbelastungen und zeigt selbst nach 50 Jahren nicht die geringsten Anzeichen von Korrosion.

[...]«

> eine Lkw-Glühlampe für die Erhellung eines Kellerraums zu betreiben) stellte sich aber heraus, dass sie alles andere als normal waren, da sie praktisch ewig funktionierten. Sie waren über einen Zeitraum von rund 30 Jahren hinweg im Einsatz und luden sich, nachdem der Verbraucher ausgeschaltet worden war, jeweils selbsttätig wieder auf. Wohlgemerkt ohne irgendeine Form von Ladegerät!
>
> In den 1990ern erfolgte die erste nicht-private Untersuchung der Batterien und ihrer Eigenschaften durch ein großes namhaftes Unternehmen im heutigen Tschechien. Die Ingenieure waren in Bezug auf die Funktion der Batterie ziemlich ratlos, was auch in ihrem Bericht, der vorliegt, zum Ausdruck kam. Auch spätere Versuche, die Funktionsweise der Batterien zu verstehen, schlugen fehl, weshalb man von diesen Entwicklungen einige Zeit nichts mehr hörte.
>
> Im Jahr 2010 versuchte einer der Eigentümer der Batterien, zwei dieser Exemplare für eine sechsstellige Summe zu verkaufen, hatte jedoch damals keinen Erfolg. Niemand glaubte den Eigenschaften, die er für die Batterien berichtete. Zwischenzeitlich konnte eine aus einer anderen Quelle stammende Batterie gesichert werden. Das bedeutet konkret: Wir haben keine von uns hier und heute neu entwickelte Freie-Energie-Technologie im Zugriff, **dafür aber einen aus den 1940er-Jahren stammenden Prototypen, der nach Prinzipien funktioniert, die als quasi unmöglich gelten**. Und diese Prinzipien gilt es nun künftig zu erforschen, um zu verstehen, wie die Batterie arbeitet. [...]«

Wie wir bereits informierten, wurde dieser Prototyp durch ein hoffnungsvoll gestimmtes Wissenschaftlerteam untersucht, das aber nach einiger Zeit entnervt aufgab, weil die Batterie auf eine Art und Weise funktionierte, die für die Experten ein Rätsel blieb.

Bei der Quelle, die die Batterie geliefert hatte, handelte es sich um einen deutschen Physiker, der über Jahre hinweg auf eigene Faust und mit eigenen Mitteln versucht hatte, ihre Funktionsweise nachzuvollziehen. Auch er hatte keinen Erfolg gehabt, weshalb er sie zum Verkauf anbot.

Vor ihm hatte ein tschechischer Chemiker viele Jahre lang ebenfalls in Privatinitiative versucht, hinter das Funktionsprinzip der Batterien zu kommen. Bei einem Versuch, eine Batterie zu öffnen, explodierte diese – mit äußerst unangenehmen Folgen für den Chemiker.

Nachfolgend noch einige Informationen zur Entwicklungsgeschichte der Batterien. Der Vollständigkeit halber muss darauf hingewiesen werden, dass es ursprünglich zwei verschiedene Batterievarianten mit so gut wie identischem Aussehen gab, wobei nur die sich selbsttätig aufladende letztlich für unsere Betrachtungen von Interesse ist.

Der US-amerikanische Autor Henry Stevens, der sich ebenfalls mit den Batterien befasste, geht davon aus, dass kein Geringerer als Prof. W.O. Schumann, der schon im Zusammenhang mit anderen ungewöhnlichen Entwicklungen während der Zeit des Dritten Reiches auftauchte, mindestens bis zum Jahr 1943 damit beschäftigt war, an der Technischen Universität München eine Batterie zu entwickeln und zu fertigen, die eine hohe Energiedichte aufwies und auch sehr tiefen Temperaturen standhalten konnte. Der Wirkungsverlust (Leak) lag bei einem Prozent pro Jahr. Diese Batterien wiesen einen Innendruck von 3,5 Atmosphären auf und sahen wie normale Konstruktionen mit Stahlmantel aus, die äußerlich eine Kerbe nach Art einer Sollbruchstelle hatten. Die Bedeutung dieser Kerbe, die alle Batterien aufwiesen, ist allerdings unbekannt. Stevens und andere behaupten, dass die sich *nicht selbsttätig* aufladende Batterievariante in der modernen Militärraketentechnik auch nach dem Kriegsende Verwendung fand.

Unsere eigenen Recherchen besagen, dass ab etwa 1937 mit der Entwicklung der Batterien begonnen wurde. Einer der bedeutendsten Männer, die damit zu tun hatten, war der von manchen Zeitgenossen als genial bezeichnete Physiker Ronald Richter, der nach dem Krieg einen Fusionsreaktor für den argentinischen Präsidenten Juan Perón bauen wollte (Projekt auf der Insel Huemul), das aber durch US-amerikanische Drohungen sabotiert wurde. Richter war nachweisbar Ende der 1930er-Jahre in Thüringen und arbeitete hier unter anderem für die damaligen Suhler Waffenwerke in einer speziellen elektrotechnischen Abteilung. Was er dort tat, blieb allerdings bis heute unklar.

Das Projekt wurde aufgrund seiner Bedeutung ab 1939 von der SS koordiniert, und es gab mehrere Generationen dieser Batterien, wobei die ab dem Jahr 1943 hergestellten Exemplare den bekannten Stand der Dinge erreichten. Die SS gab Exemplare nur nach Prüfung für bedeutende wissenschaftlich-technische Projekte heraus, später aber auch für Sicherungsaufgaben. Eine Anwendungsmöglichkeit war die der Stufentrennung bei Großraketen, eine zweite der Einsatz für Sprengfallen in unterirdischen Anlagen, die über einen langen Zeitraum (mehrere Jahrzehnte) hinweg autark funktionieren mussten. Es hat aber sicherlich weitere Verwendungsmöglichkeiten gegeben. Gerüchteweise war auch von einem Einsatz in U-Booten die Rede.

Die Lebensdauer der Batterien beträgt *mindestens* 50 Jahre, dürfte aber bei normaler Behandlung ohne Weiteres die 100-Jahres-Marke erreichen. Die Systeme sind druckstabil, kälte- und wärmeresistent (von Weltraumtemperatur bis hin zu etwa 280 Grad Celsius) und weisen den bereits genannten Stahlmantel auf, der nicht oxidiert und auch jeglichem Säureangriff problemlos widersteht.

Einer der Besitzer dieser Batterien erklärte, dass es sich um Entwicklungen handele, die in ihren Grundlagen auf einer 3000 Jahre alten Technologie beruhen. Unmöglich erscheint das nicht, wenn man bedenkt, dass in Bezug auf jahrtausendealte kulturelle Hinterlassenschaften zahlreiche offene Fragen existieren, die auch das Problem des Vorhandenseins einer nutzbaren Energie für Beleuchtungszwecke nahelegen. Wir hatten zudem darauf hingewiesen, dass das Ahnenerbe genau nach solchen Hinterlassenschaften fahndete und dabei erfolgreich gewesen sein soll.

Nachdem vor Jahren das erste Mal über die Kammler-Batterien berichtet wurde, gab es natürlich auch kritische und ablehnende Stimmen, denen zufolge die Batterien gar nicht existieren würden oder Fälschungen seien. Nun, wir hatten die Batterien persönlich mehrfach in Händen, besitzen die Untersuchungsprotokolle und kennen diejenigen Personen, die sich mitunter jahrelang mit den Batterien befasst haben. Im Übrigen ist uns bekannt, wo eine der Batterien hierzulande gelagert wird und dass es einen alten Herrn gibt, der außerhalb Deutschlands noch mehrere von ihnen besitzt und, wie berichtet, in den vergangenen 20 Jahren mehrfach versucht hat, diese zu veräußern. Das Problem war aber in den meisten Fällen, dass diejenigen, die das Geld für den Erwerb hatten, die berichteten Eigenschaften der Batterien für unmöglich hielten, während diejenigen, die sie für außergewöhnliche Exemplare einer in den 1940er-Jahren existenten deutschen Hochtechnologie hielten, im Regelfall nicht die finanziellen Mittel besaßen, um sie käuflich zu erwerben. Allerdings gab es zwei Ausnahmen, sonst wären die Batterien und ihre Eigenschaften niemals ans Licht der Öffentlichkeit gelangt.

»Wer die Gefahr verheimlicht, ist ein Feind.«

Johann Wolfgang von Goethe

Nachwort

Valentin Falin (1926 – 2018), der der älteren Generation sicherlich noch gut in Erinnerung befindliche und allgemein bekannte sowjetische Diplomat und Buchautor, der in den Jahren von 1971 bis 1978 Botschafter der Sowjetunion in der Bundesrepublik Deutschland war, schrieb in seinem Werk *Zweite Front. Die Interessenkonflikte in der Anti-Hitler-Koalition* (Droemersche Verlagsanstalt Th. Knaur Nachf., Taschenbuchausgabe, München 1997) auf Seite 12:

> »Nach der Besetzung Deutschlands brachte die US-Regierung riesige Dokumentenbestände des Nazireiches in ihren Besitz. Material von unschätzbarem Wert ließ sie unter anderem aus dem unter größter Geheimhaltung errichteten letzten Hauptquartier Hitlers, Olga genannt, und den Geheimdepots abtransportieren, die die Nazis in der Tschechoslowakei angelegt hatten.«

Bemerkenswerterweise gaben die Amerikaner bis heute so gut wie nichts von dem preis, was sie in und bei »Olga«, das im Bereich des thüringischen Jonastals und seines Umfeldes existierte, fanden. Genauso wenig wurde in Bezug auf die Einlagerungen im Böhmisch-Mährischen veröffentlicht. In beiden Fällen dürfte es nicht nur um wehrtechnische, politische und geheimdienstliche Informationen gegangen sein, sondern auch um solche, die mit den deutschen Technologieentwicklungen zu tun hatten.

Sicher: Die Truppenvormarschberichte, die auch Verweise auf unterirdische Produktionsanlagen und Depots enthalten, sind mittlerweile in zahlreichen Fällen freigegeben worden.

Doch was den Inhalt der in ihnen erwähnten Untertage-Produktionsstätten angeht, herrscht genauso großes Schweigen wie in Bezug auf den Inhalt jener deutschen Dokumente, die in den Geheimdepots eingelagert wurden.

Seit dem Kriegsende sind mehr als 70 Jahren vergangen – und es ist ein Skandal besonderer Güte, dass wir bis heute nicht wissen dürfen, was den Protagonisten und verantwortlichen Dienststellen des Dritten Reiches so wichtig war, dass es unter die Erde verschwinden musste. Man sollte meinen, dass die Beute der Alliicrten mittlerweile durch die seit dem Ende des letzten großen Völkerschlachtens vergangenen Jahrzehnte in ihrer Bedeutung überholt sei, doch offensichtlich ist das nicht der Fall. Was kann so wichtig und/oder problematisch sein, dass man es nach wie vor zurückhalten muss?

Wir haben in diesem Buch wie auch in den vorhergehenden versucht, auf diese Frage eine Teilantwort zu geben, sind wir doch der festen Überzeugung, dass vieles von dem, was nach wie vor klassifiziert ist, einen technischen Hintergrund hat, der unerkannt bleiben soll: dass die sich laufend selbst überhöhende USA ebenso wie die im Zweiten Weltkrieg mit ihr verbundenen Alliierten England, Frankreich und Sowjetunion einen Raubzug in Deutschland absolvierten, wie ihn die Welt zuvor noch nie gesehen hatte. Dabei stahlen sie all jene Technologien, die nach dem Krieg zwei von ihnen zu Supermächten aufsteigen ließen: die Atombomben, die Raketen und vieles andere, was im Ursprung deutsche Wissenschaftler, Ingenieure und Techniker erdacht hatten.

Hätten wir vor Jahren nicht durch bestimmte Kontakte von dem Mini-Atomwaffenversuch auf dem Truppenübungsplatz Ohrdruf erfahren, hätten die Alliierten mit ihrer Methode des Verschweigens Erfolg gehabt. So aber kam es anders.

Uns ist oft vorgeworfen worden, dass unsere Quellen »obskur« seien, weil wir sie in zahlreichen Fällen nicht genannt haben (was wir mehrfach begründeten). Diesem Vorwurf müssen wir deutlich widersprechen, denn im Nachgang zeigte sich – und das ist für jeden, dem das logische Denken noch nicht völlig abhandengekommen ist, nachvollziehbar –, dass unsere Quellen korrekte Angaben machten. Sie behaupteten beispielsweise, dass in der ersten März-Hälfte des Jahres 1945 im Gebiet des »Dreiecks« auf dem Truppenübungsplatz Ohrdruf zwei Tests neuartiger Waffensysteme stattfanden. Für den ersten Waffenversuch streiten sich die Experten um das Datum: ob es der 3. oder der 4. März war. Seltsamerweise waren diese beiden Tests bis zur ihrer Offenlegung durch uns völlig unbekannt. Nirgendwo fand sich bis dahin eine Erwähnung. Weiterführende Recherchen, zum Beispiel durch den Berliner Wirtschaftshistoriker Dr. Rainer Karlsch in russischen Archiven, ergaben dann, dass zum Beispiel der damalige sowjetische Militärgeheimdienst GRU über diese beiden geheimen Experimente bestens unterrichtet war, weil er einen Agenten vor Ort hatte. Das heißt: Unsere Vorgaben wurde später bestätigt (von den Bodenprobenuntersuchungen, die wir weiter vorn im Buch erwähnten, einmal ganz abgesehen). Ist das nicht bemerkenswert?

Dass unsere Kritiker darauf nur die Antwort »Nein« haben, muss uns nicht tangieren, denn es lässt bestimmte Schlüsse zu, die wir hier, so meinen wir jedenfalls, nicht näher erläutern müssen.

Bei sachlich-logischer Betrachtung bleibt festzuhalten, dass die Wahrheit über die beiden eben erwähnten deutschen Geheimwaffentests etwa bis zum Jahr 2000 brauchte, um aufzuscheinen. Sie war demnach 55 Jahre unbekannt. Fünfeinhalb Jahrzehnte sind eine lange Zeit, in der leider viele von denen, die etwas zu den uns interessierenden Themen hätten sagen können, von uns gingen – was einen unwiederbringlichen Verlust darstellt, denn mit diesen Personen verschwanden auch zahlreiche Informationen über Ereignisse, die in die Geschichtsbücher gehört hätten, auf Nimmerwiedersehen. Ob diese Ereignisse rekonstruierbar sind, bleibt abzuwarten. Die früheren Alliierten haben jedenfalls kein Interesse daran, die fehlenden geschichtlichen Puzzlesteine zu liefern, sondern behalten sie eifersüchtig für sich getreu dem Motto, dass Wissen Macht ist.

Allerdings sind sie nicht im alleinigen Besitz des von uns so bezeichneten »fehlenden Wissens«, manches davon wurde schon vor Jahren anderen und uns übermittelt. So auch der Umstand, dass die Spürtrupps der Alliierten bei und nach Kriegsende nicht alles fanden, was von Bedeutung war – schon gar nicht die wichtigsten und fortschrittlichsten Dinge. So besteht nach wie vor nicht nur die Chance, erstaunliche Entdeckungen zu machen, sondern auch die Option, die (deutsche) Geschichtsschreibung eines Tages wieder vom Kopf auf die Füße zu stellen. Wann das sein wird, können auch wir nicht voraussagen. Doch spätestens dann, wenn sich einige der unter die Erde verbrachten, zwischenzeitlich problematisch gewordenen Einlagerungen in Form eines mehr oder weniger umfassenden GAUs melden, wird alle Welt wissen, dass die Behauptung, »da sei nichts«, eine Lüge war.

ANHANG

Nachfolgend möchten wir unserer Leserschaft noch ein Interview zur Kenntnis geben, das im Mai 2016 im Nachgang zum Erscheinen unseres letzten Buches *Und sie hatten sie doch!* mit einem der Autoren geführt wurde. Dieses Interview erschien auf der Internetseite *KOPP Online*, die zwischenzeitlich eingestellt und durch die Website *Kopp Report* ersetzt wurde. Für all jene, die das Interview seinerzeit nicht lesen konnten, sei es deshalb hier nochmals in gedruckter Form vorgelegt. Sich zwischenzeitlich ergebende neue Informationen wurden, so weit nötig, dem Interview hinzugefügt, indem sie in eckige Klammern gesetzt wurden.

»Hitlers Atombombe: Die Nazis hatten auf dem Gebiet bis zu zwei Jahrzehnte Vorsprung«

Redaktion *KOPP Online*

Das Buch von Thomas Mehner mit spektakulären neuen Indizien über Hitlers Atombombe schlägt enorme Wellen. Die Nazis sollen nicht nur bis zu zwei Jahrzehnte Vorsprung vor den Amerikanern gehabt haben, sie entwickelten auch einen Supersprengstoff mit nie da gewesener Wirkungskraft. Mehner und sein Koautor Edgar Mayer beleuchten mit neuen Fakten, Dokumenten und Zeugenaussagen, was Mainstream-Historiker bis heute verschweigen. Doch die Behörden mauern weiter, was für die Bevölkerung – vor allem im Umfeld des thüringischen Jonastals – große Gefahren heraufbeschwören könnte. Markus Gärtner hat sich mit Thomas Mehner über dessen Buch unterhalten ...

KOPP Online: Sie haben vor 15 Jahren ein erstes Buch publiziert und gesagt, Hitler hatte die Atombombe. Jetzt haben Sie mit einem neuen Buch bei Kopp nachgelegt. Wie kam es dazu?

Thomas Mehner (TM): Seit dem Jahr 2001 habe ich zusammen mit meinem Koautor Edgar Meyer mehrere Bücher zum Thema verfasst, das letzte erschien vor etwa fünf Jahren. Es wurde also Zeit, wieder einmal von uns hören zu lassen, um dem Eindruck zu begegnen, wir hätten das Thema ad acta gelegt und unsere Aktivitäten beendet. Darüber hinaus gab es einige interessante Neuigkeiten zu vermelden, die unter anderem die seltsamen Bohraktivitäten einer israelischen Stiftung südlich des Dörfchens Gossel, in einem Gebiet, wo sich Fuchs und Hase Gute Nacht sagen, betrafen.

KOPP Online: Unter Mainstream-Historikern gilt es als gesichert, dass die Nationalsozialisten keine Atomwaffen bauen konnten. Sie bezeichnen in Ihrem Buch die Revision zahlreicher Komponenten der Zeitgeschichte als unumgänglich. Was meinen Sie damit?

TM: Bekanntermaßen schreibt immer der Sieger der Geschichte. Wir meinen jedoch, dass auch der Unterlegene die Chance haben sollte, seine Sicht der Dinge darzustellen, weil sonst sämtliche Behauptungen, man könne aus der Geschichte etwas lernen, ad absurdum geführt werden. Zudem sind wir der Auffassung, dass der Sieger in Bezug auf bestimmte Dinge gern lügt, vor allem dann, wenn es um die Darstellung extrem wichtiger oder für ihn peinlicher Sachverhalte geht. Und die deutsche Atombombe war sehr wichtig!

Wir bekamen vor Jahren durch Zufall Kontakt zu Zeitzeugen, die uns über die bis damals verschwiegenen Ereignisse bei Kriegsende in Thüringen berichteten und meinten, dass das spannendste Kapitel jener Zeit noch gar nicht geschrieben worden sei – nämlich unter anderem das der Entwicklung der deutschen Atombombe. Das Thema elektrisierte uns, zumal wir im Laufe der Jahre Puzzlestein um Puzzlestein zusammentragen konnten, die zusammengenommen ein Bild entstehen ließen, das dem der diesbezüglichen Mainstream-Historiker-Geschichtsschreibung völlig zuwiderlief.

Wir sind der Auffassung, dass, wenn die wahre Geschichte der deutschen Atomwaffenentwicklung aufgedeckt würde, manches ans Tageslicht käme, was vor allem der angeblichen Supermacht USA gar nicht gefallen dürfte. Ein Zeitzeuge, der übrigens in dieser Republik ein hohes politisches Amt bekleidete, meinte einmal, dass das, was in

Thüringen dereinst geschah, bei seiner Offenlegung in seiner Gesamteinheit dazu führen würde, dass die Deutschen auf 100 Jahre hinaus jegliche Verbindung zu den USA abbrechen würden. Ein Offizier des Ministeriums für Staatssicherheit erklärte dazu Jahre später passend, dass das Thema ganze Regierungen stürzen lassen könnte.

Aufgrund solcher Andeutungen wurden wir erst richtig neugierig, wobei ich hinzufügen muss, dass das Thema tatsächlich eine »Bombe« ist, denn das bisher Recherchierte zeigt sehr deutlich, dass an den Händen bestimmter Personen nicht nur viel Blut klebt, sondern dass sich hier eine unglaubliche Geschichte von Verrat und Sabotage ausbreitet, die ihresgleichen sucht. Hat man einmal die Dimension dessen, was da ablief, begriffen, muss man sich nicht mehr wundern, was innerhalb Deutschlands nach dem Krieg geschah – und bis auf den heutigen Tag geschieht. Die Nachkommen derjenigen, die den Verrat begingen, sitzen in diversen politischen Ämtern. Im Übrigen, und das ist eine besonders interessante Komponente, handelte es sich bei vielen der Verräter und Saboteure um Mitglieder der Freimaurerei, wobei diese Chargen nicht in denjenigen Logen saßen, die von den Nationalsozialisten aufgelöst und deren Mitglieder in die Konzentrationslager gebracht wurden.

KOPP Online: Welches sind die wichtigsten Indizien, Fakten und Dokumente, die Sie seit dem Erscheinen des ersten Buches über Hitlers Atombombe gefunden haben?

TM: Hier eine Wertung vornehmen zu wollen ist schwer, weshalb ich nur auf einige Punkte Bezug nehmen möchte. Wir haben durch die Recherchen von Partnern und durch unsere eigenen eine Reihe von Dokumenten gefunden, die das bis vor wenigen Jahren gültige »Wissen«, demzufolge die Deutschen nicht in der Lage waren, eine Atomwaffe zu entwickeln, massiv infrage stellen. Amerikanische Geheimdienstvertreter verfassten Berichte, in denen sie beispielsweise kundtaten, dass die Deutschen die Ersten gewesen wären, die erkannt hatten, dass die Verbindung einer Rakete (V-2) mit einem nuklearen Sprengkopf die ideale Waffe sei. Die Vertreter dieser US-Geheimdienststrukturen waren es auch, die in Bezug auf einen bedeutenden Physiker, Josef Schintlmeister, der nach dem Krieg in die Sowjetunion ging, informierten, dass er und seine Forscherkollegen während des Krieges sämtliche Elemente bis hin zu dem mit der Ordnungszahl 105 identifizierten und isolierten! Die Amerikaner und Russen schafften das erst gute 20 Jahre später, woran man deutlich erkennen kann, wer wirklich in der Lage war, eine Atomwaffe zu entwickeln. Soll heißen: Die Deutschen hatten auf dem Gebiet offensichtlich bis zu zwei Jahrzehnte Vorsprung und verfügten über Anlagen, mit denen diese Elemente erzeugt werden konnten. Wie wenig die Öffentlichkeit von solchen Dingen weiß, allerdings größenwahnsinnig vorgibt, eine Informationsgesellschaft zu sein, erkennt man, wenn man einmal bei *Wikipedia* nachschaut [Stand Mai 2016], was dort zum Namen Josef Schintlmeister geschrieben steht. Das dort Publizierte ist ein einziger Witz. [Das gilt auch für den Stand Mai 2019.]

Neben diesen Dokumentenfunden sind es vor allem die Zeitzeugenberichte, die wir zusammengetragen haben und denen wir, im Gegensatz zu den Establishment-Historikern, einen sehr hohen Stellenwert beimessen, denn viele davon enthalten Angaben über die Standorte unterirdischer Anlagen, die später durch Bodenradarmessungen oder den Einsatz von Geoelektrik nachgewiesen werden konnten. Insbesondere solche Ortungen sind zielführend, denn ob man in den Archiven der ehemaligen Alliierten je den Beweis für die Existenz der deutschen Atomwaffe finden wird, bleibt fraglich, stehen diese Archive doch unter staatlicher Kontrolle.

Zahlreiche Aktenbestände sind nach wie vor gesperrt, teilweise mit Fristen von bis zu 100 Jahren, was ja eigentlich alles sagt. Weniger kontrollierbar sind ebenjene Standorte, wobei natürlich auch hier staatlicherseits alles getan wird, um Neugierige daran zu hindern, etwas aufzufinden. Die Gesetze, Bestimmungen und Verordnungen, die hierzulande existieren und angeblich dem (Boden-)Denkmal- oder Naturschutz dienen, werden von den Behörden ge- und missbraucht, um Nachforschungen zu verhindern, die den Untergrund Thüringens und anderer Bundesländer betreffen. Was ich damit meine, ist aktuell zu beobachten, nachdem Bodenradaruntersuchungen im Gebiet des sogenannten Hamsters, der sich nicht allzu weit entfernt von den bekannten thüringischen Jonastalstollen befindet, Ungewöhnliches zutage gefördert haben, was bestimmten Landesbehörden natürlich gar nicht in den Kram passt.

KOPP Online: Haben Sie eine Vorstellung davon gewonnen, wie die Deutschen damals das Material für die Atombombe produziert haben?

TM: Ja. Es ist ein geradezu geniales Verfahren, das allerdings, würde es bekannt gegeben werden, jeden Vierte-Welt-Staat in die Lage versetzen würde, nuklear aufzurüsten. Dass die Deutschen nicht diese Großanlagen wie die Amerikaner bei ihrem Manhattan-Projekt brauchten, ist eigentlich klar, denn sie mussten notgedrungen aufgrund einer gegenüber den USA und der damaligen Sowjetunion völlig anderen Rohstoffsituation mehr auf Klasse denn auf Masse setzen. Der US-amerikanische Top-Agent Donald Richardson, der als »Auge und Ohr« General Eisenhowers bezeichnet wird, will nach Angaben seiner Söhne über 60 Kilogramm hoch angereichertes, waffenfähiges Uran aus einer Anlage der Reichspost herausgeholt haben. Die Vereinigten Staaten brauchten dafür eine Unmenge Energie, mussten ganze Staudammanlagen errichten. In Deutschland war das nicht vonnöten, dort siegte die Intelligenz.

Zum Schluss sei noch erwähnt, dass auch ein Beweis existiert, dass wir in Bezug auf die Bedeutung des Truppenübungsplatzes Ohrdruf und seines Umfeldes seit Jahrzehnten schamlos belogen werden. Die aktuelle Berichterstattung [im Jahr 2016] zu einer durch Radarmessungen identifizierten Untergrundanlage im Bereich des Hamsters macht deutlich, dass der Öffentlichkeit immer eingeredet werden soll, dass außer den Jonastalstollen, die eigentlich ohne Bedeutung sind, nichts an unterirdischen Installationen existiert. Das ist eine freche Lüge, denn wir sind im Besitz eines aus den 1980er-Jahren stammenden Films, der das Gegenteil dokumentiert. Wir haben in unserem aktuellen Buch einige Standbilder aus diesem Film abdrucken lassen, die für sich selbst sprechen. [Ausschnitte dieses Films sind auch auf der DVD *Geheimsache Deutsche Atombombe*, erschienen im Kopp Verlag, zu sehen.]

KOPP Online: Sie schildern einen Kleinst-A-Waffenversuch vom März 1945 auf dem Truppenübungsplatz Ohrdruf. Wie gesichert ist der, und welche Bedeutung hat er für das Thema?

TM: Wir wurden durch Zeitzeugen auf den Versuch aufmerksam gemacht, haben dazu aber noch nicht alles Material veröffentlicht. Die Physikalisch-Technische Bundesanstalt (PTB) hat vor Jahren dort Bodenproben entnommen und diese untersucht, aber angeblich nichts Verdächtiges finden können, sich jedoch in ihrer Presseverlautbarung ein Hintertürchen offen gehalten, indem sie schrieb, dass die von ihr vorgenommene Beprobung nur eine Stichprobenanalyse sei, was bedeute, dass bei weiteren beziehungsweise erweiterten Untersuchungen vielleicht doch andere Ergebnisse zutage gefördert werden könnten. Für viele Interessierte war das Thema damit erledigt, nicht so für uns. [Siehe dazu auch die Ausführungen in diesem Buch, die sich auf Untersuchungen einer weiteren Physikergruppe beziehen.] Zeitzeugen behaupteten, dass die gezündete Ladung lediglich zwischen 100 und 140 Gramm gelegen habe, was bedeutet, dass nur eine Miniwaffe getestet wurde. Wenn dann vielleicht nur 50 bis 70 Gramm, also 50 Prozent der Ladung, in die Kernreaktion eingingen (was immer noch viel ist), dann ist es heute schwierig, einen physikalischen Nachweis für diesen Test zu erbringen [den man jedoch, so man das will, durchaus mittels vorhandener Analytikverfahren erbringen kann]. Zum Vergleich: Nach unterschiedlichen Quellen kamen in der Hiroshima-Bombe 45 bis 52 Kilogramm Uran-235 zum Einsatz, wovon das meiste Material sinnlos verpuffte, also gar nicht in die Kernreaktion einbezogen wurde. Dennoch ist es heute nur noch mit sehr empfindlichen Instrumenten möglich, die Detonation dieser Atomwaffe über der japanischen Stadt nachzuweisen.

Da sich das Gebiet des Kleinst-A-Waffentests auf einer Bundesliegenschaft, also dem Truppenübungsplatz Ohrdruf, befindet, haben wir dort keinen Zugang für weitere Messungen. Ich muss dort auch nicht mehr nachfragen, denn vor Jahren hieß es, ich dürfe den Platz nicht mehr betreten (zusammen mit einer weiteren aus Thüringen stammenden Person). Schreiben, in denen ich nach den Gründen für das Betretungsverbot fragte, wurden ignoriert; nicht ein einziges wurde beantwortet. Für mich ist das Ganze ein indirekter Beweis, dass die Betreiber des Platzes Anweisung von oben haben, den Ball flach zu halten.

Wer nun glaubt, dass wir deswegen die Flinte ins Korn werfen, der irrt. Wir haben einen Hinweis auf einen weiteren Testort erhalten, der glücklicherweise nicht in einem militärisch genutzten Gelände liegt. Um ihn werden wir uns zu gegebener Zeit kümmern.

KOPP Online: Hitlers Atombombe ist ja ein weiteres Beispiel aus der jüngsten Zeit, wo aus sogenannten »Verschwörungstheorien« bald danach Mainstream-Nachrichten werden. Das war jetzt der Fall mit möglichen Bombenfunden im Bereich des Jonastals. Können Sie uns mehr dazu sagen?

TM: Dazu will ich mich kurz fassen und vor allem auf meine zwei in diesen Tagen erschienenen Artikel verweisen, die den Stand der Dinge wiedergeben. [Diese sind aktuell leider nicht mehr verfügbar.] Man hat im Areal des sogenannten Hamsters Radarmessungen vorgenommen und ein Stollensystem identifiziert, in dem möglicherweise große Bomben liegen, die, wenn man die Radarbilder betrachtet, eine gewisse Ähnlichkeit mit den Atomwaffen haben, die die Amerikaner auf Hiroshima und Nagasaki abgeworfen haben. Der Mitteldeutsche Rundfunk (MDR) berichtete am 10. Mai [2016] in einem kurzen Beitrag sehr sachlich über das Thema, woraufhin einen Tag später der Bürgermeister von Arnstadt und die zuständige Landrätin, offenbar nach einer Art Krisensitzung, alles dementierten und von Spekulationen und Fantasiebehauptungen sprachen.

Eine beauftragte Fachfirma habe das Gebiet mit modernster Technik (welche?) vermessen, aber nichts gefunden. Seltsamerweise aber wollte man zu diesem Zeitpunkt immer noch von denjenigen, die die Messungen realisiert beziehungsweise deren Ergebnisse an die Behörden gemeldet hatten, den genauen Standort wissen. Die Angelegenheit ist eine einzige Farce, die zeigt, dass man jeden, der von der Mainstream-Meinung abweicht, gern diffamierend als Verschwörungstheoretiker oder Fantasten bezeichnet, während die Offiziellen so tun, als wüssten sie alles besser und seien die Leute mit Durchblick. Sie sind aber die wirklich problematischen Figuren in diesem Spiel, nämlich die Verschwörungspraktiker, die aus Gründen des Status quo und der deutschen Staatsräson alles so belassen wollen, wie es ist.

KOPP Online: Warum mauern Behörden und Medien, wenn es um dieses Thema geht? Gibt es aktuelle Beispiele?

TM: Die Behörden mauern, weil sie informiert sind. Zumindest verfügen bestimmte Personen über entsprechende Erkenntnisse. Ich hatte vor einigen Jahren Gelegenheit, den Leiter einer bestimmten Behörde kennenzulernen, der mir im Laufe des Gesprächs, das glücklicherweise unter Teilnahme von zwei Zeugen stattfand, zu verstehen gab, dass ihm die Hände gebunden seien, da ihm sein Vorgesetzter die Beschäftigung mit diesem Thema untersagt habe. Darüber hinaus haben Behörden in den vergangenen Jahren immer mal wieder die Nachlässe bestimmter Personen erhalten, in denen sich Informationen befinden, die unvereinbar sind mit der bisherigen Geschichtsschreibung und über sehr problematische Geheimwaffenprojekte und -standorte des Deutschen Reichs in der Zeit von 1925 bis 1945 berichten. Wobei es natürlich grundverkehrt ist, sich mit solchen Nachlässen an staatliche Stellen zu wenden. Gemauert wird vor allem, um 1) die Amerikaner nicht zu kompromittieren und 2) um die Geschichtsschreibung, die die der Alliierten ist, beizubehalten. Was in Thüringen geschah, ist kein Ruhmesblatt für die Vereinigten Staaten, aber auch nicht für den deutschen Widerstand, sondern – und ich sage das bewusst so – der größte Verrat der Weltgeschichte.

Was die Medien betrifft, so will ich nicht alle über einen Kamm scheren. Meines Erachtens gibt es zum Beispiel beim ZDF, beim MDR und auch bei der Tageszeitung *Thüringer Allgemeine* ehrlich bemühte Personen, die die Wahrheit erfahren wollen. Sie müssen sich allerdings nach allen Seiten hin absichern, geht es doch um ihre Reputation. Die drei Genannten sind aber schon die Ausnahme von der Regel in Bezug auf die Establishment-Medien, den Rest kann man getrost vergessen. Was will man aber auch erwarten in Bezug auf ein solch komplexes Thema? Die meisten Journalisten, die für die »Qualitätsmedien« unterwegs sind, sind Angsthasen, wollen ihr Pöstchen behalten und schreiben ihren Chefredakteuren nach dem Mund oder nach deren Vorgaben. Ich habe im Laufe der Jahre mit vielen dieser Leute zu tun gehabt. Es gibt nichts, was ich mit ihnen noch zu besprechen hätte.

KOPP Online: Wie durchbricht ein Buchautor solche Blockaden bei seinen Recherchen?

TM: Die Frage ist einfach zu beantworten: indem er sich nicht nach der Meinung anderer richtet und schon gar nicht auf das politisch korrekte Geschreibsel irgendwelcher Möchtegern-Hofberichterstatter Rücksicht nimmt. Darüber hinaus muss man nach Gleichgesinnten suchen, die es gibt, auch wenn das ein Gebiet mit zahlreichen Tretminen ist, denn viele scheinen mehr, als sie wirklich sind. Gottes Tierreich ist eben groß, und man muss das Ganze mit einer gewissen Leichtigkeit betrachten, ansonsten können Sie am menschlichen Wesen verzweifeln.

KOPP Online: Bei Ihren Recherchen für das Buch spielte ein gewisser SS-Obergruppenführer Hans Kammler eine zentrale Rolle. Er holte Anfang 1945 nach Ihren Erkenntnissen eine Bombe im Bereich des thüringischen Jonastals ab, die eine besondere Bedeutung hatte. Was hat es damit auf sich?

TM: Nach den Aussagen zweier Zeitzeugen kam Hitlers Geheimwaffenchef in den Bereich Jonastal, um eine Atomwaffe aus einer Untergrundanlage abzuholen, in der sie hergestellt worden war. Diese Anlage liegt laut diesen Zeitzeugenberichten unterhalb des Sonnenberges, der sich nördlich des Areals, das als Hamster bezeichnet wird, befindet. Bodenradaruntersuchungen haben dort zahlreiche Hohlräume nachgewiesen, das Gebiet ist also nicht uninteressant.

KOPP Online: Wie sind die Reaktionen von Presse und Lesern auf Ihr Buch?

TM: Die bisherigen Leserreaktionen sind sachlich-kritisch und verhalten-freundlich. Wir wurden beinahe immer aufgefordert, unsere Arbeit fortzusetzen. Pressereaktionen habe ich bisher nicht registrieren können, wobei es dafür auch noch zu früh sein dürfte. Es versteht sich übrigens von selbst, dass ein solches Thema wie die deutsche Atombombe sehr stark polarisiert; jeder hat von dem, was ein Beweis ist, andere Vorstellungen. Wir sehen das entspannt, wissen wir doch, dass wir uns auf einem langen Weg der Erkenntnis befinden und möglicherweise nie am Ziel ankommen werden. Wir erlauben uns aber, Fragen zu stellen, Widersprüche aufzuzeigen, Unbekanntes zu dokumentieren und Handlungen zu bewerten. In jedem Falle ist etwas faul im Staate Deutschland, sogar oberfaul, wenn es um bestimmte Aspekte der Geschichtsschreibung geht, die vor allem die im Deutschen Reich entwickelte fortschrittlichste Waffen- wie auch Energieerzeugungstechnik betreffen.

KOPP Online: Warum ist die Frage, ob Hitler eine Atombombe hatte, 70 Jahre nach Kriegsende überhaupt noch wichtig?

TM: Es klingt hochtrabend: Aber es geht um die geschichtliche Wahrheit. Die Siegergeschichtsschreibung der Alliierten ist in Teilen manipulativ, einseitig, unkorrekt oder auch direkt verlogen. Um sich eine Meinung bilden zu können, muss man immer beide Seiten hören; diese Möglichkeit ist uns aber von den Siegern des Zweiten Weltkriegs genommen worden, jedoch auch von denen, die heute als Establishment-Historiker dem vorgegebenen Geschichtsbild folgen und dieses als »Wahrheit« bezeichnen.

Glücklicherweise bin ich kein Historiker, der sich an irgendwelche Vorgaben zu halten hat oder auf seine Reputation achten muss – große Vorteile, wenn es um die Suche nach der Wahrheit geht. Ich erlaube mir, frei zu denken und zu handeln. Im Übrigen geht es neben der geschichtlichen Wahrheit, die der Kriegsgeneration leider vorenthalten wurde, was für sich schon eine ungeheure Frechheit ist, noch um etwas anderes: zum einen darum, den Lügnern, die auch in diesem Lande aktiv sind, die Maske vom Gesicht zu ziehen, und zum anderen darum, die Deutschen darauf aufmerksam zu machen, dass unter ihren Füßen Zeitbomben ticken, die von offiziellen Stellen ignoriert werden in der Hoffnung, dass schon nichts geschehen werde. [Diese Verfahrensweise gilt auch für andere Atlasten. Man denke nur an die von den Alliierten nach dem Krieg in Nord- und Ostsee versenkten deutschen Giftgasgranaten.]

Das geheime deutsche Atom- und Wunderwaffenprogramm wird sich aber eines Tages zu Wort melden – vielleicht erst, wenn ich längst im Grab liege – und zeigen, dass es existent gewesen ist. Ob Thüringen oder andere Landesteile danach noch bewohnbar sein werden, ist eine Frage, die ich ausnahmsweise nicht zu beantworten gedenke. Und ob diejenigen, die meinen, hierher kommen zu müssen, um im

Land, in dem angeblich Milch und Honig fließen (welch lächerliche Vorstellung), ein vorteilhaftes Leben zu führen, sich damit etwas Gutes tun, ist stark zu bezweifeln. Sie werden diesen Schritt meines Erachtens noch bereuen.

KOPP Online: In Ihrem aktuellen Buch deuten Sie an, dass es neben den Atomwaffen noch weiterreichende, postnukleare Entwicklungen gab. Wollen Sie etwas dazu sagen?

TM: Vielleicht nur so viel: Nach unserem Dafürhalten war die Entwicklung von Kernwaffen, die auf dem Spaltungsprinzip beruhten, wohl spätestens im Jahr 1943 abgeschlossen. Vor ein paar Jahren noch glaubten wir, dass die Entwicklung solcher Bomben mehr Zeit in Anspruch genommen hätte, aber auch wir müssen manchmal unsere Standpunkte aufgrund neuer Hinweise und Informationen etwas revidieren. Danach ging es um die Entwicklung von Fusionswaffen, wobei wir glauben, dass der Test auf dem Truppenübungsplatz Ohrdruf etwas mit diesen in Entwicklung befindlichen Fusionswaffen zu tun hatte. Unabhängig davon gab es aber auch Teams, die in ganz andere Richtungen forschten, wenn es um sogenannte Massenvernichtungswaffen ging. Eines davon entwickelte einen Supersprengstoff mit der Bezeichnung RADgUM, der alles in den Schatten stellte, was bis dahin getestet worden war.

Darüber hinaus befassten sich bestimmte Strukturen mit neuartigen Antriebsstoffen und -systemen, zum Beispiel mit »Schwerer Luft«, die es erlaubte, einen Flugkörper mit einigen Dezilitern Tankinhalt einmal um die Erde zu schicken. Ich will an dieser Stelle enden, weil es meines Erachtens wenig Sinn hat, über Dinge zu sprechen, die von vielen ins Reich der Magie verwiesen würden, versuchte man, sie weiter zu erläutern. Vor allem, solange nicht akzeptiert wird, dass die deutsche Atomwaffe existierte. Außerdem müsste man den Aspekt betrachten, dass bestimmte deutsche Strukturen aufgrund ihres Wissensvorsprungs nach dem Krieg diesen nutzten, um zum Beispiel in Südamerika weiterzuarbeiten – mit erstaunlichen Konsequenzen.